AHN CHEOL SOO
안철수의 전
쟁

AHN CHEOL SOO

안철수의 전쟁

이경식 지음

1판 1쇄 발행 | 2012. 6. 30
1판 2쇄 발행 | 2012. 7. 10
1판 3쇄 발행 | 2012. 8. 1

발행처 | Human & Books
발행인 | 하응백
출판등록 | 2002년 6월 5일 제2002-113호
서울특별시 종로구 경운동 88 수운회관 1009호
기획 홍보부 | 02-6327-3535, 편집부 | 02-6327-3537, 팩시밀리 | 02-6327-5353
이메일 | hbooks@empal.com

값은 뒤표지에 있습니다.
ISBN 978-89-6078-146-7 03320

AHN CHEOL SOO

안철수의 전쟁

| 이경식 지음 |

Human & Books

전쟁은 삶과 죽음을 가르는 문제이며

존립과 패망이 갈리는 길이다.

－《손자병법》

한 인간의 생애를 읽는다는 것은…

1.

이 책은 안철수의 대선 성공 가능성을 점쳐보는 정치공학적 내용을 다루지 않는다. 2012년 대선에 안철수가 어떤 식으로 참가할지, 혹은 참가한다면 과연 최종 승자가 될 수 있을지 궁금하긴 하지만, 그런 분석 능력도 없고 여력도 없는 나로서는 그저 내로라하는 전문가들이 분석하는 내용을 챙겨 보는 데서 만족할 뿐이다. 이 책은 안철수 개인에 관한 책이다. 그가 가지고 있는 개인적인 욕망과 사회적인 전망을 안철수 개인에 초점을 맞추어서 들여다보는 책이다. 좀 더 친절하게 설명하자면, 지금까지 안철수가 살아온 삶은, 어느 시점까지는 누군가로부터 빚을 지는 과정이었고 또 어느 시점부터는 또 그 빚을 갚아가는 과정이었는데, 그 이야기가 이 책의 내용이다.

군이 안철수를 대상으로 삼은 것은, 이른바 '안철수 현상'으로 일컬어지는 사회적인 현상이 2011년과 2012년 우리 사회에서 커다란 파장을 불러일으켰기 때문이다. 좀 더 구체적으로 말하면, 안철수라는 인물이 가지고 있는 사회적인 자산이 지닌 의미를 개인의 평전이라는 형식을 통해서 깊이 있게 따져보는 것이야말로 우리 사회가 가지고 있는 자산을 올바르게 평가하는 데 소중한 작업이 될 것이라고 믿기 때문이다.

안철수를 두고 어떤 사람들은 이 시대의 진정한 멘토라고 하고 어떤 사람들은 비겁한 기회주의자라고 한다. 이처럼 안철수라는 한 개인을 두고 극단적인 평가가 공존한다. 어쩌면 둘 다 맞는 말일 수도 있고, 또 어쩌면 둘 다 틀린 말일 수도 있다. 내 나름대로 분석을 하고 유추를 하고 평가를 한 내용 역시 나의 개인적인 의견일 뿐이다. 하지만 이런 개인적인 의견이 많이 쌓이면, 우리 사회를 보다 건강하고 활력이 넘치는, 그리고 무엇보다 더불어서 함께 살기에 좋은 사회로 만들기가 한결 쉬워질 것이다. 그런 바람이 이 책을 쓰는 데 기본적인 동력이었다.

2.

처음 안철수의 생애를 살펴보면서 가장 먼저 눈에 띄었던 부분이 그가 대학교 본과 2학년 때부터 서울 구로동의 한 성당에서 의료 봉사 활동을 하면서 가난한 사람들을 '생활' 속에서 처음 만났으며, 또 그 활동을 계기로 해서 한 사회의 구성원으로 어떤 역할을 해야 할지 고민했다는 대목이었다.

나는 봉사 활동을 하면서 책에서만 보던 사람들을 만날 수 있었다. 진료소에 올 수 없는 움직이지 못하는 환자들을 찾아서 집으로 왕진을 갔을 때 답답한 광경들을 많이 보았다. (…) 배운 사람의 도리 같은 것을 생각하니 마음은 더 답답했다. 함께 살아가는 사회에서 각자가 해야 할 역할에 대한 고민은 이때부터 시작되었다.

이 대목을 읽으면서 나는 무릎을 쳤다.

'아, 그랬구나! 그런 일이 있었구나! 그래서 그렇게 되었구나!'

사람은 살면서 누구나 인생이 완전히 바뀌는 계기를 맞는다. 이런 계기가 한 번인 사람도 있겠고 여러 번인 사람도 있겠지만, 안철수에게는 우연한 기회에 하게 된 봉사 활동이 바로 그 계기였다.

그렇게 보고 나니까, 안철수가 그때까지 살았던 삶과 그 이후로 살았던 삶이 왜 다른지, 그리고 그 일 이후로 안철수가 살았던 삶이 어떤 점에서 일관성이 있는지 비로소 눈에 보이기 시작했다. 또한, 인생의 여러 국면에서 그리고 그가 정치적인 관심을 한 몸에 받을 때 그가 보여주었던 모호하기만 하던 행동들도 하나의 실로 꿰어지는 느낌이었다.

그러자 내가 이 책을 쓰면서 무엇을 해야 하는지 분명해졌다.

첫째, 그 '하나의 실'의 정체를 파악하는 것.

둘째, 그 '하나의 실'이 안철수의 개인사에서 어떤 의미가 있는지 파악하는 것.

셋째, 그 '하나의 실'로 꿰어지는 안철수의 인생 행보가 사회적으로 어떤 의미가 있는지, 또 어떤 한계를 가지는지 파악하는 것.

물론, 나의 이런 추정과 분석이 헛다리를 짚은 것일 수도 있다. (제발 그렇지 않기를 바라는 마음뿐이지만) 설령 그렇다 하더라도, 안철수를 이해하고 현재 한국 사회에서 진행되는 변화의 커다란 흐름을 독자가 이해하는 데 조금이나마 도움이 되지 않을까 기대한다. 아울러, 안철수가 강조하는 '함께 살아가는 사회'의 인간에 대한 애정도 조금은 더 커지고 진해지길 기대한다.

3.

이 책을 쓰면서, 특히 대학생 시절의 안철수를 바라보면서 나는 그 무렵의 내 모습을 떠올렸다. 나도 안철수처럼 80학번이기 때문이고, 게다가 우연하게도 안철수가 구로동의 어떤 성당에서 의료 봉사 활동을 하던 무렵에 나 역시 구로동의 어떤 성당에서 노동자들과 함께 이른바 '조직사업'의 일환으로 야학 활동을 했었기 때문이다. 또 당시에 나는 노동자들을 선교 대상으로 하는 노동자교회에서 노동자들을 만나고 함께 연극을 만들고 영등포산업선교회에서 공연을 하기도 했다. 어느 여름에는 후배들과 함께 대림동의 작은 공장에 취업을 하기도 했고, 어느 겨울에는 학교 후배들과 함께 부천에 방을 구하고 현장에 들어갈 준비를 했었다. 그때 우리 역시 이 책에서 안철수가 했던 고민과 비슷한 고민을 했었다.

'지식인으로서 우리는 어떤 삶을 살아야 할까?'

그 후배들이 그리고 그 노동자들이 지금은 어디서 무엇을 하는지 아주 가끔씩 뜨문뜨문 소식을 듣긴 하지만 이미 먼 과거의 일이 되어버리고 말았다.

물론 이런 경험은 비단 나뿐만의 것이 아니다. 안철수는 "제가 대학에 다닐 때는 386세대가 그러했듯 사회의식이 좀 있었거든요"라는 말을 한 적이 있다. 그랬다. 당시에는 많은 학생들이 그랬다. 그랬기에 각자 자기

나름대로 자기가 처한 현실에서 그런 사회의식을 실천하려고 노력했다. 그렇게 사회를 생각하면서 살았고, 그런 사례 가운데 하나가 안철수이다. 그러므로, 안철수의 생애를 되짚어보면서 그가 살아온 과정이 가지는 의미를 살펴보는 것은, 어쩌면 나를 포함해서 비슷한 시기를 살았던 사람들의 생애를 되돌아보고, 이미 먼 과거가 되어버린 그 일들을 떠올리며 성찰하는 과정이기도 하다. 확대하면, 1980년대부터 30년 동안의 한국 역사 속에서 우리 개인의 삶이 얼마나 치열했는지, 혹은 구차했는지 살펴보는 과정이기도 하다. 또한, 안철수에 열광하는 사람들이나 안철수에게 의심의 눈길을 보내는 사람들 그리고 노골적으로 반감을 가지는 사람들 모두에게 '안철수 현상'에 담긴 사회적·역사적 의미와 한계를 진지하게 되짚어볼 수 있는 기회이기도 하다.

이런 사례들은 수없이 많은 사람들의 수만큼이나 많겠지만, 안철수처럼 끈질기게, 헌신적으로, 독종으로 그 노력을 실천해 온 사람은 많지 않을 것이다. 게다가 '안철수 현상'으로 대변되는 커다란 사회적인 영향력을 행사하는 사람은 더욱 흔하지 않을 것이다. 안철수의 이야기가 특히 중요한 것도 바로 이 때문이다. (물론, 안철수의 실천 방향이 사회를 바꿀 것이라는 데 동의하거나 혹은 동의하지 않는 판단은 별개의 문제이다. 이 판단이 궁금하면 본문을 찾아보시길……)

4.

원고를 쓰면서 나는, 치열하게 살아온 한 인간의 생애를 읽는다는 것이 얼마나 즐거운 과정인지 다시 한 번 깨달았다. 누가 그러지 않았는

가, '모든 이론은 회색이고, 영원한 것은 저 푸르른 생명의 나무이다'라
고. 독자도 이런 즐거움을 발견할 수 있기를 바란다.

2012년 6월, 이경식

차례

2011년 12월 30일 오전 5시 31분, 김근태 민주당 상임고문이 서울대병원에서 사망했다. 사망원인은 '고문으로 인한 후유증과 파킨슨병, 그로 인한 합병증'이었다. 빈소는 서울대병원에 마련되었다. 사망 소식은 속보로 전해졌고, 그의 이름을 기억하는 사람들은 그의 죽음을 슬퍼했다.

그는 대학교 3학년 때인 1967년 대통령 선거 부정에 항의하는 교내 시위에 참가했다가 군대에 강제징집을 당했고, 1970년 복학한 뒤에는 학내 시위를 주도하며 민주화운동의 길을 걸었다. 1971년에는 이른바 '서울대생 국가내란음모 사건'이라는 조작사건의 주모자 중 한 명으로 몰렸다. 1978년부터 1983년까지 인천도시산업선교회의 노동상담역으로 있으면서 노동운동을 했다. 1983년 9월에는 '민주화운동청년연합(민청련)' 결성을 주도해 초대 및 2대 의장으로 있으면서 민주화운동의 선봉에 섰다. 그리고 1985년에는 남영동 치안본부 대공분실에서 죽음을 넘나드는 고문을 당했다.

1995년 민주당 부총재로 입당하면서 정계에 입문, 15대부터 17대까지 연속해서 국회의원이 되었고, 보건복지부 장관을 역임하기도 했다.

그랬던 그가, 64세라는 많지 않은 나이에 고문후유증으로 사망한 것이다.

* * *

빈소가 차려진 첫날에 아무도 예상하지 못했던 방문객 두 사람이 빈소를 찾았다.

오후 3시쯤, 60대 초반의 여자가 빈소 앞에서 고함을 질렀다.

"빨갱이들이 나라를 망치고 있다! 빨갱이는 물러나라!"

사람들이 제지하자 여자는 빈소 입구 바닥에 드러누워서 망자를 모욕하는 욕설을 뱉어냈다. 얼마 동안 소란이 있은 뒤에 여자는 빈소 밖으로 끌려나갔다.

평생을 노동운동과 민주화운동을 하며 살아온 고인의 빈소에서 일어난 이 소동은, 우리 사회에 이념적이고 정서적인 상처가 얼마나 골이 깊게 패여 있는지, 고인에게 또 살아 있는 사람들에게 생생하게 보여주는 장면이었다. (나중에 확인한 결과, 이 여자는 지난 11월 15일 오후 2시쯤 1호선 시청역에서 열린 대규모 정전대비 시험훈련에서, 박원순 시장에게 '시장 사퇴해, 이 빨갱이 새끼야!'라는 등의 폭언을 퍼부으며 목덜미를 때렸던 바로 그 사람임이 밝혀졌다.)

두 번째 뜻밖의 인물은 오후 5시쯤 빈소를 찾았다. 안철수 서울대 융합과학기술대학원장이었다. 발표되는 여론조사마다 박근혜를 누르고 1위 자리를 차지하던 유력한 대권주자, 그 사람이었다.

그는 빈소 앞에 늘어선 조문행렬 속에서 5분 정도 굳은 표정으로 두 손을 모은 채 기다렸다가, 자기 차례가 되자 국화꽃 한 송이를 두 손으로 모아쥐고 영정 앞에 서서 고인의 명복을 빌었다.

기자들에게는 이렇게 말했다.

"지금 이 세상을 사는 우리 모두가 고인을 이렇게 보내기엔 너무 많은 마음의 빚을 지고 있습니다. 안타깝고 슬픕니다."

기자들이 물었다.

"고인과는 어떤 인연이 있습니까?"

"……."

"직접 만나본 적이 있습니까?"

그러자 안철수는 이렇게 대답했다.

"그런 이야기를 하기가 적절하지 않은 자리인 것 같네요."

그런 이야기를 하기에 적절하지 않은 자리라고?

아니다, 얼마 전에 안철수는 비슷한 상황에서 다르게 반응했었다.

보름쯤 전인 12월 14일에 안철수는 박태준의 빈소를 찾았고, 이때 기자들이 그와의 인연을 물었다. 그때 안철수는 이렇게 말했었다. 박 회장을 직접 만난 적은 없지만, 포스코 사외이사를 6년 정도 했고 마지막 해는 이사회 의장으로도 일해 포스코는 자기와 인연이 많은 기업인 데다, 박 회장이 포스코의 초석을 닦은 분이니 당연히 문상을 와야 했다고……

그런데 왜 김근태 고문의 빈소에서는 똑같은 질문을 받고서 답을 하지 않았을까? 왜 고인과의 인연에 대해서는 아무런 언급도 하지 않았을까? 게다가 한 언론은, 고인 측근이 '고인과 안 원장이 만난 일이 없는 것으로 안다'고 기자들에게 밝혔다고 보도하며, 상식과 원칙의 상징인 안철수가 민주화운동의 대부인 김근태의 명성에 은근히 기댐으로써 정치적인 외연을 넓히려 한다는 뉘앙스를 풍기고 나섰다.

이 방문을 두고 사람들은 입방아를 찧기 시작했다. 비록 대선 출마 여부를 공식적으로 밝히지 않았지만 출마 가능성에 대비하는 것이 아니냐고 했고, 정치 물을 먹으니 천하의 도덕군자인 것처럼 행세하던 안철수도 다른 정치인과 다를 게 없다고 했고, 빈소에서 손학규와 만나 잠시 이야기를 나눈 것을 두고 야권 인사와 접촉면을 넓히고 있다고 했다. 대통령이 되고자 하는 꿈을 가슴 한구석에 숨긴 채, 순진한 얼굴의 가면을 쓰고서 교활한 정치적 처세를 하는 볼썽사나운 행동이라고도 했다. 전혀 인연이 없는 모르는 사람의 빈소에 가서 아무런 이유도 없이 슬프다고 하다니, 그런 장면을 상상하는 것만으로도 자기 얼굴이 화끈거린다며 분개하는 사람도 있었다.

정말, 상식과 원칙의 상징이라는 안철수가 이런 인간밖에 되지 않는단 말인가? 그렇다면, 이른바 '안철수 현상'에서 안철수는 알맹이 없는 껍데기일 뿐일까?

* * *

안철수는 왜 김근태 고문의 빈소를 찾았을까?

유력한 대권주자로서 그저 외연을 넓히기 위한 행동이었을까? 아니면, 그저 한 사람의 시민 자격으로서 일생을 민주화운동에 바친 고인의 명복을 빌기 위해서였을까? 그것뿐이었을까? 그렇다면 '우리 모두가 고인에게 너무 많은 마음의 빚을 지고 있다'는 말은 단지 수사였을 뿐일까? 나중에 고인의 아내이자 역시 평생을 고인의 동지로서 민주화 운동에 헌신했던 인재근이 그를 대신해 그의 지역구에서 국회의원 선거에 나섰을 때, 그녀를 지지하며 트위터에 응원 글을 보낸 행위를 어떻게 받아들여야 할까? 왜 굳이, 박원순 서울시장 후보의 선거대책위 대변인 출신인 의왕·과천 선거구에 입후보한 송호창을 제외하고는 유독 인재근에게만 응원 메시지를 보냈을까? 그것도 '김근태 선생과 인재근 여사에게 너무 많은 빚을 지고 있다'는 내용으로? 도대체 그게 무슨 뜻일까? 도대체 안철수와 김근태 사이에는 무슨 인연이 있을까? 살아 있는 안철수는 죽은 김근태에게 무슨 빚을 졌을까?

01 | 피터팬

"나는 어릴 때 길을 갈 때도 땅만 보고 걸었습니다."

1962년 2월 26일

1962년 2월 26일 부산. 자기 아버지를 죽인 살인범의 가족이 가난에 허덕인다는 소식을 들은 아들과 딸 및 사위가 그들에게 쌀 한 가마니를 줬다. 기독교인이던 이들 가족은 원수를 사랑하라는 예수의 가르침을 실천했다. 29세의 살인범은 59세의 어머니와 아내 그리고 1남 2녀를 거느린 가장이었는데, 가장이 살인죄로 감옥에 갇히자 나머지 가족은 생계가 막막하던 차에, 피해자 가족이 쌀을 한 가마니나 주자 어리벙벙한 표정으로 감격의 눈물을 흘렸다. 또 피해자의 가족은 부산경찰서에 구속 중인 범인을 면회하고 성경책을 건네주면서, 회개해서 착한 사람이 되어달라고 간곡하게 부탁했다. 그 성경책은 범인의 손에 목숨을 잃은 고인이 평소에 늘 들고 다니던 책이었다. 범인은 두 손을 들어 그 성경책을 공손하게 받았다.

한편 또 치안국에서는 국가 보안과 수사의 과학화를 명분으로 내세워서 '국가지문등록법' 마련을 구상하고 있었다. 범죄자도 아닌 일반 시민의 지문을 강제로 등록하는 것이 어려운 일이기는 하나, 우리나라는 특수한 사정이 있으므로 간첩의 침투 방지, 범죄자의 수사, 피살자의 신속한 신원 파악 등을 위해서는 지문 등록이 필요하다는 취지였다.

쿠데타를 통해서 혁명정부의 1인자가 된 박정희 국가재건최고회의 의장의 이름이 대통령이던 윤보선의 이름보다 더 많이 언급되던 때였고, '군사혁명의 성패를 판가름할 경제개발 5개년계획'의 재원을 조달할 세제 개편의 기본방침을 심의하는 첫 회의가 열렸던 바로 그날…….

1962년 2월 26일에 안철수가 태어났다.

* * *

안철수의 아버지 안영모는 서울대 의대를 졸업한 뒤 군의관 복무를 6년 6개월 동안 했다. 의사는 부족하고 환자는 많았던 탓에 군대에서 3년 만에 제대를 안 시켜줬고, 어쩔 수 없이 3년 6개월 더 복무를 하고 제대했다. 마지막 2년은 밀양에 있었는데, 밀양에서 부산으로 가던 기차에서 바깥을 바라보던 중에 범천동이 그의 눈에 들어왔다. 판잣집이 다닥다닥 붙어 있던 가난한 동네였다. 그런 곳이면 병원이 없을 것 같았다. 그래서 그곳에 개업을 하겠다고 마음을 먹었다. 그렇게 해서, 빚을 내 마련한 안영모의 범천의원이 범천동에 들어섰다. 장남 안철수가 갓 돌을 넘긴 때였다.

세 식구는 사글세 단칸방에서 병원 3층으로 이사를 했고, 그때부터 범천의원은 2012년까지 40년 동안 문을 열었다.

병원을 찾는 동네 주민이 가난했던 터라 안영모는 진료비를 절반만 받기도 했고, 때로는 무료로 치료를 해주기도 했다. 이런 일이 지역 신문에 미담기사로 실렸고, 이런 사실을 안철수는 지금도 기억한다. 아마 자랑스러운 마음일 것이다.

내성적인 독서광과 피터팬 놀이

쉰 살이 넘은 지금도 안철수의 머릿속에 또렷하게 남아 있는 기억이 있다.

소년 안철수는 과학자가 되는 게 꿈이었다. 과학자가 되어서 지구를 지키고 싶었다. 그러던 어느 날, 만화책을 너무 많이 읽은 탓이었을까? 문득, 나중에 세계적인 과학자가 된 자기가 악당들에게 납치될지도 모른다는 생각이 들었다. 세계 지배의 야욕에 불타는 악당들이 자기를 납치해서 지하실에 가둬두고 지구를 멸망시킬 끔찍한 무기를 만들어내라고 협박할지도 모른다는 무서운 상상, 무서운 미래 예측이었다.

"그러면 어떡하지?"

이 무서운 생각은 소년의 머릿속 한구석에 달라붙어 떠나지 않았고, 소년은 목숨을 걸고서라도 악당의 편에 서지는 않겠다고 다짐을 하면서도, 그 무거운 짐을 자기가 짊어져야 한다는 부담감 때문에 차라리 과학자가 되는 꿈을 버려야 할까 하고 진지하게 고민하기도 했다.

소년은 나중에 다른 이유로 해서 과학자가 되겠다는 꿈을 버렸다. 그러나 장차 악당들은 과학자의 꿈을 버린 그에게 여전히 나타나서 생과 사의 선택, 정의와 불의의 선택을 강요한다. 물론 아직은 먼 미래의 일이었다. 그 선택은 이타적인 삶을 생각하는 사람이면 누구나 피해갈 수 없는 것임을, 삶 자체가 그런 선택의 연속임을, 어린 소년이 알 리가 없었다.

* * *

어릴 때는 내성적인 성격 탓에 사람들 앞에 나서길 꺼렸다. 한 살 아래인 남동생은 외향적이라서 밖에 나가 놀기를 좋아했지만, 소년 철수는 사람을 만나는 것도 별로 좋아하지 않았다. 얼굴이 하얗고 머리까지 약간 노랬던 탓에 아이들은 철수를 보고 흰둥이라고 놀렸다. 놀림을 받으니 밖에 나가 놀기가 싫었고, 그러니 더욱더 외톨이가 되어갔다. 외모에 대한 콤플렉스 때문에 성격은 점점 더 내성적으로 변했다. 운동장에서 아이들과 함께 놀다가도 다툼이 생겨 두들겨 맞기라도 하면 울면서 집으로 돌아오곤 했다.

> 그래서 어렸을 때에는 길을 걸을 때도 땅만 보고 갔다. 이런 버릇을 고치려고 애를 썼고 시간이 흐르면서 자연히 없어지기는 했지만 아직도 그런 흔적은 조금씩 남아 있다.•

대인기피증의 흔한 증상이다. 이렇게 소년 철수는 혼자 있기를 좋아하며 책에 파묻혔다. 학교에 다니면서는 아이들과 어울리는 게 싫어서 따로 빙빙 돌면서 책만 읽었다. 등하교 시간이 걸어서 30분씩이나 되었지만, 그 길을 걸어다니면서 책을 읽었다. 초등학교 6학년 때 학교 도서관에 있는 책은 거의 다 읽었다. 중고등학교 시절에 이미 웬만한 한국 소설은 다 읽었으며, 도스토예프스키와 톨스토이 같은 외국 고전들도 두루 섭렵했다. 삼중당 문고 400여 권도 몇 번씩이나 읽었다. 등하굣길

• 안철수, 《행복 바이러스 안철수》(리젬, 2009년), 22쪽.

에서는 물론이고 수업 시간에도 소설책을 읽었다. 체육 시간에도 친구들과 어울려 운동을 하는 대신 혼자 나무 그늘에 앉아서 책을 읽었다.

그렇게 혼자만의 세상에서 살았다. 마음에 맞는 친구를 가장 많이 사귀는 때인 고등학교 시절에도 그런 친구를 두지 못했다.

자기에게 대인관계 문제가 작지 않다는 사실을 그는 대학교 2학년 때 처음 심각하게 깨달았다. 좋아하고 따르던 고등학교 선배가 한 사람 있었는데, 동기생 중에서 다른 친구 역시 그 선배를 잘 따른다는 사실을 우연히 알게 되었다. 하루는 그 선배와 단둘이서 술을 마셨다. 그런데 그 선배가, 자기는 철수보다 철수의 다른 동기생과 마음이 더 잘 맞는다고 말했다. 그 말을 듣는 순간 대학생 철수는 어떻게 그럴 수 있느냐고 항의했다. 자기가 그 친구보다 선배에게 훨씬 더 많은 시간을 투여하고 또 잘 대하는데, 왜 그 친구를 더 좋아하느냐고……. 마흔 살 안짝의 안철수는 20년쯤 전의 그 일을 회고하면서 다음과 같이 썼다.

사람에게는 서로 맞는 유형이 따로 있는 법이고, 사람 간의 관계도 주고받는 것이 계산처럼 정확한 것도 아닌데, 나는 내가 그 사람에게 일등으로 잘해 주면 그 사람도 나를 일등으로 평가해 줘야 한다고 생각했던 것이다. 감정뿐만이 아니라 논리적으로도 그게 맞다고 생각했으니까 대인관계는 정말 엄청나게 모자랐던 셈이다.[*]

• http://bbs.freechal.com/ComService/Activity/BBS/CsBBSContent.asp?GrpId=912690&ObjSeq=13&PageNo=2&DocId=409056

＊＊＊

혼자만 하는 일은 책 읽기 말고도 있었다. 소년 철수는 공작과 동식물 키우기도 좋아했다. 고등학교 1학년 때는 꽃씨를 사다가 옥상에 정원을 만들었다. 키 순서대로 채송화, 봉선화, 안개꽃, 조롱박, 해바라기를 심었다. 근사한 정원이 만들어졌다. 하지만 해바라기는 뒤쪽을 보고 꽃을 피워서 뒤통수만 보였다. 그쪽이 남쪽이었기 때문이다. 거기까지는 생각하지 못했고, 어쩔 수 없는 일이었다.

혼자만의 세상에 깊이 빠져든 그의 이런 모습은 이후 그가 삶을 살아가는 데 단점으로 작용하기도 하지만 장점으로 작용하기도 한다. 그에게는 타협이 필요 없었다. 얽히고설킬 일이 없으니 타협으로 풀 일이 없었다. 타협이 들어설 자리가 없었다. 엄청난 독서량으로 확보한 많은 지식과 논리적인 정합성을 도구로 삼아서 무엇이든 혼자 판단하면 되었고, 그렇게 판단한 길을 가면 되었다.

이런 기질은 이후에 그가 선택하는 삶의 방식에서 그대로 드러난다. 다른 사람 아래에서 부하 직원으로 있으면서 지시를 받아서 하는 일은, 피터팬 놀이로 단련되고 길들여진 그의 사고 및 행동방식에는 어울리지 않았다. 자기의 판단이 잘못되었을 수도 있음을 전제로 한 상태에서 다른 사람과 토론을 하고 합리적인 결론을 도출해내는 것은 그에게 어울리지 않았다. 자기가 생각하고 판단해서 내린 결론을 (필요하다면) 다른 사람에게 요령 있게 설득하기만 하면 되었다.

예를 들어 2011년 9월 6일에 박원순 희망제작소 상임이사에게 서울시장 후보 자리를 양보하는 결정도 혼자서 내렸다. 2년이 넘는 세월 동안 가장 가까운 거리에 있으면서 강연을 함께 했던 박경철조차도 이 결

26

정에 조금도 영향을 미치지 못했다. 실제로 안철수는, 시장 불출마 선언을 하는 자리에서 박경철이 눈물을 보인 것에 대해서도 "그 친구 생각은 잘 모르겠고, 어쨌든 불출마는 저 혼자 결정한 사안입니다"라고 했다. 그리고 그 이틀 전에 《오마이뉴스》와 가진 인터뷰에서도 윤여준이 자기 멘토라고 자처하면서 자기 행보에 대해서 이러쿵저러쿵 말을 하자 "나는 나 나름의 판단이나 역사의식이 있다. 그분들 말씀에 솔깃하거나 따라가거나 하지 않는다. 내 나름의 판단을 한다"라고 단호하게 선을 그었다.

그렇게 안철수는 장차 혼자 심사숙고한 결정으로, 의사의 길 대신 컴퓨터 바이러스 백신 전문가의 길을 선택하고, 안철수연구소 설립을 선택하고, 또 나중에 CEO에서 물러나기로 선택하며, 나아가 정치에 발을 들여놓기로 선택한다.

이런 피터팬적인 발상과 행동 패턴을 가진 사람을 기다리는 것은, 위대한 지도자의 삶이 아니면 사회 적응을 거부한 고독한 은둔자의 삶이다. 그런데 또 하나의 문제는, (예를 들어 시태지처럼) 고독한 은둔자의 삶을 선택하지 않으려면 끊임없이 언제나 올바른 선택을 해서 다른 사람들을 설득해 자기 편으로 만들고 다른 사람들을 자기 세계로 불러들여야 한다. 다른 사람들이 자기 세계에 매혹될 수 있도록 언제나 올바르고 참신한 방향을 제시해야 한다. 그게 실패하는 순간, 원하든 원하지 않든 간에 은둔자의 삶을 살아야 한다. 이것이 고독한 피터팬의 운명이다.

하지만 본인에게나 주변 사람에게 다행인 점은, 안철수는 가족으로부터 사랑을 듬뿍 받으며 성장한 덕분에 공동체의 가치가 얼마나 중요한지, 또 그 가치를 키워나가는 일이 얼마나 중요한지 잘 알고 있으며, 또

한 어릴 적부터 연마한 수학자적·공학자적 논리 훈련 덕분에 자기가 내리는 판단 자체보다 그런 판단을 이끌어내는 논리적인 정합성을 더 중요하게 여긴다는 사실이다.

이렇게 소년 철수는 고독한 피터팬의 길을 걸어간다. 물론, 거기에 따른 불편함과 불이익은 고스란히 그가 감당할 몫이다. 하지만 아직은 어려서 장차 자기 삶이 어떻게 전개될지 소년은 알지 못한다. 다만, 세계지배의 야욕에 불타는 악당들이 자기를 납치해서 지하실에 가둬두고 지구를 멸망시킬 끔찍한 무기를 만들어내라고 협박할지도 모른다는 아주 단순하지만 존재론적으로 근본적인 상상을 함으로써, 장차 닥치게 될 운명과의 싸움에 대비한 시뮬레이션을 할 뿐이다.

중산층 가정에서 모자람이 없이 사랑을 받으며 성장한다는 것

피터팬처럼 영원히 어린 소년으로서 혼자만의 세상에서 살 수는 없었다. 언제까지고 책을 읽고 공작물을 만들고 동물과 식물만 상대하며 세상을 살 수는 없는 법이다. 사회 속에서 어울리고 집단의 규칙을 집단 속에서 익혀야만 온전하게 사회의 한 구성원으로서 제 역할을 할 수 있으니까……

그러니, 친구들과 어울리지 못하고 혼자서만 빙빙 도는 아이를, 체육시간에도 체육은 하지 않고 혼자서 책만 읽는 아이를, 다른 사람과 대화를 나누지 못하는 데서 오는 공백을 소설 속에 등장하는 인물들을 상대로 해서 메우는 아이를, 부모는 어떻게 바라보았을까? 불안하지 않았을까? 저 아이가 제대로 사회생활을 할 수 있을까 걱정하지 않았을까?

* * *

어떤 시인은 '나를 키운 건 8할이 바람이었다'고 했다. 또 어떤 시인은 '울면 때리는 아비가 있다, 울면 젖 주는 어미가 있다'고 했다. 하지만 소년 철수를 키운 건 9할이 어머니의 사랑이었다. 그에게는 울지 않아도 사랑을 주는 어머니가 있었다. 울기 전에 모든 것을 다 마련해주고 준비해주는 어머니가 있었다.

철수를 향한 어머니의 사랑은 유별났다. 그가 고등학교 2학년 때였다. 아침에 꾸물거리는 바람에 지각을 하지 않으려면 택시를 타야 했다. 이때 어머니는 큰길까지 나와서 택시를 잡아주었다. 고등학교 2학년이면 비록 성인식을 치를 나이는 아니지만, 덩치로 보나 생각의 깊이로 보나 성인이나 마찬가지이다. 이렇게 장성한 아들이 택시 하나 타지 못할까 싶어서 어머니는 큰길까지 아들을 따라나와서 택시를 잡아주었다. 아들이 택시에 오르자 어머니는 아들에게 깍듯이 인사를 했다.

"잘 다녀오이소."

"예."

택시가 움직였고, 기사가 고등학생 철수에게 물었다.

"누구고? 너거 형수님이가?"

그렇게 물을 만도 했다. 보기에는 모자 사이 같지만 여자가 깍듯한 존댓말을 하는 걸로 봐서는 그런 게 아닌 것 같았고, 형수-도련님 사이라고밖에 볼 수 없지만, 그렇게 보기에는 나이 차이가 너무 많은 것 같아서, 아마도 택시 기사는 두 사람이 어떤 사이인지 몹시 궁금했을 것이다. 아침에 학생이 택시를 타는 것도 예사롭지 않았고, 나이 차이가 많아 보이는데도 여자가 큰길까지 배웅 나와서 깍듯한 존댓말로 인사를 했으니…….

"우리 엄만데요."

"형수님이 아이고 엄마라꼬?"

기사는 깜짝 놀랐다. 충분히 그럴 만했다. 자식에게 존댓말을 하는 어머니는 흔치 않았으니까. 게다가 장성한 아들을 위해서 큰길까지 나와서 택시를 잡아주는 어머니라니…….

어머니는 그렇게 아들을 알뜰하고 살뜰하게 챙기고 보살피고 거두며, 아들이 나아갈 길에 작은 돌멩이 하나 거치적거리지 않도록 깨끗하고 말끔하게 닦아줬다. 대인기피증을 의심할 정도로 내성적이고 혼자서만 노는 아이였으니, 어머니로서는 아이가 앞길을 걸어가는 데 불편함을 조금이라도 덜 느끼도록 해주고 싶었을 것이다. 그렇게 해서 아들이 자기에게 모자란 부분을 온전하게 채워서 다른 아이들과 어울려서 친구로 녹아들 수 있기를 간절하게 바랐을 것이다.

할아버지가 세상을 떠났을 때도 어머니는 이 소식을 아들에게 전하지 않았다. 서울에 있는 대학생 아들이 공부하는 데 방해가 될까봐 부르지 않은 것이었다. (이것이 고인의 유언이었을 수도 있고, 아버지의 뜻이었을 수도 있다. 하지만 상식적으로 생각할 때, 그리고 아버지 안영모의 품성으로 보건대, 할아버지의 죽음을 알리지 않은 데 어머니의 판단과 주장이 중요하게 작용했음을 짐작할 수 있다.) 철수가 할아버지 사망 소식을 들은 것은, 집안끼리 알고 지내던 친구를 통해서였고, 할아버지가 사망한 지 일주일 가까이 지난 뒤였다.

어머니는 고등학생 철수에게 영어 과외와 수학 과외까지 꼼꼼하게 챙겨주었다. 어머니의 이런 보살핌은 21세기 서울 강남구 대치동의 이른바 '맞춤식 토탈 교육'의 전형이랄 수도 있었다. (이른바 '안철수 신드롬'

의 열풍은 정치권에서보다 대치동의 학부모 사이에서 훨씬 더 강렬하게 불었다나 어쨌다나……) 소년 철수의 외할아버지는 부산에서 편지 봉투에 이름만 써도 배달이 될 정도로 유명한 재력가였고, 이런 집안에서 성장한 그의 어머니는 자식 교육에 철저했다. 안철수는 어머니의 교육 철학에 큰 영향을 받았다고 회고하며, 어머니의 가르침을 크게 두 가지로 꼽았다.

> 아버지께서는 일에 몰두하셨으며 자식들 교육은 어머니의 몫이었다. (…) 어머니께서는 두 가지 큰 가르침을 주셨다. 첫째 사람은 항상 자기에게 주어진 일에 최선을 다하고 살아야 한다고 하셨다. 예컨대 학생이라면 공부를 열심히 해야 한다고 가르치셨다. 둘째로는 무슨 일을 하건 간에 남을 먼저 생각하라고 하셨다.•

자기에게 주어진 일에 최선을 다할 것, 그리고 남을 먼저 배려할 것. 어머니의 이 두 가지 가르침은 평생 동안 그의 나침반이 된다. 그리고 이 나침반이 가리키는 방향은, 나중에야 비로소 알게 되는 사실이지만, 사람들이 한데 어울리는 사회였다. 마침내 안철수는 피터팬의 세상에서 빠져나와 세상 속으로 들어갈 수 있었다. 어머니의 간절한 바람대로 안철수는 외톨이로 빙빙 돌지 않고 '친구들'과 한데 어울릴 수 있게 된 것이다. 모자간의 행복한 피드백……. 하지만 아직은 먼 미래의 일이었다.

• http://bbs.freechal.com/ComService/Activity/BBS/CsBBSContent.asp?GrpId=912690&ObjSeq=13&PageNo=2&DocId=409033

　그 먼 미래의 해피엔딩이 오기 전까지는, 안철수 본인이나 주변 사람들은 어머니의 과잉보호에 따른 부작용의 폐해에 시달려야 했다.

　결혼을 한 직후였다. 퇴근해 집으로 간 안철수는 늘 하던 대로 양말을 벗어서 휙 집어던졌다. 그러자 아내의 타박이 날아들었다. 아내도 아내 나름대로 남편의 그런 행동을 참다 못해서 처음으로 하는 타박이었다.

　"아니 양말을 벗어서 그렇게 아무 데나 던지면 어떻게 해요?"

　가시가 돋힌 힐난이었다. 하지만 이 가시는 큰 가시가 아니었다. 비난이나 나무람에 익숙한 보통 사람이라면 그저 따끔할 정도일 뿐이었다. '미안!'이라는 한마디 말이면 충분히 그냥 넘어갈 수 있는 것이었다. 하지만 안철수에게는 그냥 넘어갈 수 있는 말이 아니었다. 한 번도 그런 야단을 맞아본 적이 없었기 때문이다. 어머니의 보살핌은 안철수에게 부족하던 모든 것을 포용했었다. 어머니는 단 한 번도 그렇게 안철수를 야단치지 않았다. 난생처음 듣는 힐난에 안철수는 당황했다.

　안철수가 말이 없자 아내는 부연 설명을 통해서 남편을 다그쳤다.

　"빨래통에다 넣어야지, 그렇게 던져 놓으면 누가 따로 또 손을 대야 하잖아요!"

　그러고 보니, 예전에는 그런 일을 어머니가 다 했었다. 그런 일은 자기 몫이 아니었다.

　아내의 힐난에 안철수는 이렇게 대답했다.

　"그럼, 양말 벗어서 빨래통에 넣어주세요, 라고 하면 되잖아요. 왜 그렇게 야단치듯이 말을 해요?"

안철수는 이 일을 회고하면서 '웬만큼은 깔끔해지고 난 지금 생각해 보면 정말 웃지 못할 이야기다'라고 썼지만, 이 일화에서 우리가 읽을 수 있는 것은 깔끔함과 관련된 문제가 아니다. 그보다 더 큰 어떤 사실을 포착할 수 있다.

안철수는 다른 사람으로부터 나무람을 받을 준비가 전혀 되어 있지 않았다. 그는 비난에 익숙하지 않았다. 과잉보호 대상자로 그리고 피터팬으로 살아왔기 때문이다. 피터팬에게 양말을 빨래 통에 넣는 일이 가당키나 한 일인가. 그리고, 그렇게 하지 않았다고 해서 비난을 받는 일이 가당키나 한 일인가.

비난 혹은 비판에 대한 그의 이런 신경질적인 반응은, 장차 맞닥뜨릴 세상사의 불화에 대처하는 그의 기본적인 방식이었다. 이런 방식이 잘못되었다는 사실은 본인이 누구보다도 잘 알기에, 누구로부터도 그 어떤 잘못에 대해서 비난을 받지 않으려고 완벽을 지향했고, 이런 태도는 그의 특성으로 자리를 잡았다.

예를 들어서 2011년 9월에 안철수가 서울시장 보궐선거에 출마한다는 보도가 처음 나갔을 때, 누구보다도 그를 잘 안다고 할 수 있는 박경철은 트위터를 통해서 완벽주의 추구하는 그의 성품을 언급했다.

> 만약 안쌤이 결심을 하신다면야…… 저도 한 표 던지겠습니다만 (…) 내가 아는 한 그 성품에 자신의 자질과 능력에 대한 엄정한 자기점검에만도 적지 않은 시간이 걸릴 것 같네요.

이런 모습은 운전면허시험을 볼 때도 드러났다. 부산에서 본 시험에서 그는 필기시험에 만점을 받았고, 바로 그날에 코스와 주행 시험에 모두 합격했다. 서울대 의대에 다니는 사람이니 당연히 만점을 받을 것이라 예상하는 주위 사람들의 시선을 의식해야 했다. 그래서 예상문제집은 말할 것도 없고 책을 처음부터 끝까지 다 외우고 갔다. 그러니 그 좋은 머리에 만점을 받지 않을 수가 없었다.

초보운전 시절에 처음 딱지를 떼이고는 밤새 고민한 적도 있다. 좌회전 신호를 받으려고 좌회전 전용차선에 서 있었는데 직진하는 차들이 그 차선에 서서 길을 비켜주질 않는 바람에, 다른 차들과 함께 그 차들을 피해 중앙선을 넘어서 좌회전을 했다가 딱지를 떼였는데, 그 일로 밤새 자책하며 잠을 이루지 못했었다. 2008년에 유학을 마치고 와서 카이스트에서 교수로 적을 두고 있을 때도 그랬다. 새벽에 연구실에서 나와 귀가를 할 때 그는 카이스트 교정 안에 있는 신호등이 빨간불일 때는 길을 건너지 않았다. 차도 없고 사람도 없는 그 새벽 시간에……

안철수의 이런 완벽 추구 성향은 기본적으로 '다른 사람의 시선'을 의식한 데서 비롯되었다. 이 '다른 사람'이란 그를 횐둥이라고 놀리던 친구들이었고, 운동신경이 둔하다고 놀리던 친구들이었으며, 또 남을 먼저 배려하며 남에게 폐를 끼치지 말라고 당부하던 어머니였다. 완벽 추구 성향이 애초에 스스로를 방어한다는 차원의 수동적인 관점에서 시작되었다는 뜻이다. 완벽함을 추구하는 이 성향은 그의 장점이자 단점으로 평생 그를 따라다닌다.

* * *

자신감이 부족한 내성적인 소년 철수가 중산층 가정에서 모자람 없이 사랑을 받고 성장함으로써 그는 투쟁적이지 않은 삶을 학습했다. 그는 흥부네 아이들처럼 제한된 자원들 두고 형제들끼리 머리 터지게 경쟁하지 않아도 되었다. 편모나 편부 아래에서 혹은 소년 가장이 되어서 거친 생존 투쟁을 경험할 일도 없었다. 누구에 대해서 사회적·계급적 분노와 적개심을 느껴본 적도 없었다. 친구가 없었기에 그런 경험을 간접적으로도 겪지 못했다. 그런 경험이라면 책으로만 접했을 뿐이었고, 그런 일들은 소설에서나 일어나는 것들이었다. 아버지나 어머니가 어떤 이유로든 다른 사람에게 모욕을 당하거나 부당한 횡포를 당하는 일을 보지 않아도 되었다. 자기가 자기 부모의 자식임을 부끄러워할 일도 없었다. 부모가 정해준 테두리 안에서 원칙만 잘 지키면 평온한 삶이 보장되었다.

이런 경험은 안철수가 살아갈 인생에 또 다른 중요한 방향점을 준비시켰다. 그것은 평온한 삶, 혁명적이지 않고 투쟁적이지 않으며 소란스럽지 않은 삶이었다. 전쟁보다는 평화, 혁명보다는 개선, 투쟁보다는 타협을 우선하는 삶이었다. 그랬기에 그는 노무현 정부 시절이나 이명박 정부 시절에, 정부 정책이 자기가 옳다고 생각하는 방향과 정반대 방향으로 실현되고 있음에도 불구하고 어떻게든 개선을 해보려고 타협의 여지를 마련하려고 애를 썼다, 허망하게도……

이처럼, 이런 방향점은 안철수에게 어쩌면 행운이 아니라 불운일지도 모른다. 동시대를 살았던 대부분의 사람들은 안철수와 다른 경험을 하고 살았고, 또 그렇게 그가 생각하는 것과 다른 원리로 대한민국이 돌아가고 있었고 또 지금도 그렇게 돌아가고 있기 때문이다. 한국 사회에서 상식과 원칙은, 박정희와 전두환, 노태우, 김영삼 등으로 이어지는 독재 및 유사독재 체제 아래에서 진창 속에 처박혀 있었고, 이런 상황은 지금도 나아지지 않았기 때문이다.

공학도의 꿈을 접고 의과대학에 진학하다

어릴 때, 나중에 우주과학자가 되거나 공학자가 되어서 무슨 일을 하든지 인류를 행복하게 할 훌륭한 발명품을 만들어서 사람들로부터 존경받는 과학자가 되겠다는 꿈을 꾸었었다. 좀 더 커서는 기계를 만지는 공학도가 되고 싶었다. 그래서 괘종시계를 포함해서 주변에 있던 온갖 기계장치들을 분해하면서 꿈을 키웠었다. 하지만 고등학교 2학년으로 진급할 무렵 에 마음을 바꾸었다. 의과대학에 가겠다고 결심한 것이다.

> 부모님은 나를 낳아주시고 아무런 조건 없이 사랑하고 길러주셨다. 그런데 내가 꼭 부모님의 마음을 따르지 않고 공대를 가야 하는 걸까? 공대를 가서는 어떻게 하겠다는 말이야? 공대에 가는 것을 좋아한다고 뚜렷하게 내세울 것도 없지 않느냐? 그렇다면 부모님을 기쁘게 해드리는 것이 아들 된 도리가 아니겠는가.•

동물 피든 사람 피든 피라면 끔찍하게 여기던 그가 부모님이 좋아하실 거라는 이유 하나만으로 공학도가 되기를 포기하고 의사가 되기로 결심했다.

아들은 그렇게 부모 특히 어머니의 바람에 충실했다. 앞으로도 계속 피터팬으로서 살기 위해서 어머니의 바람을 받아들였다, 라고 한다면 지나친 상상일까? 친구들의 따돌림, 따돌림까지는 아니었다 하더라도 친구들 사이에서 느끼는 서먹함과 어색함, 그리고 비난의 시선 등에서 언제나 자기를 가장 안전하게 지켜주던 사람은 어머니였기에, 어머니의 바람을 외면할 경우 배신감을 느낀 어머니가 헌신적인 보살핌을 거두어

• 안철수, 《행복 바이러스 안철수》, 37쪽.

버릴지도 모른다는 두려움 때문이었다, 라고 한다면 지나친 추정일까?

02 | 히포크라테스 선서

"제가 대학에 다닐 때는
386세대가 그러했듯 사회의식이 좀 있었거든요."

인생의 전환점

생애 최초의 좌절

공부라면 누구보다도 자신이 있었다. 고등학교 이과생 최고의 선망학부인 서울대학교 의과대학에도 단번에 척 붙었다. 그리고 대학교에서받는 성적도 나쁘지 않았다. 물론 누구 못지않게 열심히 공부했다. 그리고 본과 1학년 과정을 마쳤을 때는 자기가 이룬 성취에 뿌듯했다. 이때의 심경을 안철수는 이렇게 회고했다.

> 생각해 보면 참 힘든 1년이었다. 모든 시간을 완벽하게 공부에만 바쳐야 했다. 다행히도 성적은 좋았다.*

'다행히도'란 말을 하면서 지나간 어떤 일을 돌이켜보기란 얼마나 행복한 경험인가.

안철수는 그렇게 행복하고 흐뭇한 마음으로 겨울방학을 맞아 고향인

---

* 안철수, 《행복 바이러스 안철수》, 54쪽.

부산에 갔다. 그리고 평소에 하고 싶었지만 못했던 일들을 실컷 하면서 놀았다. 목적지를 정하지 않고 기차에 올랐다가 낙동강변의 역 아무 곳에서나 내려 낚시를 하기도 했고, 영화를 보기도 했고, 바둑 책을 스승 삼아서 바둑을 배우기도 했다. 겨울방학 동안만이라도 학과 공부는 팽개치고 실컷 놀자고 작심했던 터라, 그렇게 여유로운 시간을 느긋하게 보냈다.

그런데 시간이 흐를수록 점점 더 초조해지기 시작했다. 다가올 본과 2학년 시험이 벌써부터 걱정되기 시작한 것이다. 의대생에게 학부 성적은 평생 따라다녔다. 이 성적은 훈장일 수도 있고 멍에일 수도 있었다. 성적이 좋아야만 자기가 원하는 전공을 선택할 수 있었다. 반에서 적어도 10등 안에는 들어야 원하는 과에 들어갈 수 있다고 했다. 그랬기 때문에 의대생들 사이에는 늘 치열한 경쟁이 펼쳐졌다. 게다가 외워야 할 내용은 또 얼마나 많은지…….

갑자기 등줄기가 서늘해졌다. 그리고 결국 겨울방학이 끝나기 한 주 전에 서둘러서 서울로 돌아왔다. 다른 학생들이 그 시각에도 공부를 하고 있을 것이란 생각에 마음이 불안했기 때문이다. 원하는 과를 선택할 수 있으려면 좋은 성적을 받아야만 한다는 강박적인 생각이 그를 사로잡고 놓아주지 않았다.

비인간적인 경쟁 속에 자기를 던져야만 한다는 상황이 참을 수 없을 정도로 싫었지만, 의대생 안철수에게 주어진 대안은 달리 없었다. 그저 공부하는 것뿐이었다. 다른 학생들을 이기는 것뿐이었다. 그래야 본과 2학년을 마치고 맞이할 겨울방학 때도 '다행히도'라는 마음으로 지난 1년을 돌아볼 수 있었다. 그렇게 되기를 간절하게 바라는 마음뿐이었다.

그런데 사실 안철수는 줄곧 그렇게 경쟁 속에서 살아왔지만 경쟁에 따른 극심한 스트레스를 크게 느끼지 못했다. 예전에는 경쟁자들이 손쉬운 상대였기 때문이다. 그러니 경쟁에 따르는 심리적인 고통은 보상에 비해서 크지 않았었다. 하지만 서울대학교 의과대학 본과에서의 경쟁은 지금까지 안철수가 경험했던 그 어떤 경쟁보다 치열했다. 수재들만 모인 최고의 학부였으니, 당연한 일이었다.

예정보다 한 주나 빠르게 서울로 돌아온 안철수는 하숙방에 오도카니 혼자 앉았다.

'과연, 1년 뒤 본과 2학년을 마쳤을 때, 내가 좋은 성적을 거두었을까? 만일, 그렇지 못하면 어떡하지?'

온갖 걱정이 꼬리에 꼬리를 물었다. 어느 순간에선가 갑자기 깊이를 알 수 없는 늪 속으로 끝도 없이 빨려들어 간다는 느낌이 들었다. 사실, 문득문득 등줄기가 서늘해지는 이런 끔찍한 경쟁이 기다리고 있을 줄은 몰랐다. 이 경쟁 속에서 존재의 불안을 느끼게 될 줄은 몰랐다.

고등학교 시절, 교실에서 눈만 돌려도 창문 밖으로 보이던 바다가 그리웠다. 하고 싶은 것은 뭐든 이룰 수 있었고 모든 게 막힘없이 풀리던 그 시절이 그리웠다. 하지만 이제는 돌아갈 수 없는 시절이었다.

어릴 때, 우주과학자가 되거나 공학자가 되겠다는 꿈을 꾸었었다. 좀 더 커서는 기계를 만지는 공학도가 되고 싶었다. 하지만 고등학교 2학년으로 진급할 무렵 의과대학에 가겠다고 결심을 했었다. 동물 피든 사람 피든 피라면 끔찍하게 여기던 그가 부모님이 좋아하실 거라는 이유 하나만으로 의사가 되기로 결심을 했었다. 그리고 '다행히도' 의대생이 되었고, 또 '다행히도' 본과 1학년을 나쁘지 않은 성적으로 마쳤다.

하지만 언제까지 이 '다행히도'가 계속 이어질 수 있을지 몰랐다. 아니, 그럴 수 없을 것 같았다. '다행히도' 대신에 '불행하게도'가 나타날 확률은 대학생 철수의 마음속에서 점점 커졌고, '불행하게도'가 언제 시커먼 아가리를 벌리고 그를 집어삼킬지 몰랐다.

왜 의과대학을 선택했을까 하는 후회도 들었다.

누군가를 붙잡고 고민을 털어놓고 싶었지만 그럴 사람이 곁에 없었다. 주변에는 친구도 없었다. 경쟁에서는 늘 손쉽게 이기기만 했던 터라, 그리고 가정적으로도 지지와 사랑을 무한하게 받아왔던 터라, 따로 고민이 있을 리도 없었다. 그런 고민을 함께 나눈다는 것 자체가 그에게는 낯선 일이었다. 그렇다고 부모에게 이런 고민을 온전하게 털어놓을 수도 없었다. 서울에서 부산까지라는 물리적인 거리감만큼이나 더 큰 거리감이 의대생 안철수와 그의 부모 사이에 이미 형성되어 있었다. 성적이 잘 나오는 것만 보고 부모는 아들이 대학 생활을 즐겁게 잘하는 줄로만 알았다. 자기에 대한 기대가 어느 정도인지 잘 알았기에, 대학교에 입학한 뒤 3년 동안 안철수는 부모에게 경쟁에 지친 내색을 조금도 하지 않았다. 새삼스럽게 어머니나 아버지에게 그런 내색을 할 수도 없었다.

어차피 혼자 해결해야 할 문제였지만, 방황의 끝이 보이지 않았다. 더는 학교에 다니고 싶지 않았다. 그러다가 결국 어머니에게 전화를 했다.

"니, 와 그라는데?"

"휴학하면 안 되겠습니까?"

"와? 무슨 일인데?"

"공부가 너무 힘듭니다."

안철수는 울고 있었고, 놀란 어머니는 곧바로 비행기를 타고 올라왔다. 어머니는 올라오자마자 안철수를 부산으로 데리고 갔다. 기차를 타고 가는 중에도 아들은 계속 울었다. 어쩌면 어머니는 자기가 아들을 과잉보호한 탓이라고 자책했을지도 모른다.

아버지는 아들이 정신과 의사와 상담하게 해줬다. 의사의 조언은 이랬다.

"의과대학 공부를 하기가 힘들다고? 그럼, 쉬운 일이 아니지. 친구도 사귀고 동아리도 들어봐."

그러나 이 조언은 쓸모가 없었다. 안철수의 고민은 경쟁과 성적 때문에 비롯된 것이었다. 경쟁에서 이기고 좋은 성적을 거두고 싶지만 그 길이 감당하기 힘들 만큼 벅찼다. 그렇다고 해서 경쟁을 포기하고 싶지도 않았다. 이런 상태에서 생긴 마음의 병이었는데, 의사의 조언대로 하자면 성적이 떨어질 수밖에 없었다. 그건 안철수가 바라는 결과가 아니었다. 결국 자기 문제는 자기 스스로 풀 수밖에 없다고 안철수는 결론을 내렸다.

그렇게 다시 내려가서 마음을 달랜 뒤에 서울로 돌아왔다. 부모님은 밝은 얼굴로 돌아가는 아들의 얼굴을 보고 놀란 가슴을 어느 정도 쓸어내렸지만, 사실 아들의 고민은 전혀 해결되지 않았다. 해결하기 어려운 문제에 대처하는 가장 획기적인 방법을 대학생 안철수는 아직 몰랐던 것이다. 예를 들어 '짬뽕을 먹을까, 짜장면을 먹을까?'의 고민을 해결하는 방법은 둘 가운데 하나를 선택하는 것이 아니다. 김치찌개나 돈까스를 선택할 수도 있고, 혹은 아무것도 먹지 않는 것을 선택할 수도 있다. 이런 사실을 아직 안철수는 몰랐다.

하지만, 의대 본과 2학년생이던 안철수가 코페르니쿠스의 달걀을 세우는 일은 우연한 만남 속에서 이미 준비되어 있었다.

가톨릭학생회 봉사활동, 사회 현실에 눈을 뜨다

안철수가 그 친구를 만난 건 1982년 본과 1학년 2학기 때였다. 중간고사 시험 기간이었다. 겨우 한 과목만 시험을 치렀는데, 상한 음식을 먹고 식중독에 걸렸다. 구토와 설사가 계속되었고, 나중에는 탈수 증세까지 나타났다. 끙끙 앓으면서도 시험공부는 해야 했다. 이때 그 친구가 안철수에게 도움의 손길을 내밀었다.

같은 과 친구이던 그는 의과대학 선배에게 부탁해서 링거 주사와 약을 가져다주며 간호했고, 덕분에 안철수는 몸을 추스를 수 있었다. 이일로 외톨이였던 안철수는 그 친구에게 소중한 우정을 느꼈고, 그 나이또래의 학생이라면 대개가 다 그렇듯이 친구 따라서 강남으로 갔다. 그런데 그 친구의 '강남'이 바로 가톨릭학생회라는 동아리였다. 안철수는 가톨릭 신자가 아니었지만 친구 따라서 그 동아리에 가입한 것이다. 본과 2학년 때였다.

그리고 그때부터 본과 4학년 때까지 계속해서 주말에 무료 진료 활동을 했다. 진료소는 구로동의 한 성당에 공간을 빌려서 차렸다. 처음에는 약을 싸주는 잔심부름을 하다가 3학년이 되면서 직접 진료를 맡았다.

* * *

한국의 가톨릭 교회에서 저항의 역사는 일제강점기까지 거슬러 올라갈 만큼 오래다.

1960년대 중반에 있었던 제2차 바티칸공의회 결과, 가톨릭 교회는 가난한 이들의 인권을 보호하고 복음에 부합하는 방법으로 정의의 실현을 위해 투신해야 한다고 결의했다. 즉 사회의 불의에 저항하는 사회적 책임을 다해야 한다는 인식이 교회 안에서 확산되기 시작했고, 이런 움직임은 한국의 가톨릭 교회에도 반영되었다. 1960년대에 4·19 혁명과 5·16 쿠데타라는 커다란 정치적인 격변을 겪은 데다 제2차 바티칸공의회의 영향으로 가톨릭 대학생의 사회·정치적 의식은 급속하게 고양되었다. 그리고 1960년대 후반부터 정치·사회 문제에 대한 관심이 높아지면서 자연스럽게 일반 학생운동과 접하게 되었고, 그 결과 가톨릭대학생회는 전통적인 사도직 운동을 넘어서서 사회의 정치경제적 모순과 민주주의의 문제를 운동의 과제로 받아들였다.

그 뒤 1980년 5월 광주민주화운동을 거치면서 가톨릭 학생운동도 보다 체계적인 현실 인식 및 사회 변혁을 위한 실천 방법론을 탐구하기 시작했다. 이런 흐름 속에서 가톨릭 대학생 조직의 활동은, 단순한 사회봉사 활동에서부터, 급진적인 혁명 이론을 학습하면서 성명서 발표와 가두시위 등을 통하여 정치적인 문제에 직접 참여하는 활동까지 다양한 스펙트럼을 보였다.

사회적 책임을 강조하는 가톨릭 대학생들의 이런 급진적인 성향은 교회 내부에서 반발을 불러일으켰고, 급기야 1975년에 창립되었던 대학생 전국조직인 가톨릭학생전국협의회가 1984년에 해체되었다. 뒤집어서 보면, 그 정도로 가톨릭 대학생들 사이에서 그리고 또 이들과 교회 전체 사이에서 활동 노선의 차이가 크게 벌어졌으며, 또 그만큼 내부 투쟁이 심각했었다는 말이다.

이렇게 노선의 차이가 커지고 내부 투쟁이 격화된 데는 '교회'가 가지고 있는 조건도 작용했다. 1984년 말 학원 자율화와 정치인 해금조치를 핵심으로 한 이른바 '유화국면'이 펼쳐지기 전에는 학교 안에서건 밖에서건 모든 집회는 엄격하게 통제되었다. 학교 안에서 벌어지는 시위도 확성기 소리와 구호소리가 나오자마자 사복형사들이 주동자를 덮쳤고, 시위는 불과 몇 분 안에 '진압'될 정도였다. 그야말로 끽 소리도 못했다. 이런 상황에서 노동자 밀집 지역에 위치한 개신교의 교회나 가톨릭의 성당이라는 신앙 공간은 활동가들이 활동하기에 더할 나위 없이 좋은 공간이었다.

교회와 성당은 학교와 함께 80년대 한국 민주화운동의 거점이었다. 특히 교회와 성당은 국가권력의 통제가 상대적으로 덜 미치는 일종의 '해방 공간'이어서, 종교라는 우산 아래에서 정권의 탄압을 피하며, 야학이나 문화강습을 매개로 해서 노동자 대중을 쉽게 만나 조직과 선전 활동을 할 교두보로 삼을 수 있었기 때문이다. 그러니 당연히 이른바 '위장 신앙인'인 대학생들이 가톨릭 성당에 근거지를 틀기 시작했고, 이런 모습이 보수적인 신앙인의 시선에는 마뜩잖았던 것이다.

다음은, 그보다 4~5년쯤 뒤에 가톨릭학생회 활동을 했던 신학자가 당시를 회상하는 내용의 일부분인데, 당시 가톨릭 대학생들이 정체성과 관련해서 가졌던 갈등의 한 측면을 엿볼 수 있다.

……우리의 학창시절은 80년대 민주화 운동 시대와 겹친다. 우리는 그 당시 넘쳐났던 운동권들과 친했다. 운동권들은 성당에 몰려왔다. 각 대학의 가톨릭 학생회에도 들어왔다. 시대의 조류라는 게 있지 않은가. 김수환 추기경이 계시던 때, 가톨릭은 그들을 맞아들였다.

하지만 우리는 뭔가 조금 특이한 집단이었다. '진짜 운동권' 가운데 일부는 우리에게 언제나 미심쩍은 눈길을 보냈다. 무신론을 받아들이지 않는 자들, 신을 믿는 무리라는 것이었다. 그들은 어쩌면 우리를 그저 '절반의 운동권'으로 받아들였는지 모르겠다. 우리는 마음의 상처도 입었다. 하지만 그게 우리의 정체성이었다. 우리는 청년 신앙인이었다.[*]

그러니까 안철수가 가톨릭학생회에 가입해서 구로동의 한 성당에서 봉사 활동을 하던 1983년부터 1985년까지의 시기는 가톨릭 대학생 운동이 종교의 사회적 책임을 강조하고 가장 적극적으로 사회·정치 문제에 참여하던 시기, 따라서 대학생들이 편차가 큰 다양한 스펙트럼의 인생 경로를 놓고 고민하던 시기와 일치한다. 안철수 역시 그런 고민을 했으리라고 충분히 추정할 수 있다.

* * *

안철수는 의료 봉사 활동을 하면서 새로운 세상에 눈을 떴다. 남편이 병을 앓아 몸져누워 있는데, 아내가 남편과 자식을 버리고 달아나는 일이 일상적으로 일어나는 게 현실임을 눈으로 직접 보고 깨달았다.

중고등학교 시절에 이미 웬만한 한국 소설은 다 읽었고 도스토예프스키와 톨스토이 등과 같은 외국 고전들도 두루 섭렵했으며, 삼중당 문고 400여 권을 읽고 또 읽었을 정도였으니, 적어도 이론적으로 혹은 지식적으로는 소외된 사람들이 처한 현실을 모르지 않았을 것이다.

하지만 책으로 읽는 것과 현실에서 직접 부닥치며 느끼는 것은 전혀 다른 문제였다. 어린 시절 아버지의 병원에서, 작업장에서 손가락이 잘리거나 찢어진 신발공장과 직물공장 여공들이 점심시간을 이용해서 하

• 주원준, "서기호 판사를 자른다면, 법원에 정의는 없다", 《가톨릭뉴스 지금여기》, 2012. 02. 09.

루에도 많으면 여덟 명씩 우르르 몰려오는 광경을 보곤 했지만, 그때 그 경험은 어린 안철수에게는 '다른 세상'의 일이었다. 자기와는 상관이 없는 어른들의 세상이었다. 하지만 이제 안철수도 어른이 되어 있었고, 그 일들이 이제 자기가 사는 세상에서 일어나는 일임을 깨달았다. 그가 두 눈으로 목격하는 일들은 단지 문학작품 속에 등장하는 허구가 아니라 엄연한 현실이었다.

> 나는 봉사 활동을 하면서 책에서만 보던 사람들을 만날 수 있었다. 진료소에 올 수 없는 움직이지 못하는 환자들을 찾아서 집으로 왕진을 갔을 때 답답한 광경들을 많이 보았다.
> 어느 날 관절염이 심해서 움직이지 못하고 있는 한 할머니를 찾아갔을 때였다. 할머니가 거의 움직일 수 없었기 때문에 중학교 1학년 손녀가 신문 배달을 해서 생계를 유지하고 있었다.•

이 손녀는 힘든 가장 생활을 견디지 못하고 가출을 했고, 관절염 할머니는 혼자서 죽음을 맞이했다. 뒤늦게 병문안을 갔던 성당 사람들이 할머니의 시신을 수습했다. 이 무렵 그는 처음으로, 돈의 가치가 사람의 가치보다 더 높을 수 있다는, 교과서에서 가르쳐주지 않는 진실을 발견했다. 그리고 중요한 건, 이런 진실이 자기가 몸담고 있는 사회에서 통용되고 있다는 점이었다. 이런 현실 앞에서, 비슷한 경험을 통해서 충격적인 진실을 깨달은 또래의 다른 대학생들과 마찬가지로, 의대생 안철수는 고민을 할 수밖에 없었다.

• 안철수, 《행복 바이러스 안철수》, 65쪽.

그 시절 내 머리는 참으로 혼란스러웠다. 봉사하는 데에도 한계가 느껴졌다. 그렇다고 그 사람들을 위해서 당장 학교를 그만두고 봉사에 헌신하는 것도 해결책이 아니었다. (…) 배운 사람의 도리 같은 것을 생각하니 마음은 더 답답했다.•

'배운 사람의 도리'란 바로 지식인의 사회적인 역할 혹은 책임이었다. 지식인으로서 사회의 약자들이 겪는 아픔을 해결하는 데 어떻게 기여할 수 있을까 하는 고민은 대학생이라면 누구나 할 수 있는 고민이었다. 특히, 그 1982~83년 무렵은 군사독재에 저항하던 민주화투쟁이 노동자들의 처절한 복직투쟁과 맞물려서 전개되고 있었고, 대학생들은 모든 기득권을 버리고 조직적으로 노동현장으로 들어가던 시기였으니까.

그런데, 과연 의과대학 본과생이던 안철수가 노동운동에 투신할 것인지를 두고 고민했을까?

뜬금없는 질문일지도 모르겠다. 1980년대의 민주화운동 혹은 노동운동에 대해서 안철수는 본인 스스로 인터뷰에서건 책에서건 간에 일절 언급한 적이 없다. 또한 그 누구도 안철수 이야기를 하면서 이 부분을 언급한 적이 없다.

그러나 안철수, 구체적으로는 안철수가 바이러스 백신 프로그램인 V3를 만들어서 무료로 배포하고, 나중에는 안철수연구소를 세워서 CEO가 되고, 산업 구조의 문제점을 이야기하면서 대기업과 중소기업의 상생을 주장하고, 또 CEO 자리를 박차고 나와 교육 활동을 하면서 청년의 멘토로 나서고, 마침내 정치로까지 활동 무대를 옮기는 과정의 연결점들을 하나로 꿸 어떤 핵심적인 고리, 다시 말해서 그가 살아온 삶을

• 안철수, 《행복 바이러스 안철수》, 66~67쪽.

일관된 하나의 틀로써 해석할 수 있는 어떤 핵심적인 가치를 찾으려면 이 시기에 그가 고민했던 부분에 집중할 필요가 있다.

안철수는 분명히, 다른 곳도 아니라 하필이면 우연하게도 노동자 밀집 지역이던 구로동의 한 성당에서 의료 봉사 활동을 함으로 해서, 지역을 활동 기반으로 했던 야학 교사, 문화 강습 강사, 노동문제 상담가, 노동현장 활동가 등 노동운동의 여러 활동가들과 마주치거나 교류할 기회가 상대적으로 많았을 것이다. (직접적으로는 아니었다 하더라도, 적어도 간접적으로는 그럴 기회가 많이 있었으리라는 건 충분히 추정할 수 있다.)

따라서, 안철수가 노동운동가로 투신할 것인가, 아니면 다른 길을 택할 것인가 하는 고민을 했을 게 분명하다. 청소년용 자서전 《행복 바이러스 안철수》에서 '함께 살아가는 사회에서 각자가 해야 할 역할에 대한 고민은 이때부터 시작되었다'라고 고백한 부분에서 그런 사실을 추정할 수 있다.

이런 추정은 또 그가 했던 한 인터뷰에서도 찾아볼 수 있다. 2005년 벽두에 한 매체와 가진 인터뷰에서 안철수는, 이제 성공은 할 만큼 했으니 주변사람들에게 도움을 주고 싶은 부분이 있지 않겠는가 하는 질문에 다음과 같이 대답했다.

제가 대학에 다닐 때는 386세대가 그러했듯 사회의식이 좀 있었거든요. 저는 운동권 쪽으로 빠진 건 아니고 오히려 기본적인 사회 구성원의 일원으로 어떤 일을 하면 사회로부터 내가 받은 것들을 다시 나눠줄 수 있을까 고민했어요.[•]

• 곽소경, "21세기 디지털 리더, 안철수의 마인드", 《여성조선》, 2005년 1월.

이 답변을 읽을 때 유의할 점이 하나 있다. 안철수는 평소에 글을 쓰거나 인터뷰를 할 때 자기의 위치나 동선과 관련해서 '운동권'이라는 표현을 거의 하지 않았다. '운동권 쪽으로 빠진 건 아니고'라는 표현도 마찬가지이다. 이런 점을 고려한다면, 2005년의 이 인터뷰 내용은 매우 이례적으로 자기 자신을 드러낸 것이라고 볼 수 있다.

그런 점에서, 같은 인터뷰에서 그가 '이런 고민을 했기에, 컴퓨터 바이러스 백신을 처음 만들었을 때, 잘만 활용하면 그걸로 돈을 많이 벌 수 있다고 사람들이 말해도 7년간 계속 무료로 보급할 수 있었던 것'이라고 한 자기 평가는 중요한 점을 시사한다. 386세대의 사회의식이 그의 인생 행로를 결정하는 데 중요한 역할을 했다고 스스로도 인정한다는 뜻이다. 그리고 그 배경을 거슬러 올라가면, 본과 1학년 2학기 중간고사 시험 때 식중독으로 끙끙 앓던 그를 도와준 가톨릭학생회 친구가 있었다.

* * *

그 친구 덕분에 안철수는, 구로공단이 입주해 있어 노동자가 밀집해 있던 지역이던 서울 구로동의 한 성당을 근거지로 삼아 봉사활동을 했고, 덕분에 어린 시절 막연하게만 두려워하고 또 존경하던 어른들의 세상, 아버지의 세상을 자기의 것으로 만들어가기 시작했다. 또한 그렇게 함으로써, 부산에서도 열악한 환경의 주거 지역이었던 범천동에서 20여 년 동안 개원의로 일을 하며 지역 사회에 봉사를 한, 의사로서 아버지가 걸었던 길을 향해 걸어갔다. (오랜 세월이 흘러 안철수가 유력한 대권 주자로 꼽힐 만큼 성공한 뒤에, 안철수의 아버지가 자녀교육법을 묻는 기자에게 '자녀 교육은 참으로 어려워요. 아이들은 부모가 한 말과 행동을 금방 따라합니다. 부모는 말과 행동 하나하나에 신경을 써야 합니다'라고 말했다.)

그리고 또, 그렇게 동아리 활동을 하면서 친구들과 어울려 술을 마시기도 했지만, 기를 쓰면서 공부에만 매달렸던 1학년 때보다 2학년 때 성적은 더 올랐다. 3학년과 4학년 때도 마찬가지였다. 어떻게 이런 일이 가능했을까? 해답은 간단하다.

안철수는 봉사 활동을 하면서 모호하던 의대생으로서의 정체성을 확립했다. 이른바 '운동권'에 투신하는 대신, 의사로서 자기 전문성을 철저하게 준비할 때 자기에게 주어진 몫의 일을 사회를 위해서 더 많이 할 수 있겠다고 정리한 것이다. 그렇게 정리하는 순간, 의과대학 공부는 경쟁의 수단이 아니라 인생의 목적이 되었다. 비로소 그는 당당하고도 떳떳하게 히포크라테스 선서를 할 준비를 갖출 수 있었다. 그리고, 의학 공부에 매진하면서도 본과 4학년을 마칠 때까지 의료 봉사를 계속했다. '남을 먼저 생각하고 배려하라'는 어린 시절 어머니의 가르침이 그의 삶에서 사회성을 획득한 셈이다. 그렇게 안철수는 세상 속으로 들어가고 있었다.

의료 봉사 활동 경험은 안철수에게, 영화 〈매트릭스〉에서 모피어스가 네오에게 그랬던 것처럼, 빨간약과 파란약 가운데 하나를 선택하게 한 셈이다.

"안철수, 너는 너무도 현실같이 느껴지는 꿈을 꿔본 적 있나? 꿈에서 깨어날 수 없다면 넌 어떻게 하겠나? 꿈의 세계와 현실 세계를 어떻게 구분할 수 있지?"

안철수는 빨간 약을 선택했다. 현실 같은 꿈에서 깨어나 진짜 현실 속으로 들어갔던 것이다.

그러나 그가 진짜 현실 속으로 들어가서 선택한 길은 혁명이 아니라 개선이었다. 전쟁이 아니라 평화였다. 투쟁이 아니라 타협이었다. 가난한 사람들, 비인간적인 삶을 살아가는 사람들에 대한 연민과 공감은 그를 꿈에서 깨어나게 했지만, 그는 그 현실을 뒤집어엎을 혁명가는 아니었다. 일상의 평온이 깨지지 않는 범위 안에서 상식과 양심을 따랐다.

그렇다면, 일상의 평온과 상식이나 양심이 충돌을 일으킬 때는 없을까? 당연히, 없을 리가 없다. 이런 일은 그가 장차 살아갈 삶 속에서 계속해서 펼쳐지고, 그때마다 그는 보다 큰 배로 갈아탄다. 혹은, 몸이 커져 맞지 않게 된 옷을 버리고 더 큰 옷으로 갈아입는다. 그렇게 갈아타고 또 갈아입다 보니, 어느 순간 유력한 대권주자로까지 거명된다.

한편, 모피어스의 빨간약과 파란약 가운데 선택을 해야 했던 그 무렵에 안철수 내면의 피터팬은 성인의 세상으로 통하는 문을 열었을 것이다. 그리고 또 그 무렵에 그는 장차 평생의 반려자가 되는 김미경을 만났다. 가톨릭학생회에서 함께 의료 봉사 활동을 하던 같은 과 1년 후배였다.

'운동권'과 '비운동권'

1980년대의 대학생 혹은 청년을 가르는 기준 하나가 이른바 '운동권'이었다. 민주화운동에 대한 열망과 헌신을 기준으로 한 이런 분류로 보면 노동운동 혹은 민주화운동에 투신을 한 사람은 '운동권'이었고, 그렇지 않은 사람은 '비운동권'이었다. 하지만 이런 기준이 적절하지 않았음은 나중에 드러난다. 비운동권에 속했지만 학계, 예술계, 법조계, 교육계, 과학계, 의학계 등 각계에서 자기 전문성을 철저하게 연마한 사람들이 10년 혹은 20년 뒤에 자기 전문 분야에서 민주화를 위해서 노력하며 우리 사회가 낡은 관습을 깨고 발전하는 데 앞장섰을 뿐만 아니라 많은 성과를 냈기 때문이다.

우리 사회의 발전은 이른바 '운동권'의 노력뿐만이 아니라 지식인으로서 자기가 받은 혜택을 사회에 되돌려주기 위해서 노력한 수많은 사람들의 고뇌와 노력에 힘을 입어 이루어진 것이었다. 그리고, 이 말없는 다수 가운데 한 사람이 바로 안철수이다.

그런데 '비운동권'은 '운동권'에 대해서 콤플렉스를 가지고 있다. '운동권'은 자기가 가지고 있던 모든 기득권을 버리고 사회 정의를 위해 헌신했는데, 자기는 상대적으로 편하고 쉬운 길을 선택했다는 자책 때문일 수 있다. (물론, 용기와 사명감을 가지고서 '비운동권'의 길을 간 사람들도 있고, 따라서 이 사람들이 그런 콤플렉스를 가질 이유는 없고 또 그럴 필요도 없다.)

사회의 발전을 위해서 노력했던 건강한 '비운동권' 사람들이 '운동권' 사람들에 대해서 가졌던 (혹은, 가지고 있는) 일종의 서자(庶子) 콤플렉스는, 적자(嫡子)보다 잘해서 아버지로부터 인정을 받고 싶다는 동기부여로 작용하기도 하지만, 때로는 이 바람이 지나친 나머지 적자에 대한 무의식적인 증오로 나타나면서, 사회의 발전이 아닌 '운동권 타도'라는 본말이 뒤집어진 목표를 추구하는 결과를 빚기도 한다. 특히 적자가 제대로 일을 하지 못할 때, 흔히 서자 콤플렉스는 비뚤어진 방향으로 강하게 노출된다. 자기가 서자가 아니고 적자임을 주장하고 싶은 것이다. 그래서 서자는 적자 및 적자가 이룬 성과를 송두리째 부정하고 나선다. 그렇다면 '비운동권'이던 안철수는 어떨까? 아직은 이 이야기를 할 때가 아닌 것 같다. 뒤에서 살펴보자.

김근태와 안철수,
구로동과 마음의 빚

1982년 한국

1982년 혹은 1983년 무렵의 한국, 그리고 안철수가 의료 봉사 활동을 했던 구로동을 비롯한 서울 및 인천의 몇몇 공단 지역에서만 생생하게 느낄 수 있었던 노동운동의 분위기를 좀 더 자세하게 살필 필요가 있다. 그 무렵에 안철수에게 일어난 일이 그의 인생 경로를 장차 송두리째 바꾸어놓기 때문이다. 물론, 이런 사실을 그의 주변 사람들은 말할 것도 없고 본인조차도 알지 못했다. 늘 그렇듯이, 뒤죽박죽 헝클어져 어디가 시작이고 어디가 끝이며 무엇이 원인이고 무엇이 결과인지 알 수 없는 것도 시간이 지난 다음 돌이켜보면 언제나 선명하게 보이는 법이니까……

* * *

1982년 1월 5일, 야간통행금지가 해제되었다. 독재정권으로서는, 치안

유지를 명분으로 기본권을 탄압하는 경찰국가라는 외국의 따가운 시선을 의식해야 했다. 또 국내적으로도 경제활동의 영역을 확장할 필요가 있었다. 야간통행금지 해제 조치는 이런 배경 속에서 이루어졌다.

3월 18일에는 부산 지역의 대학생들이 광주민주화운동 유혈 진압을 인정하고 독재정권을 비호하는 미국의 책임을 물으면서 부산 미국문화원에 불을 지름으로써, 한국에서 최초로 반미운동을 공공연한 투쟁의 장으로 만들었다.

3월 27일에는 프로야구가 공식적으로 출범했다. 역시 야간통행 금지해제와 비슷한 사회적·경제적 맥락에서 이루어진 자유화 조치였지만, 정권 차원에서는 스크린·섹스·스포츠의 이른바 '3S 정책' 가운데 하나로 반독재 투쟁에 대한 관심을 희석하기 위한 목적이 컸다.

그리고 그해 추석인 10월 1일……

1982년 10월 1일 새벽 5시, 서울 대림동 원풍모방 제1공장, 노조 파괴 책동에 맞서 닷새째 단식농성 중이던 600여 조합원들은 긴장된 눈빛을 빠르게 교환했다. 이 폭풍전야의 적막을 날카로운 호루라기 소리가 갈랐다. 그리고 700여 명의 구사대와 사복경찰이 농성장에 들이닥쳤다. 농성장은 삽시간에 전쟁터로 변했다. 조합원들은 처절하게 저항했지만 야수처럼 달려드는 저들의 몽둥이와 발길질을 당해낼 수 없었다. 머리가 깨지고 입술이 터지고 옷이 찢긴 채 공장 밖으로 내몰린 조합원들은 교통이 차단된 대림동 6차선도로에 내동댕이쳐졌다.[*]

이렇게 해서 1972년에 창립한 원풍모방 민주노조는 무너졌다. 청계피

• 김기선, "87년 노동자대투쟁의 씨를 뿌린 아름다운 연대 한국노동자복지협의회", http://www.minjuroad.or.kr/board/read/free/54/?page=3&src_keyword=&src_type=, 발췌.

복, 반도상사, 서통, 콘트롤데이타의 뒤를 이어 1970년대 마지막 민주노조가 깃발을 내렸고, 그 뒤로 노동자들의 투쟁은 해고자 복직투쟁 및 블랙리스트 철폐투쟁을 중요한 매개로 삼아 진행되었다. 처절한 생존투쟁의 시기가 시작된 것이다. 안철수가 구로동에 막 발을 들여놓은 시기가 바로 그때였다.

김근태와 노동운동 그리고 고문

1947년생인 김근태는 대학교 3학년 때인 1967년에 대통령 선거 부정에 항의하는 교내 시위에 참가했다가 군대에 강제징집을 당했고, 1970년에 복학한 뒤에는 학내 시위를 주도하며 민주화운동의 길을 걸었다. 1971년에는 이른바 '서울대생 국가내란음모 사건'이라는 조작사건의 주모자 중 한 명으로 몰려 수배자가 되었다. 그리고 그 뒤 노동운동을 하면서 평생을 걸어갈 민주화투쟁의 길에 나섰다. 1971년에 대학교 후배인 김문수를 노동운동으로 이끈 것도 그였으며, 1970년대 원풍모방 노조의 투쟁에도 함께했다. 1978년부터 1983년까지는 인천도시산업선교회의 노동상담역으로 있으면서 인천 지역 및 서울의 구로구와 영등포구 등의 지역에서 노동운동을 했다.

1982년 말 원풍모방 노동조합이 깨지면서 노동자의 투쟁은 해고자 복직투쟁 및 블랙리스트 철폐투쟁 중심으로 전개되었고, 이 투쟁에도 김근태는 함께했다. 김근태는 1983년 9월에 '민주화운동청년연합(민청련)'을 결성하고 주도했지만, 이것은 노동운동을 떠난 것이 아니라 노동운동의 외연을 청년운동으로 넓힌 것이었다. 그랬기에, 1984년 1월에 한국노동자복지협의회가 800만 노동자의 대변자를 자처하며 결성되는 과정에도 그는 논의에 깊숙이 관여했다. (이 단체의 창립멤버인 정선순은 원

풍모방노동조합장이었고 이 단체의 산실이었던 신길동 삼호연립 101호
는 1982년 원풍모방 노조가 강제해산되던 때 남아 있던 4천여 만 원의
조합비를 종잣돈으로 해서 마련한 것이었다.)

즉, 당시 김근태는 노동운동 및 청년운동 영역에서 웬만한 사람이면
누구나 한 번쯤 이름을 들어봤음직한 사람이었다. 그런데 그가 1985년
9월에 남영동 치안본부 대공분실에 끌려가서 고문을 받았다. 그리고 그
해 12월 19일에 열린 민청련사건 첫 재판에서 모두진술을 통해 자기가
받은 고문의 진상을 세상에 알렸다. 그의 진술은 충격적이었다.

……전기고문을 주로 하고 물고문은 전기고문으로 발생하는 쇼크를 완화하기
위해 가했습니다. 고문을 하는 동안 비명이 바깥으로 새어나가지 않게 하기 위해
라디오를 크게 틀었습니다. 그리고 비명 때문에 목이 부어서 말을 못하게 되면
즉각 약을 투여하여 목을 트이게 하였습니다.

여기에서 김근태는 어지러운듯 말을 중단하고 난간을 붙들면서 잠깐
쉬었다.

……9월 13일 고문자들은 본인에게 '최후의 만찬이다.' '예수가 죽었던 최후의
만찬이다.' '너 장례날이다.' 이러한 협박을 가하면서 두 차례의 전기고문을 가했습
니다. (…) 고문을 할 때는 온몸을 발가벗기고 눈을 가렸습니다. 그 다음에 고문
대에 눕히면서 몸을 다섯 군데 묶었습니다. 발목과 무르팍과 허벅지와 배와 가슴
을 완전히 동여매고 그 밑에 담요를 깝니다. 머리와 가슴, 사타구니에는 전기고문
이 잘되게 하기 위해서 물을 뿌리고 발에는 전원을 연결시켰습니다. 처음에는 약
하고 짧게, 점차 강하고 길게, 강약을 번갈아 하면서 전기고문이 진행되는 동안

죽음의 그림자가 코앞에 다가와…….

이때 방청석에서 울음이 터지기 시작했고, 본인도 울먹이면서 진술을 이어갔다.

> 이때 마음속으로 '무릎을 꿇고 사느니보다 서서 죽기를 원한다'는 노래를 뇌까리면서 과연 이것을 지켜내기 위한 인간적인 결단이 얼마나 어려운 것인가를 절감했습니다(…) 그날 그들은 집단폭행을 가한 후 본인에게 알몸으로 바닥을 기며 살려달라고 애원하며 빌라고 했습니다. 저는 그들이 요구하는 대로 할 수밖에 없었고, 그들이 쓰라는 조서내용을 보고 그대로 쓸 수밖에 없었습니다…….

이런 무지막지한 전기고문·물고문을 10회 이상 당했다는 사실이 세상에 알려질 무렵은, 안철수가 3년째 구로동의 한 성당에서 의료 봉사 활동을 하고 있을 때였고, 졸업실장에서 히포크라테스 선서를 하기 두 달 전이었다. 전두환 정권이 유화적인 제스처를 취한 지 1년이 되어가는 시점이었지만, 껍데기만 웃는 모습이었을 뿐 독재의 칼날은 더욱 무섭게 독기를 뿜어내던 때였다.

과연, 당시 안철수는 김근태라는 사람을 몰랐을까? 김근태가 이런 무자비한 고문을 받았다는 사실을 몰랐을까? 혹은, 이런 이야기를 들었다고 하더라도 '구로동'을 경험하지 못한 같은 과의 다른 친구들처럼 그저 심드렁하게 한 귀로 듣고 한 귀로 흘렸을까?

결코 그렇지 않았을 것이다. 그는 1982년 2학기 때부터 1985년까지의 '구로동'을 경험했기 때문이다.

마음의 빛

2011년 12월 30일 오전, 김근태는 고문 후유증으로 세상을 떠났다. 그의 빈소는 서울대병원에 마련되었다. 그날 오후 다섯 시쯤에 안철수가 그의 빈소를 찾았고, 기자들은 유력한 대권주자인 그에게 몰려들었다. 안철수는 이렇게 말했다.

"지금 이 세상을 사는 우리 모두가 고인을 이렇게 보내기엔 너무 많은 마음의 빚을 지고 있습니다. 안타깝고 슬픕니다."

기자들이 물었다.

"고인과는 어떤 인연이 있습니까?"

"……"

"직접 만나본 적이 있습니까?"

하지만 늘 그랬듯이 그는 아무 말도 하지 않았다. 빚을 진 사람이 진심으로 미안함을 느낄 때는 뭐라고 할 말이 없는 법이다.

* * *

다시 시간이 흘러 2012년 3월 29일, 이날은 4·11 총선의 공식 선거운동이 시작되는 날이었다. 이날, 남편인 김근태를 대신해서 출마한 그의 동지이자 부인인 인재근은 안철수가 자기에게 보낸 트위터 응원메시지를 공개했다.

지금 이 세상을 살아가는 우리 모두는 김근태 선생과 인재근 여사에게 너무 많은 빚을 지고 있습니다. 인재근 여사의 삶에 더 이상의 아픔이 없었으면 좋겠습니다. 용기 있고 신념을 가진 여성, 인재근과 함께 도봉의 새로운 미래가 열리기를 희망합니다.

안철수가 김근태 및 인재근에게 진 빚은 1982년 혹은 1983년의 '구로
동'에서 처음 시작되었을 것이다. 그것은 제대로 운동을 해온 '비운동권'
이 제대로 운동을 했던 '운동권'에게서 느낀 마음의 빚이었다.

빚은 갚을 것을 전제로 하는 표현이다. 갚지 않을 빚은 빚이라고 부르
지 않는다. 빚이라고 말하는 순간, 갚을 것을 새삼스럽게 다짐하는 게
된다. 즉, 안철수는 빚이라고 말을 함으로써 그 빚을 갚겠다는 다짐을
하고 있음을 명백하게 드러냈다.

사실, 지금까지 안철수가 살아온 삶은, 어느 시점까지는 누군가로부
터 빚을 지는 과정이었고 또 어느 시점부터는 또 그 빚을 갚아가는 과
정이었다. 물론 이 두 개의 과정 사이에 자기가 빚을 지고 있음을 깨닫
는 (동시에, 이 빚을 갚아야 함을 깨닫는) 과정이 있었다. 이 중간 과정
의 무대배경이 바로 1982년 혹은 1983년의, 지금은 '디지털단지'로 이름
을 바꾼 '구로공단'의 구로동이었다.

* * *

다시 또 시간이 흘러 2012년 6월 5일, 고 김근태 민주통합당 상임고문
의 부인인 인재근 의원은 기자들을 만나서 안철수가 김근태 고문 생전
에 그를 만나려 했던 일을 처음으로 공개했다.

김근태가 세상을 떠나기 두 달쯤 전이던 2011년 10·26 서울시장 보궐
선거 직후, 안철수는 김근태에게 한번 뵙고 싶다는 뜻을 전했다. 아울
러, 만약 정치를 하게 된다면 그와 상의하고 싶다는 뜻도 함께 전했다.

하지만 이때는 이미 김근태의 건강 상태가 좋지 않은 때라서, 역사적인 순간이 될 수도 있었던 두 사람의 만남은 성사되지 않았다.

히포크라테스 선서

의사 안철수

오늘날 '히포크라테스 선서'로 알려져 있는 문건의 원래 명칭은 그냥 '선서'인데, 이것이 《히포크라테스 전집》에 포함되어 있기 때문에 통상적으로 '히포크라테스 선서'라고 부른다.

그런데 2차 세계대전 뒤에, 유태인 학살 등의 전쟁 범죄와 관련해서 의료 윤리에 대한 관심이 커지면서, 이 '선서'의 수정본들이 등장했다. 그 가운데 1948년 세계의사협회(WMA)가 제네바에서 만든 '제네바 선언'은 오늘날 흔히 '히포크라테스 선서'라고 부르는 문건으로 자리를 잡았으며, 이 문건을 의대학생들이 졸업식장에서 낭독하는 것이 관례가 되었다.

한국에서는 1956년도 연세대학교 의과대학 졸업생부터 이 선서를 낭독했으며, 지금은 거의 대부분의 의과대학에서 이 선서 의식은 관례가 되어 있다. 다음은 이 선서의 한국어 번역본이다.

이제 의업에 종사할 허락을 받음에 나의 생애를 인류 봉사에 바칠 것을 엄숙히 서약하노라.

나의 은사에 대하여 존경과 감사를 드리겠노라.

나의 양심과 위엄으로써 의술을 베풀겠노라.

나의 환자의 건강과 생명을 첫째로 생각하겠노라.

나는 환자가 알려준 모든 내정의 비밀을 지키겠노라.

나의 위업의 고귀한 전통과 명예를 유지하겠노라.

나는 동업자를 형제처럼 생각하겠노라.

나는 인종, 종교, 국적, 정당정파, 또는 사회적 지위 여하를 초월하여 오직 환자에게 대한 나의 의무를 지키겠노라.

나는 인간의 생명을 수태된 때로부터 지상의 것으로 존중히 여기겠노라.

비록 위협을 당할지라도 나의 지식을 인도에 어긋나게 쓰지 않겠노라.

이상의 서약을 나는 나의 자유의사로서 나의 명예를 받들어 하노라.•

1986년 2월, 서울 혜화동의 서울대학교 의과대학 졸업식장에서 안철수는 히포크라테스 선서를 했다.

어린 시절 독수리 5형제에 심취했으며, 세계 지배 야욕에 불타는 악당들에게 지하실에 감금되어 협박을 받는 상상을 하면서 어떻게 하면 악당의 음모를 쳐부술 수 있을지 무수한 상상을 반복했었다. 이랬던 그였기에, 맨 마지막 항목인 '비록 위협을 당할지라도 나의 지식을 인도에 어긋나게 쓰지 않겠노라'에 가장 큰 울림을 느끼지 않았을까? 구로동 성당에서의 경험을 염두에 둔다면, '나는 인종, 종교, 국적, 정당정파, 또는 사회적 지위 여하를 초월하여 오직 환자에게 대한 나의 의무를 지키겠

• 한국어 번역본의 '나는…… 하노라'라는 어투가 권위주의적인 데다가 '선서'라는 형식에도 맞지 않으므로 '나는…… 하겠습니다'로 바꿀 필요가 있다고, 히포크라테스 선서 전문가 반덕진은 주장한다.

노라'에서 특히 큰 울림을 받았을지도 모른다. 무엇을 하든 최선을 다하고 남을 먼저 배려하라는 어린 시절 어머니의 가르침을 다시 한 번 더 떠올렸음직하다.

히포크라테스의 선서가 일깨우는 희생과 배려의 정신을 이제 곧 온전하게 깨닫고 실천하게 될 줄은 졸업생 안철수는 아직 알지 못했다.

* * *

졸업 전에 이미 의사국가고시를 응시해서 합격했었다. 이렇게 해서 안철수는 의사가 되었다. 하지만 아직 일반의였다. 일반의에서 전문의가 되려면 1년 동안의 인턴 과정 4년 동안의 레지던트 과정을 거쳐야 했다. 이 과정을 거쳐서 직접 환자를 돌보는 의사가 될 것인지, 연구직을 택할 것인지 선택해야 했다. 이 선택의 기로에서 그는 후자를 택했다.

이 선택과 관련해서 안철수는 한 책에서 다음과 같이 썼다.

> 대학을 다니면서 했던 고민은 전공이 적성에 맞고 안 맞고 그런 게 아니었다. 내가 세상에서 해야 할 일이 무엇인지, 어떻게 살아야 하는지 고민하기 시작했다. 살아가면서 혜택받는 수많은 문명의 이기들은 선조들이 쌓아온 지식과, 동시대의 땀흘리며 일하는 무수한 사람들의 노력 속에서 일구어진 것이다. 사회를 살아가는 한 일원으로 일방적으로 혜택을 받기보다는 내가 할 수 있는 일을 해서 받은 일부라도 돌려주고 싶었다.•

• 안철수, 《CEO 안철수, 지금 우리에게 필요한 것은》(김영사, 2004년), 17쪽.

구로동이라는 노동자 밀집 지역의 가난한 동네에서 본과 2학년부터 4학년까지 3년 동안 했던 의료 봉사 경험이 이런 인식에 결정적으로 영향을 미쳤음은 두말할 필요도 없다.

안철수는 연구직을 선택했다. 환자 한 사람 한 사람을 돕는 것도 의미 있는 일이었지만, 인체를 근본적인 차원에서 연구함으로써 병의 원인을 밝히는 데 기여한다면, 보다 많은 사람들에게 도움이 될 것이라 판단했기 때문이다.

아울러, 이런 판단을 한 데는 본과 2학년 때부터 공부해 온 컴퓨터 실력을 보다 잘 활용할 수 있겠다는 고려도 적지 않게 작용했다. 그리고 중요한 또 한 가지 이유가 있었다. 사람을 많이 만나는 게 싫어서였다. 임상의가 되면 날마다 환자를 만나야 했는데 그게 싫었다.

하지만 연구직으로 가서 교수가 되니 더 많은 사람을 만나야 하게 됐다. 맨 처음 강의를 하고 나올 때는 아예 속이 다 쓰라릴 정도였다.

기초 의학 분야는 크게 생리학, 병리학, 약리학으로 나뉘는데, 그는 이 가운데 생리학 분야의 전기생리학 전공을 선택했다. 그리고 1988년에 〈동방 결절 내에서의 흥분 전도에 미치는 Adrenaline, Acetylcholine, Ca^{++} 및 K^+의 영향〉이라는 논문으로 석사 학위를, 그리고 1991년에는 〈토끼 ROOT402단일 심방근 세포에서 Bay K 8644와 Acetylcholine에 의한 Ca^{2+} 전류의 조절기전〉이라는 논문으로 박사 학위를 받았다. 이 과정에서, 칼에 손을 베여 피가 나도 무서워 어쩔 줄 모르던 안철수는 500마리가 넘는 토끼를 실험 과정에서 희생시켰다. 집 마당에 닭과 함께 토끼장을 만들어 놓고 토끼를 키우던 어린 시절의 그로서는 상상도 할 수 없는 일이었다.

그런데 그는 이 논문들보다 더 중요한 성과를 이 기간 동안 거두었다. 그때 거둔 성과가 얼마나 중요한 것인지는 당시에는 주변 사람은 물론이고 본인조차도 전혀 알지 못했다. 언제나 그렇듯이, 세월이 지난 다음 뒤돌아보고서야 그 가치를 깨달을 수 있는 일이 안철수에게도 일어났다. 본인에게나 주변 사람들, 그리고 그가 알지 못했지만 그의 이름을 기억하는 수많은 사람들을 위해서 무척이나 다행스러운 일이었다.

그 일은 컴퓨터와의 만남에서부터 시작되었다.

컴퓨터를 만나다

안철수가 컴퓨터를 처음 접한 건 본과 1학년이던 1982년 가을이었다. 1982년은 컴퓨터가 미국 시사주간지 《타임》에 의해 1982년을 대표하는 '올해의 인물'로 선정된 바로 그해이기도 했다. 사람이 아닌 물건이 '올해의 인물'로 선정된 것은 그때가 최초였다.

> 나와 같은 하숙집에 있던 사람으로 고려대학교 의과대학에 다니는 학생이 한 사람 있었다. (…) 그 학생은 애플 컴퓨터를 자기 방에 들여놓았다. (…) 나는 거기서 컴퓨터를 처음 보았다. 1982년 가을의 일이었다. 그 신기한 물건을 앞에 두고 나는 내 일처럼 마음이 설레었다. 중학교 때에 잡지의 해외토픽 란에서나 보았던 애플 컴퓨터를 처음 실물로 대하던 순간이었다. 그때만 해도 내가 컴퓨터와 친해질 거라는 것은 상상하지 못했다.[*]

국산 개인용 컴퓨터가 생산되기 시작한 것은 1983년부터였다. 금성사, 삼성전자, 삼보 등에서 최초의 국산 개인용 컴퓨터를 납품하기 시작했

---

[*] 안철수, 《행복 바이러스 안철수》, 89~90쪽.

다. 비슷한 사양의 이들 제품 가운데 삼성전자의 SPC-1000을 당시의 신문 기사로 소개하면 다음과 같다.

삼성전자의 SPC-1000 개인용 컴퓨터의 특징은 롬(ROM)이 32킬로바이트, 램(RAM)이 70킬로바이트로, 컴퓨터 사용자들이 마음대로 입출력시키는 기능을 강화시킨 데 있다. 화면은 컴퓨터 전용 디스플레이를 사용하지 않고 보통 가정용 TV를 이용할 수 있으며, 화면에 나타낼 수 있는 글자수는 512자(32자×16열), 또 가로 256개와 세로 192개의 미세한 점으로 갖가지 도형의 묘사가 가능하여, 다양한 그림을 그릴 수 있고 흑백을 포함, 9가지의 색을 표시할 수 있다. 문장이나 도형의 삽입·삭제 및 정정 등을 스크린 위에서 마음대로 할 수 있는 편집 기능이 있다. 음향합성용 LSI가 내장되어 있어 8옥타브에 걸친 3중화음의 음악 발생이 가능하며, 기타 특수 음향 발생에 응용할 수 있다. (…) 별도의 프린터에 접속하면 화면에 나타난 문자와 각종 도형 등을 그대로 프린트할 수 있다. (…) 삼성전자는 일본의 허드슨 사와 기술을 제휴, 소프트웨어를 개발하고 있으며 현재 25가지의 소프트웨어를 개발해두고 있다. 시판가격은 약 50만 원으로 예정.[•]

당시 서울의 시내버스 요금이 110원이었으니까, 이 요금을 기준으로 하자면 당시의 8비트 개인용 컴퓨터의 가격은 2012년 돈으로 약 500만 원쯤 되는 셈이다.

지금은 내장형 하드디스크에 운영체제라는 시스템 소프트웨어가 깔려 있어서, 컴퓨터를 켜면 이 내용이 램으로 로딩되어서 컴퓨터가 돌아간다. 하지만 당시에는 내장형 하드디스크가 따로 없었기 때문에 롬이

• "삼성전자의 SPC-1000", 《동아일보》, 1983. 3. 8.

라는 IC 칩에 운영체제를 깔아놓고 이게 램으로 로딩되어서 컴퓨터가 돌아갔다. 그러니까 롬의 32킬로바이트 용량의 운영체제가 램으로 모두 로딩되면, 램의 전체 용량 70킬로바이트 가운데 약 40킬로바이트가 남았고, 이것으로 모든 응용프로그램들을 돌렸다. 요즘 개인용 컴퓨터에서 순수하게 컴퓨터를 부팅시키고 작동하게 하는 핵심 프로그램만 하더라도 수십 메가바이트(즉, 수만 킬로바이트) 용량 규모임을 생각하면, 당시의 컴퓨터는 말이 안 될 정도로 원시적인 수준이었다.

바로 이 개인용 컴퓨터를 안철수는, 컴퓨터를 처음 접한 지 1년쯤 뒤인 1983년 겨울방학 때 큰맘 먹고 샀다. 당시에는 디스크 드라이브가 너무 비싸서 살 엄두를 내지 못하고, 우선 본체와 모니터만을 구입하는 것으로 만족했다. 그리고 겨울방학 내내 컴퓨터의 매력에 푹 빠져서 살며, 컴퓨터 언어를 공부했다.

그 뒤로 컴퓨터 환경은 빠르게 바뀌었고, 그는 석사 과정 막바지이던 1986년 2학기에는 아이비엠 개인용 컴퓨터 XT 기종을 샀다. 흑백모니터였고, 하드디스크가 없었음에도 불구하고 가격은 100만 원이나 했다. (당시에 서울 시내버스 요금은 120원이었다.) 이 거금을 마련하기 위해서 그는 대학원 조교 월급을 석 달 동안 모으고도 돈이 모자라서, 의과대학 선배에게 두 달 동안 나누어 갚기로 하고 돈을 빌려야 했다.

컴퓨터를 산 뒤에 그는 컴퓨터 언어를 본격적으로 공부하기 시작했다. 전공을 보다 더 잘하기 위한 수단으로서 아이비엠 컴퓨터 기계어를 공부한 것이다. 이 공부를 막 끝낸 게 1988년 초반, 석사 과정을 끝내고 박사 과정에 들어갈 무렵이었다.

컴퓨터 바이러스, 운명적인 만남

다른 컴퓨터에 자신을 복제한 후 감염된 컴퓨터의 운용체계에 영향을 미쳐 점차 시스템을 마비시키는 기능을 가진 바이러스를 한 과학자가 제작하여 배포한다.

1972년의 SF소설 《할리가 하나였을 때(When Harlie Was One)》에 나온 구절이었고, 이것이 1986년에 현실로 나타났다. 소설가의 상상이 실제 현실에서 이루어진 것이다. 파키스탄의 한 프로그래머 형제가 자기들이 개발한 프로그램들이 잘 팔리지 않고 불법복제되자, 불법복제 프로그램 사용자들을 응징하려고 컴퓨터 바이러스라는 악성 프로그램을 개발한 것이다. 이것이 바로 '브레인 바이러스'였다.

이 바이러스는 360킬로바이트 용량의 플로피 디스켓을 감염시켰는데, 디스크의 시동 섹터를 다른 섹터로 옮기는 방식이었다. 1986년 1월에 처음 발견되었으며 1988년 봄부터 전 세계로 퍼져나갔다. 하지만 이 바이러스는 디스켓을 통해서 감염되므로 전파 속도는 느렸고, 한국에는 1988년에 처음 나타났다.

안철수는 1988년 박사과정 첫 학기 때 신문을 보고서 컴퓨터 바이러스의 존재를 처음 알았다. 컴퓨터 바이러스와의 운명적인 만남은 그렇게 시작되었다.

……이름부터가 재밌었고 호기심에 컴퓨터를 뒤져보았죠. 외신에 나오는 그런 거니까 설마 제 컴퓨터 속에 있을까 하고 봤는데, 50장 정도의 디스켓 가운데 세 장이 감염되어 있었어요. (…) 무섭기도 하고 호기심도 일고, 그래서 뒤져보기 시

작했어요.[•]

안철수는 프로그램을 현미경처럼 확대해서 볼 수 있는 응용프로그램을 이용해서 바이러스를 관찰하고 분석해서 원리를 파악했다. 하지만 아직은 바이러스로 망가진 자료를 복구할 수 있는 수준까지는 아니었다.

그런데 한 주쯤 뒤, 본과 1학년 학생과 대화를 하다가 컴퓨터 바이러스 얘기가 나왔고, 이 학생은 바이러스 때문에 숙제한 내용이 다 날아갔다고 하소연을 했다. 이 말에 자극을 받은 안철수는 곧바로 바이러스를 치료하는 방법을 연구하기 시작했다. 바이러스가 헝클어놓은 논리 구조를 반대로 그대로 되돌려놓는 프로그램을 만드는 것이었다.

그 아이디어를 가지고 그날 집에 가서 프로그램을 만들기 시작했어요. 하룻밤을 꼬박 새서 새벽녘에 프로그램을 완성했어요. (…) 그 프로그램이 지금도 많은 사람이 사용하고 있는 V3의 첫 번째 버전이에요.[••]

안철수는 이렇게 만든 백신 관련 내용을 담아 월간지인 《마이크로소프트》에 기고했고, 이 글은 1988년 7월호에 실렸다. 컴퓨터 바이러스 백신 프로그램 개발자로서의 이름을 처음으로 세상에 알리는 순간이었다.

그때만 하더라도 안철수는 그것만으로 끝일 줄 알았다. 자기의 본업은 변함없이 의학일 줄 알았다. 하지만 이미 안철수는 국내에서 컴퓨터

• 안철수, 《안철수 경영의 원칙》(서울대학교출판문화원, 2011년), 14쪽.
•• 안철수, 《안철수 경영의 원칙》, 15~16쪽.

바이러스 백신 분야 1인자였고, 사람들은 그의 도움을 끊임없이 필요로 했다. 신종과 변종의 새로운 바이러스들이 계속해서 나타났고, 주위에 물어볼 사람도 없고 하니 사람들은 바이러스에 감염된 디스켓을 《마이크로소프트》로 보내서 복구시켜달라고 했고, 잡지사에서는 이렇게 쌓인 디스켓들을 박스 가득 모았다가 안철수를 찾아왔다.

백신 프로그램을 만드는 일을 할 수는 있었다. 하지만 박사 과정을 밟고 있던 처지여서 결코 쉽지만은 않은 일이었다. 안철수는 고민했다. 그리고 마침내 결론을 내렸다. 많은 사람에게 도움이 될 수 있는 일을 하기로 했다. 학부 때까지 했던 의료 봉사 활동은 대학원에 진학하면서 이미 그만두었었는데, 특히 생물학 분야 실험은 한번 시작하면 중간에 멈출 수가 없기 때문이었다.

> 무료 진료도 못하고 제 공부만 하는 생활을 할 수밖에 없던 상황에서 (…) 많은 사람이 혜택을 받게 되는 것을 보면서, 이게[컴퓨터 바이러스 백신 개발 작업이] 정말 내가 받은 일부라도 사회에 돌려줄 수 있는 좋은 기회구나 하는 생각이 들었어요. •

* * *

어떻게 보면 필연적인 결론이었다.

학부 때 구로동의 한 성당에서 의료 봉사 활동을 할 때 그는, '지식인'으로서 자기가 가진 것 그리고 자기가 누리고 있는 것은 다른 사람들이

• 안철수, 《안철수 경영의 원칙》, 17쪽.

땀을 흘려 이룬 성과물의 결과이므로, 이것을 자기보다 못한 사람, 혹은 가난과 질병으로 고통을 받는 사람들을 위해서 무언가를 하는 것이야말로 사회의 한 구성원으로서 자기가 당연히 해야 하는 일이라고 생각하고 받아들였었다. 이런 인식은 그 뒤로도 바뀌지 않았고, 마침 우연한 계기로 박사 과정과 병행해서 할 수 있는 '무료' 봉사 활동을 찾은 것이다.

그것은 또한 넓게 보자면, 인체의 생리와 질병을 연구함으로써 사회에 기여함을 직업 목표이자 윤리로 삼는 의사로서 당연히 해야 하는 일이기도 했다. 마침 그 봉사 활동은 '바이러스'를 잡는 백신 개발 작업이 아닌가. 작업의 특성은 다르지만, 내용은 동일했다. '나는 인종, 종교, 국적, 정당정파, 또는 사회적 지위 여하를 초월하여 오직 환자에게 대한 나의 의무를 지키겠노라'라는 히포크라테스 선서 조항은, 새벽 두 시에 전화를 해서 컴퓨터 바이러스 때문에 중요한 자료가 사라졌다면서 도움을 청하는 안타까운 사연의 사람을 도와야 한다는 것으로, '비록 위협을 당할지라도 나의 지식을 인도에 어긋나게 쓰지 않겠노라'라는 조항은 아무리 박사 과정의 연구 작업으로 바쁘다고 하더라도, 그래서 기본적인 생활을 위협받는다 하더라도, 사람의 도리를 다해서 필요한 사람에게 도움을 주어야 한다는 것으로, 아마도 청년 의사 안철수는 해석했을 것이다.

어쩌면, 모든 것은 구로동에서 의료 봉사 활동을 하면서 사회 현실에 눈을 뜨고 지식인의 역할에 대해서 고뇌 속에서 정리했던 결과에서 비롯된 것일지도 모른다. 그는 이미 모피어스의 빨간 약을 선택한 뒤였고, 그는 돌이킬 수 없는 현실에 이미 발을 들여놓은 것이다. 한밤중에 응급 환자가 문을 두드리며 살려달라고 할 때 의사가 외면할 수 없는 것처럼,

안철수는 컴퓨터 바이러스 때문에 절박하게 살려달라고 외치는 사람들을 외면할 수 없었던 것이다. 자기가 아니라 다른 사람이 더 잘할 수 있는 일이었다면 아마 그는 그 일을 하지 않았을 것이다. 하지만 그것은 자기가 아니면 할 수 없는 일이었다.

안철수는 자기가 어떤 일을 선택할 때의 기준을 이렇게 말한다.

> ……과거는 잊어버리고 (…) 다가올 결과에 대해서도 욕심 내지 말아야 한다는 거예요. 지금 현재 주어진 것만 보고 어떤 선택을 하면 내가 정말 의미를 느낄 수 있고 재미있게 임할 수 있고 잘할 수 있는지 그것만 보는 게 맞다고 생각했어요.•

일을 선택하는 이런 기준을 놓고 보더라도, 안철수가 바이러스 백신 개발 작업을 뿌리치지 못한 것은 필연이었다.

한편, 그의 이런 태도는 지금까지도 변함이 없다. 2011년 9월 2일에 서울시장 보궐선거 출마 여부를 묻는 기자들에게도 안철수는 "제가 열정을 가지고 일할 수 있고, 또 사람들에게 인정받을 수 있는 부분에서 일할 수 있다면 좋을 것입니다"라고 대답했다. 자기가 나설 때의 한계효용이 다른 사람이 나설 때의 한계효용보다 클 때는 기꺼이 나서겠다는 뜻이다.

안철수는 자기 개인의 욕망보다 객관적인 효용을 우선에 놓고 늘 판단하기에, 2012년 4월에 대권 출마를 묻는 질문을 받았을 때 "대선 출마는 제가 선택하는 게 아니고 저한테 주어지는 것이라는 생각에 변함 없습니다"라고 대답할 수밖에 없었다. 사람들은 그의 이런 모호한 어법

• 안철수, 《안철수 경영의 원칙》, 20-21쪽.

에서 어떤 정치적인 함의를 찾으려고 복잡하게 머리를 굴렸지만, 사실 그 말에 담긴 뜻은 액면 그대로였다. (스스로를 타자화하는 이런 태도가 이른바 '안철수 현상'이라는 이름으로 정치판을 뒤흔드는 한국적 상황에 대한 검토와, 이런 태도에 내재된 개인적인 모순과 정치적인 성과 그리고 안철수의 가능성 및 한계에 대한 검토는 5장과 6장에서 보다 자세하게 살펴볼 것이다.)

안철수컴퓨터바이러스연구소

본과 2학년 때 친구를 따라서 가톨릭학생회에 가입할 때는 가볍게 생각했겠지만, 세월이 몇 년 흐르는 동안 일은 이렇게까지 커져버렸다. 시작은 미미했지만 갈수록 창대해지고 있었다.

안철수는 박사 과정을 공부하면서 바이러스 백신 개발 작업을 병행하기로 했다. 하지만 문제는 시간이었다. 시간이 모자라니, 없는 시간을 쪼개서 만들 수밖에 없었다. 그래서 새벽 세 시에 일어나서 여섯 시까지 세 시간 동안 바이러스 백신 만드는 작업을 하고, 나머지 시간은 하루 종일 박사 과정 학생으로 살았다. 또, 그렇게 만든 백신은 무료로 배포했다. 사회구성원으로서, 남들보다 조금 더 많은 재주를 가진 사람으로서 당연히 해야 하는 의무라고 생각했기에, 백신 개발로 돈을 벌겠다는 생각은 처음부터 없었다.

그런데 이런 생활은 3년 뒤 박사 과정이 끝났어도 계속되었고, 단국대학교 의과대학에서 교수로 취직해 학생들을 가르칠 때까지, 그리고 군의관 복무를 마치던 1994년 그리고 대학교에 복직한 뒤까지 7년째 계속되었다.

하지만 그런 생활도 한계에 다다랐다. 바이러스의 발생률도 빠르게 증

가해서 하루에 혼자서 세 시간씩 투여하는 것만으로는 부족했고, 한편
학교에서 학생들을 지도해야 하는 교수로서 해야 하는 역할도 충실하게
할 수 없었다. 두 가지를 병행할 수는 없었다. 둘 가운데 하나를 선택해
야 했다.

바이러스 백신 개발자로 나설 것인가, 아니면 의사로 남을 것인가?

안철수는 전자를 선택했다.

이유는 단순했다. 둘 다 재미있고, 의미있고, 잘할 수 있는 일이었다.
하지만, 의대 교수는 자기 아니라도 많았지만 백신 개발자는 흔하지 않
았다. 거의 자기 혼자뿐이었다. 그러니 그만큼 더 의미가 있다고 판단한
것이다.

이렇게 해서 안철수연구소가 탄생했다. (정확하게는, '안철수컴퓨터바
이러스연구소'였다. 이 회사명은 2006년 6월에 '안철수연구소'로 바뀌고,
2012년 2월에 다시 '안랩'으로 바뀐다. 이 책에서는 특별한 경우를 제외
하고는 편의상 '안철수연구소'로 적는다.)

* * *

안철수가 컴퓨터 바이러스 백신 개발 작업을 계속하기 위해서 의대
교수직을 포기하고 안철수연구소를 세웠다는 것은, 몇 가지 점에서 그
의 인생을 완전히 뒤바꾸는 중요한 결정이었다.

첫째, 어린 시절 꿈꾸었던 악당과의 대결을 구체화할 대상을 포착했
다는 점이다. 그 대상은 컴퓨터 바이러스였고, 또 불순한 목적으로 그
런 바이러스를 만들어서 유포하는 사람들이었다. 그가 어린 시절 독수
리 5형제의 활약을 상상하며 공학자가 되겠다는 꿈을 키울 때, 공학자

그 자체보다도 공학자가 되어 악당과 싸워서 악당을 물리치는 게 더 중요했었다. 친구들에게 따돌림을 당하면서 보상심리로 상상했던 이 세상의 모든 악당과의 치열한 싸움과 통쾌한 승리의 욕구는 의대 교수로는 채울 수 없었을 것이다. '보다 의미가 많다'는 그의 표현 아래에는 이런 욕구가 감춰져 있지 않았을까? 안철수연구소를 세움으로써 그는 이제 어린 시절에 꾸었던 꿈을 실현할 발판을 마련한 것이다.

둘째, 애초에 비영리법인 형태를 생각했지만 결국 주식회사 형태로 출범한 안철수연구소는 안철수를 의과대학이라는 좁고 보수적이고 세상에서 무한하게 확장될 수 있는 진취적인 세상으로 자리를 이동시켰다. 처음 그가 의대 교수직을 포기하고 백신 개발자로 나설 때는 보수적인 세상을 박차고 나가 진취적이고 모험적인 세상으로 나서겠다는 의도는 크게 작용하지 않았다. 자기만이 잘할 수 있는 중요한 일을 함으로써 '사회 구성원의 한 사람으로서' 사회에 기여하겠다는 것이었다. 하지만 결과적으로 그는, 보다 넓은 세상에서 보다 많은 사람들을 만나 보다 많은 경험을 하면서, 우리 사회의 정치·경제·사회적인 모순과 맞닥뜨려 대결을 펼칠 어떤 공간의 문을 열고 들어간다. 그 문이 장차 자기 인생을 어떤 세상으로 이끌지 알지 못한 채……. 사람을 많이 만나는 게 싫어서 임상의 대신 연구직을 선택했던 안철수가 안철수연구소 설립이라는 선택을 했다는 사실은 아이러니이다. 하지만 그는 이 선택으로 주변 사람들은 물론이고 자기 자신도 몰랐던 능력을 개발할 기회를 맞는다. 그리고 그 결과는, 한국 사회에 커다란 충격을 준 이른바 '안철수 현상'으로까지 이어진다.

셋째, 안철수는 과잉보호라는 어머니의 그늘에서 언제부터인가 벗어나고 있었다. 모든 아이들이 성장해서 그렇듯이 청년 안철수 역시 부모의 품에서 벗어났고, 안철수연구소로 그 독립 과정에 마침표를 찍었다. 그가 의과대학에 진학한 것은 순전히 부모가 그렇게 바랐기 때문이다. 그랬기에 '착한' 아들이던 그는 공학도가 되는 걸 포기하고 의대에 진학했었다. 임상의가 되어서 경제적으로 여유 있게 살기를 바랐던 부모의 뜻을 거스르면서 연구직을 선택한 것도 그 나름대로의 타협인 셈이었다. 하지만 이제 그것마저 박차고 나와, 안철수연구소를 세우고 4년 동안 월급도 제대로 못 받고, 언제 망할지도 모른다는 불안감 속에서 살아가게 된다. 하지만 이로써 안철수는 온전한 성인으로 부모의 보호에서 벗어난다. 당연히, 부모의 그늘에서 보호를 받던 시절의 소극성, 자신 없음, 안전한 곳에 머물기 등의 행동 특성들은 180도 바뀐다. 부모로서는 가장 불안한 순간이면서 동시에 아들이 가장 대견하게 보였을 순간이었다. 이와 관련해서 안철수는 한 강연에서 다음과 같이 말했다.

……주위 사람들의 평가에 연연하지 말자는 것입니다. (…) 어떤 경우에는 그 냥 내 한 몸 희생해서 주위 사람들 행복하게 해주자 해서 주위 사람들이 원하는 선택을 하게 되는데, 그러면 한두 해 정도는 괜찮을 수 있지만, 그 이상을 참기는 힘든 것 같아요. (…) 내가 행복해질 수 있는 선택을 하면 주위 사람도 장기적으로는 행복해질 수 있는 것 같더라고요.•

* * *

1995년 2월 1일, 안철수연구소는 서울 서초동 골목의 한 빌딩에 둥지

• 《안철수연구소》, 19-20쪽.

를 틀었다. 2월 16일에는 기자회견을 열어 안철수연구소 설립 계획을 발표했다.

이렇게 해서 안철수의 히포크라테스 선서는 보다 넓은 세계로 확장되어 들어갔다.

이제 의업에 종사할 허락을 받음에 나의 생애를 인류 봉사에 바칠 것을 엄숙히 서약하노라. (…) 나는 인종, 종교, 국적, 정당정파, 또는 사회적 지위 여하를 초월하여 오직 환자에게 대한 나의 의무를 지키겠노라. (…) 비록 위협을 당할지라도 나의 지식을 인도에 어긋나게 쓰지 않겠노라. 이상의 서약을 나는 나의 자유의사로서 나의 명예를 받들어 하노라.

03 | 영혼이 있는 기업

"나는 경영자가 되면서부터는
아예 걱정을 안고 사는 사람이 되었습니다."

벤처기업

벤처기업이란 신기술과 아이디어 개발을 핵심적인 성장 도구로 내세우는 중소기업이다. 그만큼 사업의 위험성이 높지만, 대신 높은 수익이 보장된다. 안철수연구소는 컴퓨터 바이러스 백신이라는 아이디어와 신기술 하나로 창업에 나선 벤처기업이었고, 말 그대로 모험에 나서는 기업이었다. 안철수연구소에서 펴낸 책인 《안철수연구소》는 당시의 모습을 다음과 같이 비장하고 감상적인 모습으로 묘사한다.

……3월 15일, 달랑 일곱 명을 태운 안철수연구소 호는 닻을 올렸고 미증유의 망망대해를 향한 긴 여정에 올랐다. 끝이 보이지 않는 바다 위, 멀리서 출렁대는 물결이 당장이라도 뱃머리로 쏟아질 듯 위태위태했지만, 일곱 명의 선원은 그 너머의 부푼 희망을 바라보며 앞으로 나아갔다.[*]

전체에서 5퍼센트도 살아남기 어렵다는 벤처기업의 세상에서 생존에 성공했을 뿐만 아니라 탄탄한 중견기업으로 성장한 회사의 주역들이

• 《안철수연구소》, 27쪽.

하는 회고담이니만큼 감상적인 표현이 어지럽다. 하지만 그들은 자부심을 가질 만했다. (안철수연구소의 시가총액은 2012년 6월 17일 종가 기준으로 1조 1355억 원으로 코스닥 5위 규모이다. 2012년 2월에 바뀐 회사 이름은 '㈜안랩'이다.)

기업의 본질, 기업가정신

기업의 본질은 무엇일까?

안철수는 처음 안철수연구소를 비영리조직으로 만들려 했지만 정부나 기업의 지원을 받지 못해 간판을 올리지도 못할 처지에 놓이자, 차선책으로 주식회사 형태로 창립했다. 이때부터 안철수는 기업의 본질에 대해서 생각했다. 돌이켜보면, '어처구니가 없을 정도로 간단한 질문들'을 놓고 그는 씨름을 했다, 라고 그는 회고한다.

왜 사람들은 모여서 일을 해야 할까?

자본주의 사회에서 회사가 존재하는 의미는 무엇일까?

기업의 목적은 수익 창출인가? 고객과 사회에 해악을 끼치면서도 수익을 창출한다는 것은 있을 수 없는 일이 아닌가?

이 문제들은, 그가 안철수연구소를 창립하고 운영하면서 그리고 유학을 가서 경영학을 공부하면서 서서히 그리고 확실하게 정리가 되었다. 다음은 이렇게 정리된 내용을, 2005년 퇴임사에서 밝히는 부분이다.

또한 창업을 하면서 '기업의 목적은 수익창출'이라는 명제에 대해서도 의문을 품었습니다. 기업이 수익을 창출하기 위해서는 먼저 고객들로부터 가치를 인정받을 수 있는 물건이나 서비스를 만든 다음에 그것을 판매해야 합니다. 이러한 과정을 생각해본다면 수익이란 목적이라기보다는 결과에 해당한다는 생각이 들었습니다. (…) 따라서 저는 '기업에서의 수익창출은 결과'라는 생각을 가지고 있습니다. 그리고 이것은 본질과 과정에 충실하다면 결과는 따라오는 것이라는 믿음과 일맥상통한다고 생각합니다.•

이것이 바로 안철수가 말하는 '영혼이 있는 기업'의 전제조건이다. 그리고 안철수는 조지프 슘페터를 접하고, 그가 말했던 기업가정신을 받아들였다. 슘페터는 기업가정신을 어떻게 정리했을까?

기업가의 역할은 습관적이고 판에 박힌 경제적 삶의 틀을 깨고 나오는 것이며, 이는 흔치 않고 매우 예외적인 정신적 창의성과 열정을 필요로 한다. (…) 기업가의 동기는 보다 전형적으로 '개인적 왕국을 건설하려는 꿈', 종종 세대를 초월하는 왕국을 세우려는 꿈이며, (…) 남들보다 자신이 우월하다는 것을 입증하려는 의지이며, 창조와 성취의 기쁨, 혹은 그저 자신의 열정과 천재성을 발휘하는 기쁨이다.••

기업가의 이런 동기가 자본주의 사회를 발전시켜 왔다. 기업가는 창의성을 발휘해 '창조적인 파괴'를 통해 문명을 발전시켜 왔던 것이다. 돈보다는 정진 그 자체가 중요하다는 것이다. 돈과 수익 자체를 추구하는 것은, 고객과 사회에 해악을 끼치면서까지 이득을 챙기는 추한 행위일 뿐이고, 기업가의 창조적인 파괴라는 높은 의지의 행위야말로 문명의 원동력이다. 이 정진의 결과가 기업가에게는 수익이라는 보상으로 돌아간다.

• 안랩 홈페이지〉회사 소개〉설립자 소개〉퇴임사.
•• 제리 멀러, 《자본주의의 매혹》(휴먼앤북스, 2006년), 430~431쪽.

이것을 안철수는 한 강연에서 쉽게 풀어서 설명했다. 다음은 그가 2005년 안철수연구소 CEO 사임 이후 2년 동안의 유학을 마치고 카이스트에서 석좌교수로 있을 때인 2009년 3월 20일에 민간연구소인 희망제작소에서 "빌 게이츠도 성공하기 어려운 한국, 그럼에도 기업가정신이 해답이다"라는 주제로 했던 강연에서 했던 말이다.

기업가정신에서 기업가란 '企業家'가 아니라 '起業家'이다. 현상 유지에 힘쓰는 기업이 아니라 사회에 새로운 가치와 일자리를 창출하는 기업가를 뜻하는 말이다.

즉, 슘페터적 의미의 전통적 기업가정신에다 '사회적 책임'과 '지속 가능 경영'이라는 요소를 덧붙였다.

사실 안철수는 그렇게 안철수연구소를 일으켰고, 또 그렇게 한국 사회를 튼튼하게 일으켜 세우고 싶었다. 자본의 영혼보다 기업의 영혼을 선택한 안철수로서는 당연한 결과였다.

영혼이 없는 기업은 그 회사 사람들에게 단지 개개인의 목적을 달성하는 도구일 뿐이다. 그런데 영혼이 있는 기업에서는 전 사원들이 스스로 주체의식을 가지고 기업의 영혼을 자신의 것으로 내재화해서 공동의 발전을 이뤄나간다. 그런 가운데 기업은 영속하는 우량기업으로 자라날 수 있다.[•]

• 안철수, 《CEO 안철수, 영혼이 있는 승부》(김영사, 2001년), 83쪽.

시련의 나날들, 유학을 결심하다

하지만 아직은 이런 개념조차 확실하게 서지 않은 때였고, 현실은 만만치 않았다. 가장 큰 문제는 컴퓨터 바이러스 백신 시장이 형성되어 있지 않다는 점이었다. 물건을 팔아서 매출을 올리고 수익을 내야 하는데 시장이 없는데 어디에서 물건을 판단 말인가. 우선, 백신이 상품으로 유통되는 시장부터 만들어야 했다. 천신만고 끝에, 1995년 11월에 V3가 한글 윈도95의 공식 백신 번들 프로그램으로 선정되었고, 안철수연구소는 V3를 셰어웨어로 바꾸었다.

그런데, 7년 동안 무료로 백신을 나눠주다가 어느 날 갑자기 생뚱맞게 돈을 내고 쓰라고 하니 사람들이 안철수를 비난하고 나섰다. 유명해지더니 돈독이 올랐다고도 했다. 하지만 안철수연구소가 살아남으려면, 그렇게 해서 또 한국의 보안시장을 외국 백신업체에 내주지 않으려면 그렇게 할 수밖에 없었다.

하지만 그렇다고 해서 모든 문제가 한꺼번에 다 풀리지는 않았다. 벤처기업의 어렵고 참담한 상황은 계속 이어졌다.

그는 직원들이 모두 퇴근한 후에도 매일 밤 계산기를 두드리며 그날 번 돈과 쓴 돈을 10원 단위까지 셌다. 그 순간 울컥하는 마음이 들었다.

"여기서 내가 뭐하고 있지? 동기들은 의사나 교수하면서 잘 살고 있는데…… 나는 왜 내가 배운 거 다 버리고 이러고 있을까?"

이런 생각이 들 때마다 그는 목표를 크게 세우고 허덕이기보다는 자기에게 주어진 현재 시간에 집중하려고 노력했다.

"정상만 바라보면 구름이 가리기도 해서 불안해지는데, 뒤돌아보면 없는 가운데 이만큼 왔구나 하고 안심이 되잖아요. 결국 원대한 목표가 사람을 지치게 하더라고요."

때로는 걷기를 통해서 정신을 가다듬기도 했다.

　　너무 안 풀리면 정처 없이 걸어다녔어요. 서초동 소나무사거리에서 출발해 테
헤란로 지나 삼성역까지 걸으면 2시간 반이 걸리죠. 모르고 지갑 두고 나간 날은
다시 걸어서 돌아와야 해서 왕복 5시간 가까이 걸었던 기억이 있네요.•

＊ ＊ ＊

　하지만 그런 상태로는 도저히 안 될 것 같았다.

　회사의 경영이 잘되지 않는다는 것은 CEO인 자기에게 문제가 있다는
뜻이었고, 문제가 무엇인지 알아야만 그 문제를 해결할 수 있는데, 그 문
제가 무엇인지조차 알 수 없는 막막한 시절이었다. 될 수 있으면 남들이
경험한 시행착오의 모든 것을 짧은 시간 안에 흡수하기를 원했다. 그것
은 바로 경영학 공부를 하는 것이었다.

　이렇게 해서 그의 유학 결정은 이루어졌고, 회사를 세운 지 반 년쯤
되는 시점이던 1995년 9월에 미국으로 유학길에 올랐다. 안철수연구소
를 만들 때 한글과컴퓨터사와 손을 잡는 대가로 독점판매권을 떼어줬
었는데, 한글과컴퓨터사에서 마케팅과 세일즈는 자기들이 알아서 해주
겠다고 했던 터라 영업의 부담을 크게 지지 않아도 되었기 때문에, 안철
수는 그래도 편안한 마음으로 유학을 떠날 수 있었다.

• "영원한 아이콘 안철수", 《헤럴드경제》, 입력 2011. 7. 28.

* * *

안철수는 공부라면 자신이 있었다. 책을 가까이하기 시작했던 어린 시절부터 적게 잡아도 25년 동안 누구보다 열심히 공부를 했고, 또 성과도 올렸었다. 운전면허증을 딸 때도 그렇게 해서 필기시험에 만점을 받았으며, 바둑을 배울 때도 그랬다.

안철수가 바둑을 배운 것은 예과 2학년 때였다. 바둑을 배우겠다고 마음을 먹은 뒤에 맨 처음 그가 한 것은 바둑 책을 사는 것이었다. 종류별로 50권 정도의 바둑 책을 사서 읽기 시작했다. 바둑알을 잡아본 적도 없었지만 무조건 읽고, 외우라는 정석은 그냥 외었다.

안철수가 새로운 어떤 것을 시작할 때 책부터 집어든 데는 이유가 있었다. 해당 분야에서 인류가 쌓아놓은 모든 지혜가 책에 담겨 있다고 생각했기 때문이다. 그 지혜가 튼튼한 기초가 되어서, 처음에 한 단계 올라설 때까지는 남보다 훨씬 많은 시간이 걸렸지만 얼마 가지 않아서 남보다 더 빠르고 정확하게 이해할 수 있다고 믿었기 때문이다. 컴퓨터 공부를 시작할 때도 그랬고, 의과대학에서 공부를 할 때도 이른바 '족보'라는 문제집보다는 교과서 중심으로 공부를 했었다. 그리고 그렇게 해서 남보다 더 나은 결과를 얻었기에, 안철수는 이런 방식의 접근이 가지는 강점이 자기에게 잘 맞는다고 믿었다.

처음에는 바둑 책을 보고 공부한 것이 전혀 소용없어 보였다. 10급 정도의 실력이 있는 사람에게 9점을 깔고도 100점 넘게 졌다. 하지만 그는 1년 만에 아마추어 일이 단 정도의 수준으로 실력이 향상되었다.

이런 경험이 있었기에 공부는 안철수에게 있어서 새로운 세상으로 들어가기 위한 필수 과정이었다. 이런 점은 나중에 CEO에서 물러나서 계

3장_영혼이 있는 기업 91

몽주의자로서의 삶을 살기 시작할 때도 반복되어 나타났고, 정치 참여를 고민할 때도 그랬다.

* * *

이렇게 해서 2년 동안 이틀에 하루씩밖에 잠을 자지 못하는, 유학생과 CEO의 1인 2역을 하는 힘든 나날이 시작되었고, 이 일은 2년 동안 계속되었다.

> 제가 있었던 필라델피아 하고 한국 사이에 열세 시간 시차가 있어서, 한국에서 종일 일을 해서 저녁에 저한테 이메일을 보내면, 필라델피아는 아침이거든요. (…) 저녁에 제가 이메일을 보내면 한국은 아침에 받아요. 그렇게 경영을 한 거죠.•

1995년 9월부터 1997년 8월까지의 2년 동안에 그는 개인적인 휴식에는 시간을 조금도 투자하지 않았다. 몸과 마음은 늘 바빴고 시간은 또 늘 부족했다. 펜실베이니아대학교의 가을 교정이 아름답다고들 말하는데 안철수의 기억에는 그때의 가을 단풍이 남아 있지 않다. 강의실과 도서실에서 공부하던 기억뿐이다.

1000만 달러 줄 테니 회사를 파시오
1997년 3월, 안철수연구소는 한글과컴퓨터사가 보유했던 독점 판권을 회수하고, 지속적인 개발에 자금을 출자하고 영업을 도와줄 새로운 파

• 안철수, 《안철수 경영의 원칙》, 28~29쪽.

트너로 삼성SDS와 손을 잡았다. 이로써 본격적인 기업의 모습으로 성장할 수 있는 발판을 마련했다. 그러나 회사는 여전히 적자였다.

* * *

1997년 6월, 실리콘밸리의 한 백신 소프트웨어업체가 안철수연구소의 문을 두드렸다. 맥아피가 안철수를 부른 것이다. 당시 맥아피는 '스캔'이라는 바이러스 백신 제품으로 유명했으며, 일본 유일의 백신 소프트웨어업체인 제이드를 사들인 때였다. 미국에서 성장세가 주춤하자 아시아 시장으로 눈을 돌리고 있던 상황이었다.

맥아피가 안철수를 비롯해서 안철수연구소 사람들을 부른 정확한 의도는 안철수연구소 측에 이어 맥아피가 프레젠테이션을 하던 도중에 드러났다. 다른 곳을 보고 있던 맥아피 회장이 안철수를 정면으로 바라보았다. 그리고 천천히 입을 열었다.

"동양에서는 요트가 부를 상징한다면서요?"

뜬금없는 말이었지만, 의도는 곧 분명해졌다.

"백신 만드는 게 어디 쉬운 일입니까? 그래 가지고서야 어느 세월에 요트 한번 타보시겠습니까? V3를 우리에게 파시죠."

1000만 달러를 주겠다고 했다. 100억 원이었다. 잠시 정적이 흘렀다. 당장 돈이 절박하게 필요했던 건 사실이었지만, 만일 회사를 맥아피에게 팔 경우 맥아피는 V3를 폐기하고 자기 제품을 한국 시장에 깔아놓을 터였다. 마침내 안철수의 입에서 한마디 대답이 나왔다.

"노!"

안철수는 당시를 회상하면서 다음과 같이 썼다.

나는 일말의 갈등도 없이 그 제의를 거절했다. 그 아무리 높은 금액이라도 국내 소프트웨어 산업 보호와 직원들에 대한 책임감 앞에서는 나에게 수용조건이 되지 못했다.*

100억 원이라는 어마어마한 금액을 단번에 벌 수 있는 기회를 날려 버렸지만, 안철수는 오히려 태연했다. 맥아피의 그런 제안을, 안철수연구소가 지금 하고 있는 일이 충분히 희망이 있다는 반증으로 받아들였기 때문이다. 사실 그 당시에는 맥아피뿐만 아니라 시만텍과 트렌드 등도 인수 제의를 했었다.

* * *

거금을 제시한 맥아피의 인수 제안 거부라는 이 일화는 안철수를 애국자로 만들었다. 안철수연구소도 국민기업이라는 훈훈한 이미지를 얻었다. 게다가 그해 말에 한국에서 이른바 '아이엠에프 사태'가 터지면서 알짜 기업들이 줄줄이 외국 자본에 팔려나가는 시점에서 안철수가 1000만 달러라는 거금을 뿌리치며 안철수연구소를 지켜냈다는 이야기는 임진왜란 당시 권율 장군의 행주대첩만큼이나 시원한 화젯거리였다.

하지만 초점이 맞추어져야 할 지점은 안철수의 애국심이 아니다. 기업을 바라보는 그의 관점, 그리고 이것을 뒷받침하는 그의 가치관이다.

사실 안철수가 돈을 벌 생각이었다면 애초에 안철수연구소를 세우지도 않았다. 자기가 가진 능력으로 사회에 봉사할 마음으로, 즉 '사회를

• 안철수, 《CEO 안철수, 영혼이 있는 승부》, 35쪽.

살아가는 한 일원으로서 일방적으로 혜택을 받기보다는 내가 할 수 있는 일을 해서 일부라도 돌려주고 싶은' 마음으로 백신을 무료로 나누어주기 시작했으며, 이 일을 보다 본격적으로 하기 위해서 공익적 성격의 비영리 연구소를 세우려고 하다가 여의치 않자 한글과컴퓨터라는 기업과 손을 잡고 기업 형태로 안철수연구소를 만들었었다. 그렇게 만든 회사를 비싸게 줄 테니 팔라고 한다고 해서 옳다구나 하고 팔 일은 아니었다. 그렇게 함으로써 사회에 봉사하겠다는 애초의 목적이 관철된다면 당연히 꿩 먹고 알 먹는 즐거움으로 그렇게 했겠지만, 그게 아니었기 때문에 안철수는 안철수연구소를 팔지 않았다. (가난한 동네에서 의료 봉사 활동을 하면서 눈을 뜬 그의 사회의식은 안철수연구소에도 고스란히 투영되어, 새로운 형태로 전개되고 있었다. 여기에 대해서는 뒤에서 다시 살펴보기로 하고 잠시 접어두자.)

* * *

1997년 10월 27일 모건스탠리증권은 투자자들에게 긴급 전문을 날렸다.

"아시아 지역에 투자된 자금을 회수하라."

11월 5일에는 홍콩의 페레그린증권이 보고서를 냈다. 보고서 제목은 "한국을 떠나라, 지금 당장"이었다. 이 보고서는 연초의 한보 부도에 이어 3월부터 7월까지 삼미, 진로, 기아 그리고 10월에 쌍방울이 무너지고 10월 한 달에만 1조 원 이상의 외국 자본이 빠져나간 한국 경제에 내리는 사형선고나 다름없었다. 하지만 이런 사정을 아는 사람은 많지 않았다.

그리고 1997년 11월 21일 금요일, 이틀 전에 경제부총리로 임명된 임창렬이 IMF에 구제금융을 공식적으로 신청한다고 발표한다. 이어서 12월 3일에 캉드쉬 IMF 총재와 임창렬 부총리가 550억 달러의 구제금융 양해각서에 공식 서명한다. 1998년 3월 23일, 과천 정부청사 재정경제부(현 기획재정부) 4층 419호실에 'IMF 한국사무소' 간판이 내걸렸다. 이로써 빌린 돈을 모두 갚는 2001년 8월 23일까지 이어질 길고 긴 IMF 체제가 시작된다.

그리고, 4년이 채 되지 않은 아이엠에프 관리 체제는 36년 동안 지속되었던 일본제국주의의 식민 통치만큼이나 한국 사회를 근본적으로 바꾸어놓는다. 아이엠에프 사태를 계기로 한국 그리고 한국 경제는 아이엠에프 사태 이전과 근본적으로 달라진다. 초국적 금융자본의 굵고 튼튼한 빨대가 박힌 가운데, 바야흐로 대기업과 중소기업, 고소득층과 저소득층, 수출과 내수, 정규직과 비정규직의 격차는 심각하게 벌어진다. 그리고 이 양극화 경향은 장차 김대중 정부, 노무현 정부 그리고 특히 이명박 정부를 거치면서 가속화되고 구조적으로 고착된다.

* * *

1997년 8월, 2년 동안의 유학 생활을 마치자 안철수는 지옥에서 벗어났다는 느낌이었다. 하지만 그의 몸은 만신창이가 되어 있었다. 유학 생활을 완전히 마치고 한국에 온 이틀 뒤에 결국 쓰러지고 말았다. 한국에 도착해 극심한 피로감을 느꼈지만 시차 때문이라고만 생각했는데, 그게 아니었다. 급성간염이었다. 입원을 한 뒤에 통원 치료를 했지만 복수가 차오르는 등 상태가 다시 악화되었다. 그렇게 해서 안철수는, 깡드

쉬 아이엠에프 총재가 지켜보는 가운데 임창렬 부총리와 이경식 한국은행 총재가 구제금융 양해각서에 서명하는 장면을 병상에서 텔레비전으로 지켜보았고, 또 그렇게 1998년 새해를 맞았다.

……병원에 있을 때, 창 아래로 걸어가는 사람들이 그렇게 부러울 수가 없었다. 황달 때문에 눈동자가 늘 노랬는데, 거울을 볼 때마다 내 눈동자가 다시 흰색으로 돌아올 수 있을까 자문하곤 했다.[•]

안철수연구소는 여전히 적자였다. 안철수는 2009년에 한 일간지와 가졌던 인터뷰에서 힘들었던 당시를 다음과 같이 회고했다.

……처음 안철수연구소를 세우고 4년간은 월급도 제대로 못 받고, 언제 망할지도 몰랐다. 지금의 결과만을 놓고 보면 잘된 것처럼 보이지만 과정은 험난했다. 매달 말이 가까워오면 도저히 직원들 월급을 줄 자신이 없었다. 현금이 없었다. 흔히 말하는 어음깡이라는 것을 해서 현금을 만들어서 준 적도 많다. 매일 부도를 걱정하면서 4년을 살았다.[••]

단 한 달만이라도 월초에 직원들에게 줄 월급 걱정을 하지 않고 살 수 있으면 얼마나 좋을까 하고 생각하던 시절이었다.

• 안철수, 《CEO 안철수, 영혼이 있는 승부》, 41쪽.
•• "효율·성과만 따지기보다 '영혼이 있는 승부' 도전하라", 《한국일보》, 입력 2009년 12월 14일.

CIH 바이러스의 습격

1999년 4월 26일 월요일 오전 9시부터, 한국의 전체 컴퓨터 가운데 대략 15퍼센트인 30~50만 대가 동시에 작동을 멈췄다. CIH 바이러스 때문이었다.

이 일이 일어나기 전에 안철수연구소는 각 언론사에 이 바이러스와 관련된 보도자료를 돌리고, 4월 23일 금요일까지는 업데이트된 백신 프로그램으로 대비책을 세워야 한다고 알렸다. 하지만 이 보도자료를 언론사들은 중요하게 다루지 않았고, 결국 한국의 컴퓨터들은 거의 무방비 상태에서 CIH 바이러스의 습격을 받아 초토화되었다.

이 일로 회사의 전화는 불이 났고, 당시 40여 명이던 직원은 그날부터 한 주 동안 화장실에 갈 시간, 담배 한 대 피울 시간조차 없이 정신없이 뛰었다.

이 사건 뒤로 컴퓨터 보안 시장은 1년 사이에 네 배나 뛰었다. 컴퓨터 보안의 중요성을 사람들이 인식하기 시작했기 때문이다. 덕분에 마침내 보안 프로그램이 상품으로서 인정받기 시작했고, 안철수연구소는 새로이 형성된 시장을 확실하게 선점하며 직원들 월급 걱정을 하지 않아도 될 정도로 자리를 잡았다.

미증유의 망망대해를 항해하던 안철수호는 마침내 희망의 섬을 발견하고 잠시 닻을 내리고 또 다른 항해를 준비할 수 있었다.

기업가의 영혼,
자본의 영혼

벤처기업과 야성의 충동

1999년 11월 11일, 안철수가 자기 평생 가장 고생했던 날이라고 회상하는 바로 그날이었다. 그날 안철수는 하루 종일 걸려오는 전화를 받느라 힘이 들었고, 또 전화한 사람들로부터 지독한 욕설을 듣느라 힘이 들었다. 욕을 듣던 와중에 한국말로 이렇게 다양한 욕을 할 수 있구나, 하는 생각이 들기도 했다.

《조선일보》에 실린 안철수의 인터뷰 기사 때문이었다. 안철수는 벤처기업의 위험성을 경고하려고 했었다.

1999년 당시, 벤처기업은 성공의 보증수표로 통했다. 벤처기업에 투자를 하면 누구나 100퍼센트 성공하고 대박을 터트린다고 믿었다. 벤처업계로 보자면 투자금이 많이 몰려서 도움이 되겠지만, 이는 단기적인 효과일 뿐이었다. 장기적이고 안정적인 투자를 위해서는 위험한 발상이었다. 그래서 안철수는 그런 내용으로 인터뷰를 했다.

그런데 다음 날 신문이 대문짝만 하게 뽑은 제목은 경악할 만했다. "벤처기업 95퍼센트가 망할 것…… 투자자들 돈 날릴 게 뻔해"였다.

> ……그는 최근 10~30배의 프리미엄(웃돈)을 예사로 받는 벤처투자나 최근 유
> 행한 인터넷 주식공모의 위험성을 지적했다. 벤처기업 펀딩(funding)이 '사업을
> 위한 펀딩'이 아니라 '펀딩을 위한 펀딩'으로 변질됐다는 것이다. (…)
> 안 소장은 '벤처기업의 핵심 포인트는 아이템이 아니라, 벤처기업가의 됨됨이'라
> 며 '코스닥에 투자를 할 때는 무엇보다 벤처업계 내에서 얻고 있는 기업가의 평판
> 과 도덕성, 비즈니스 마인드를 점검하는 것이 중요하다'고 말했다.*

게다가, 이 기사 왼쪽의 '경제 다이제스트' 난에는 제조업 매출액 증가액을 나타내는 선그래프가 오른쪽 아래로 곤두박질치고 있었고, 또 이 기사 위쪽에는 어제의 종합주가지수 하락을 알리는 커다란 막대화살표가 놓여 있었다. 벤처기업의 위험성을 시각적으로도 적나라하게 경고하는 편집인 셈이었다.

그러니, 벤처기업을 만들어놓고 투자를 기다리던 사람, 오늘 당장 투자금이 들어오기로 되어 있었는데 그 기사를 본 투자자가 투자 의사를 철회하는 바람에 낭패를 당한 사람들이 적지 않았을 것은 불을 보듯 뻔한 일이었고, 이 사람들이 안철수 때문에 모든 게 틀어져 버렸다면서 안철수에게 갖은 욕설을 해댔던 것이다.

불행하게도, 안철수의 경고는 적절했고 그의 예상은 맞아떨어졌다. 다음 해 3월에 코스닥 지수는 최고점 2925.50을 찍은 뒤 폭락의 화살표

---

* "벤처기업 95퍼센트가 망할 것", 《조선일보》, 1999. 11. 1.

를 타고 6분의 1 이하로 떨어졌다. (2012년 6월 17일 종가 기준으로 코스닥 지수는 467.75이다.)

벤처 열풍과 벤처기업가의 도덕적 해이는 1999년의 Y2K 즉, 이른바 '밀레니엄 버그' 사건에서도 비슷하게 반복되었다. 2000년 0시를 기해서 컴퓨터가 오작동을 일으킬 것이므로 여기에 대한 대비가 중요하다는 식으로 국내외의 보안업체는 대대적으로 선전을 했다. 하지만 실제로 그런 일이 일어나지 않을 것임을 전문가들은 다들 알고 있었다. 그러나 모처럼 매출액을 올릴 수 있는 좋은 기회를 맞은 이들 보안업체는 연일 '공익 차원에서 원가 세일'을 한다고 새빨간 거짓말을 쏟아냈던 것이다.

이런 상황에서 안철수연구소는 진실을 알리는 보도자료를 언론사에 보냈다. 하지만 언론사가 이번에는 안철수연구소의 보도자료를 외면했고, 결과적으로 Y2K로 인해 사회적으로 많은 자원이 낭비되었다.

실컷 고생을 하면서 진실을 알린다고 나섰지만 욕만 얻어먹고 말았다. 이런 경험을 하면서 안철수는 회의감에 젖어들었다.

"과연 사회적인 발언을 할 필요가 있을까? 과연 그럴 만한 값어치가 있는 행동일까?"

* * *

아이엠에프 사태 이후 한국 경제가 빠르게 신자유주의적 질서로 재편되는 과정에서 물질적 욕망, 단기 수익의 극대화를 노리는 자본의 야성적인 충동은 사회를 더욱 물질중심주의로 몰아갔고, 기업가 혹은 기업의 도덕성이 가지는 가치는 땅에 떨어졌다. 교과서적인 상식과 원칙을 중시하는 안철수로서는 지극히 걱정스러운 일이었다.

그래서 안철수는 위에서 인용한 《조선일보》 기사에서 "당분간 코스닥 등록은 하지 않을 겁니다. 지금 장세에 코스닥에 들어가면 당장은 돈이 들어오겠지만, 미래에 큰 짐이 됩니다. 세계시장 진출이 가시화되어 진짜 자금이 필요할 때 증자나 코스닥 등록을 할 겁니다"라고 다짐했다. 1999년 결산에서 이미 70억 원의 당기순이익을 기록했던 터라, 벤처 열풍이 불던 2000년에 코스닥에 등록했더라면 수천억 원의 자금을 어렵지 않게 모을 수 있었겠지만 그렇게 하지 않았다. 곧 코스닥 거품이 빠질 텐데, 그렇게 되면 투자자들이 손해를 보고 우리 사주를 받은 직원도 큰 빚을 떠안을 게 불을 보듯 뻔한 상황에서 그렇게 할 수 없었다. 장기적으로 볼 때 회사에 이득이 없다고 판단한 것이다.

이후, 경제 민주화를 주장하게 되는 그의 행보는 이미 이때부터 준비되어 있었던 셈이다.

안철수연구소의 코스닥 등록은 벤처 거품이 꺼진 뒤인 2001년 9월 13일에 이루어졌다. 공모주 청약 첫날이던 8월 21일의 경쟁률 51.4 대 1이 증명하듯 압도적인 인기의 안철수연구소 주식은 등록 이후 상한가를 이어갔다. 9·11테러 직후 주식시장은 싸늘하게 식었지만, 안철수연구소의 주가는 등록 첫날부터 상한가로 출발해서 공모가보다 100퍼센트 오른 46,000원으로 첫날의 거래를 마쳤다. 황제주의 위용은 대단했고, 코스닥 시장이 연일 폭락세를 보이는 가운데 안철수연구소의 주가는 6일 연속 상한가를 기록하며 80,800원까지 올라 단숨에 시가총액 9위에 올랐다. 이런 상승세는 상장 9일째인 9월 25일에야 꺾였다.

* * *

안철수의 사회적인 위상은 점점 높아졌다. 1999년에 '21세기를 빛낼 기업인 1위'로 선정되었고(매일경제신문), 2000년에는 '영입하고 싶은 CEO' 1위(주간 dot21)와 '미래를 이끌 벤처인' 1위(주간 매경이코노미), 2001년에는 '가장 존경하는 CEO'(벤처 이코퍼레이션), '벤처 사장 100인이 뽑은 2000년 벤처인'(한겨레신문), '전현직 CEO 중 한국에 필요한 CEO 1위'(매일경제신문), 그리고 '21세기 아시아의 리더 30인'(일본 시사주간지 SAPIO), 2002년에는 '제1회 대한민국SW사업자대상 경영부문 최우수상'(한국SW산업협회), '2002 아시아의 스타 25인'(미국 경제 주간지 비즈니스 위크), '차세대 아시아의 리더 한국 대표 18인'(World Economic Forum), 동탑산업훈장 등에 선정되거나 수상했다.

그리고, 안철수는 높아진 사회적인 위상을 활용해서 한 기업의 CEO 차원을 넘어서는 발언을 점점 많이 하기 시작했다. 그의 관심은 애초부터 사회를 향해 열려 있었기 때문이다. 그는 '사회 구성원으로서의 책임을 다하기 위해서' 높아진 자기의 위상과 영향력을 최대한 활용하려고 했다. 이런 점에서 보자면, 이미 안철수는 정치를 시작한 셈이다. 호모 폴리티쿠스…… 인간은 원래 정치적인 동물이 아닌가.

사회적 기업(social enterprise)

안철수가 처음 안철수연구소라는 기업을 세운 것은 돈을 벌기 위해서가 아니었다. 남보다 자기가 더 잘할 수 있고 더 큰 사회적 의미가 있는 컴퓨터바이러스 개발 및 무료 보급 작업을 할 생각으로 비영리법인을 만들려고 했고, 이것이 여의치 않자 차선책으로 다른 기업과 손을 잡고 주식회사 안철수연구소를 설립했었다.

그런데 기업의 기본적인 속성은 이윤 추구이다. 이런 기본적인 기업 속성과 안철수가 기본적으로 품었던 사회봉사 수단이라는 기업 규정은 충돌할 수밖에 없다. 이런 점을 안철수가 몰랐을 리가 없다. 그는 이 문제를 어떻게 해결하려고 했을까?

2005년 3월 19일에 그는 안철수연구소의 CEO 자리에서 물러난다고 선언했는데, 이때 낭독했던 퇴임사 "안랩 창립 10주년을 맞이하며"에서 그는 다음과 같이 지난 10년의 노력을 정리했다.

……안랩을 경영하면서 지난 10년간 세 가지를 이루고자 노력해왔습니다. 첫 번째로 한국에서도 소프트웨어 사업으로 자리를 잡을 수 있는 워킹모델(working model)을 만들어보고 싶었습니다. 지식정보의 가치가 인정받지 못하고 왜곡된 시장구조의 척박한 토양하에서도 다음 세대를 위한 한 가닥 희망의 빛이라도 남겨놓고 싶었습니다. 두 번째로 현재 한국의 경제구조하에서 정직하게 사업을 하더라도 자리를 잡을 수 있다는 것을 증명해보고자 노력해왔습니다. 투명경영, 윤리경영이 장기적으로 더 큰 힘이 되는 사례를 만들어 보고 싶었습니다. 세 번째로 공익과 이윤추구가 서로 상반된 것이 아니라, 양립할 수 있다는 것을 보여드리고 싶었습니다. 이 세 가지가 안랩 구성원 모두가 이 땅에서 숨 쉬고 살아가면서 스스로 인식하고 노력해온 '존재 의미'가 아닌가 생각합니다.●

세 가지 목표 모두 모험적인 것이었다. 안철수 스스로도 말했듯이 아무도 시도하지 않았거나 많은 사람이 시도했지만 실패하고 말았던 목표

● 안랩 홈페이지〉회사 소개〉설립자 소개〉퇴임사

들이었다. 기존에 없었던 어떤 선례를 만들겠다는 이런 목표를 세웠다
는 것은, 기본적으로 그가 모험가임을 말해준다. 안철수연구소를 설립
하면서 인생의 승부수를 던진 것이다.

그런데 안철수는, 2010년 3월 11일 서울대학교에서 마련한 "제42회 관
악초청강연"에서, 이 세 가지 목표를 세웠던 것은, 돌이켜보니 자기가 '사
회적 기업'을 하려고 했던 때문이라고 말했다.

> ……지금 생각해보니 제가 생각한 것이 '사회적 기업'인 것 같아요. 사회적 기
> 업이란 공익적인 부분과 이윤을 동시에 추구하는 기업인데요. 그 당시만 하더라
> 도 그런 개념이나 말은 생소했는데, 결국은 그것을 하려고 했던 겁니다.•

* * *

'사회적 기업.'

기업은 기업인데 기존의 기업과는 다른 묘한 기업이다. 빵을 팔기 위
해 직원을 고용하는 것이 아니라 일자리를 만들어 직원을 고용하기 위
해 빵을 파는 기업이다. 일반 기업과 마찬가지로 생산·판매·서비스 등
의 활동을 하지만 취약계층에게 일자리와 사회서비스를 제공해서 지역
주민의 삶의 질을 높이는 것을 목표로 한다. 이윤을 추구한다는 점에서
는 일반적인 기업과 같으므로 기업이라 할 수 있지만, 발생한 이윤을 주
주가 가져가지 않고 사회에 환원하는 데 목적을 두기 때문에 일반적인
기업과 다르다. 하지만 일반적인 기업과 마찬가지로 연속성을 추구하기

• 안철수, 《안철수 경영의 원칙》, 57쪽.

때문에 불우이웃돕기 바자회와 같은 일회성 행사를 하는 단체와는 성격이 다르다.

* * *

나중에야 '사회적 기업'이라는 개념으로 정리되는, 안철수연구소라는 기업의 핵심 가치를 그는 2000년 10월 13일에 다음과 같이 정리해서 100여 명의 전체 직원 앞에서 발표했다. (이 내용은 안랩 홈페이지의 '경영이념' 항목 부분에 부연설명과 함께 정리되어 있다.)

> 첫째, 우리 모두는 자신의 발전을 위하여 끊임없이 노력한다.
> 둘째, 우리는 존중과 신뢰로 서로와 회사의 발전을 위하여 노력한다.
> 셋째, 우리는 고객의 소리에 귀를 기울이고 고객과의 약속은 반드시 지킨다.

이 세 가지를 통해서 '끊임없는 연구, 개발을 통하여 함께 살아가는 사회에 기여한다'는 게 안철수연구소의 경영이념이다. 이것을 안철수는 기업의 '영혼'이라고 규정한다. 자본의 영혼 대신 기업의 영혼을 선택한 것이다.

그런데 여기에서 눈여겨봐야 할 점이 있다. 기업의 핵심 가치 가운데 개인의 발전을 가장 중요하게 여기며, 그 다음이 동료와 회사의 발전이며, 마지막으로 고객에의 봉사이다. 고객을 그만큼 덜 중요하게 여긴다는 뜻이라기보다는 직원 개개인의 발전을 가장 우선시한다는 것이다. (안철수연구소가 일자리 창출을 목적으로 하는 '사회적 기업'을 지향했음을 염두에 두고 보면, 이렇게 될 수밖에 없는 이유는 선명하게 드러난다.)

안철수연구소가 출발부터 이럴 수밖에 없었던 점은 그가 어린 시절부터 남을 먼저 생각하고 남을 배려하는 모범을 보이고자 했던 행동의 연장선에 있다. '내'가 어떤 모범을 보일 때, 이 작은 행동은 변화의 출발이 된다, 라고 생각했고, 이것이 그의 도덕관이자 사회개혁론의 출발점이다. 그가 딱 한 번 교통규칙을 위반하고 그토록 괴로워했던 것도 바로 이런 자기 원칙을 어겼다는 자책 때문이었다.

그러나 '속세'에 사는 '도덕군자'를 괴롭히는 것은 속세의 먼지만큼이나 많고, 따라서 '도덕군자'로 살기에는 그만큼 힘들 수밖에 없다.

부정행위도 전염이 된다, 깨진 유리창 이론

정직하지 못한 행위는 사회적인 전염을 통해서 개인에서 개인으로 전파된다. 사람들은 보통 사소한 잘못은 그냥 넘어간다. 사소한 잘못은 그 자체만으로는 별로 중요하지 않다. 하지만 이게 쌓이고 쌓이면, 보다 큰 규모의 잘못된 행동을 해도 괜찮다는 어떤 신호를 만들어낼 수 있다. 이렇게 해서, 처음 한 사람에게서 시작된 사소한 부정행위는 사회의 윤리적인 건강성을 느리지만 꾸준하게 잠식한다. '바이러스'가 증식을 해서 이 사람에서 저 사람으로 옮겨가듯이, 부정행위는 사회에서 점점 증식해, 마침내는 어마어마한 재앙을 초래한다.•

이런 현상을 지적하는 이론이 있다. 바로 '깨진 유리창 이론(broken windows theory)'이다.

이 이론은 1982년에 3월 범죄학자 제임스 윌슨과 조지 켈링이 《애틀

• 댄 애리얼리, 《거짓말하는 착한 사람들》(청림, 2012년) 참조.

랜틱 먼쓰리》에 공동으로 발표한 글에서 처음 제기됐다. 두 사람은 위험한 동네에서 질서를 유지할 수 있는 결정적인 요소가 경찰관의 수를 늘리는 게 아님을 확인했다. 두 사람은, 황폐한 지역에 사는 사람들은 유리창이 몇 군데 깨진 채 방치되어 있는 어떤 건물을 보면 멀쩡하게 남아 있는 유리창마저 깨고 싶은 충동, 그 건물 및 그 주변까지도 파괴하고 싶은 충동을 느낀다고 주장했다. 그래서 그 일대는 예전에 비해 점점 더 황폐해진다는 것이었다.

이 이론에 따를 때, 사회를 건강하게 유지할 수 있는 한 가지 간단한 전략은, 아무리 사소한 문제라 하더라도 문제가 발생하는 즉시 해결하는 것이다. 만일 깨진 창문을 (혹은, 다른 잘못된 행동을) 즉각 고쳐서 바로잡는다면, 잠재적인 파괴자들의 파괴적인 행동은 그렇지 않을 때보다 훨씬 더 줄어들 것이라는 말이다.

* * *

'깨진 유리창 이론'이 발표된 게 1982년이었는데, 안철수가 가톨릭학생회 회원이던 과 친구를 만남으로써 인생행로를 완전히 바꾸어놓는 중요한 전기를 맞았던 것도 바로 1982년이었다. 그런데 바로 이해에 또 하나의 중요한 사건이 미국에서 일어났다. 나중에 안철수가 기업의 사회적 책임과 관련해서 자주 언급하는 이른바 '타이레놀 독극물 사건'이었다.

1982년 9월 30일 오전 11시 30분, 미국 시카고 지역의 쿡 카운티에서 27세의 주부 메리 라이너의 사망 소식이 전해졌다. 존슨앤드존슨의 두통약 타이레놀을 먹고 죽은 것이다. '타이레놀 독극물 주입 사건'은 이렇게 시작되었다. 그리고 그날 오후 늦게까지 시카고 근처에서 모두 여섯 명이 사망했다. 그러자 존슨앤드존슨의 CEO 제임스 버크는 신속히 세가지 조치를 취했다. 첫째, 사건 경과를 실시간으로 투명하게 세상에 알렸다. 둘째, 국번 '800'으로 시작되는 무료 문의전화번호를 긴급 설치해 거의 전 직원이 콜센터에 달라붙어 문의하는 소비자 한 명 한 명에게 사건 경과를 소상히 설명하게 했다. 셋째, 사건을 상세히 조사했다.

누군가가 캡슐 형태 타이레놀에 청산가리를 주입한 것 같다는 잠정적인 결론이 나왔다. 사건 발생 일주일 뒤인 10월 6일, 일곱 번째 사망자가 나왔다. 그러자 제임스 버크는 1억 달러의 비용을 들여 전국에 배포된 타이레놀의 전면 리콜이라는 조치를 내렸다. 경찰이 존슨앤드존슨 쪽 과실이 없다는 결론을 내린 상태에서, 시카고 지역에 배포된 타이레놀을 회수하라는 미국식품의약국(FDA)의 권고를 넘어서 시카고 지역뿐만 아니라 미국 전역에 배포된 약품 전량을 회수한다는 결정을 내린 것이다. 이유는 단 하나, '우리 잘잘못과는 관계없이 고객이 피해를 입을 수 있다면 우리 돈으로라도 회수하는 게 마땅하다'는 것이었다. 그리고 존슨앤드존슨은 캡슐을 폐지하고 알약 형태로만 내놓기로 하고 밀폐 용기를 사용해서 독극물 주입이 불가능하도록 포장을 개선하는 데 수백만 달러를 투자했다.

이 일로 존슨앤드존슨은 막대한 타격을 입었고 원래 수준을 회복하는 데만 3년이라는 긴 시간이 걸렸다. 이 기간 동안 CEO 버크는 회사의 윤리 강령에 반하는 주위의 압력을 받았지만 꿋꿋이 원칙을 고수해나갔고, 그 결과 타이레놀은 이전보다 더 큰 신뢰를 받는 브랜드가 될 수 있었다. 그리고 이것이 오늘날 윤리경영의 대표적 기업으로 존슨앤드존슨을 만든 밑바탕이 되었다.

* * *

안철수는 부정행위, 비겁한 행위를 혐오한다. 이런 모습은 운전습관과 관련된 다음 일화에서 쉽게 읽을 수 있다.

안철수는 방송에 출연해서 '나를 제일 화나게 하는 것은?'이라는 질문을 받았다. 그리고 교통위반이라고 대답했다. 나중에 여기에 대한 부연설명을 다른 프로그램에서 했다.

"끼어들기 그런 류였던 것 같아요. 그런데 그냥 끼어들기가 아니고요. 평소 줄을 서 있을 때는 누가 서로 얼굴 보고 끼어들겠어요? 그런데 차에 시커멓게 코팅을 해놓고 자기 익명성을 이용해서 함부로 그런 짓을 하는 게 굉장히 비겁해 보이더라고요. 저는 비겁한 것은 굉장히 싫어하거든요."

―그럼 혹시, 상대방에게 직접 '당신 참 나쁜 사람이야!'라고 말씀하신 적은 있나요?

"아…… 없습니다."

바로 이 지점이 안철수가 놓인 딜레마였다.

부정행위를 혐오하기에 나 자신부터 철저하게 원칙과 규칙을 지키며 다른 사람들도 나처럼 원칙과 규칙을 지키길 바라지만, 부정행위는 도처에서 횡행하고 원칙과 규칙을 지키는 극소수의 사람만 손해를 본다. 게다가 더 중요한 사실은, 이런 상황은 점점 악화되고 있다는 것이었다.

이런 상황에서 안철수는 그런 사람들더러 직접 '당신은 나쁘다'라고 지적을 하고 타박을 해야 옳다. 하지만 그렇게 하는 것은 그가 의지해왔던 어머니의 가르침 및 살아온 삶의 철학에 어긋난다. 그렇다면 어떻게 해야 옳을까?

바로 여기에서 안철수의 고민은 시작되었다. 그는 개인의 잘못에 앞서서 사회의 시스템이 잘못되었다고 진단하고, 그 시스템을 바꾸어야 한다고 처방을 내린다. 이런 주장은 한 기업의 CEO라는 그릇으로는 담을 수 없는 것이었고, 결국 그는 자기 자신을 보다 더 큰 그릇으로 바꾸기 위해서 또 다른 모색을 한다.

또 다른 모험을 향하여

2004년 한국 사회의 풍경

하나.

2004년 3월 12일, 헌정 사상 처음으로 국회가 대통령 탄핵안을 의결했다. 선거법 위반 등이 이유였다. 노무현 대통령의 권한 행사는 즉각 정지되었다. 탄핵의 역풍은 예상외로 커서 그해 4월 15일 17대 총선에서 여당인 열린우리당은 152석의 과반 의석을 얻었고, 한나라당과 민주당 등 탄핵을 주도한 야당은 참패했다. 한편 노 대통령의 권한 행사는, 5월 14일 헌법재판소의 기각 결정이 난 다음 회복되었다.

둘.

외국계 투기자본의 국내기업 사냥이 더욱 거세졌다. 외환은행이 론스타에 매각된 데 이어 한미은행도 씨티은행에 팔려 11월 1일 한국씨티은행이 출범했다. 2004년 들어 6월까지 기업의 경영권이 외국자본에 넘어간 곳이 61개에 이르며, 이들의 총 자산규모는 5조 115억 원이나 되었다. 외환위기 이후 2004년 6월까지 외국자본에 경영권이 넘어간 국내기업의 자산규모는 총 35조 원이나 되었다. 2004년 12월 현재 국책 및 시중 은행에 대한 외국계 대주주 지분율은 26.7퍼센트나 되었다. 투기자본의 침투로 국부가 유출되고 금융주권이 심각하게 타격 받고 있다는 우려 의 목소리가 한층 높아지고 있었다.

셋.

극심한 내수 침체로 체감 경기가 IMF 외환위기 때보다 더 나쁘다는 서민의 하소연이 1년 내내 그치지 않았다. 내수 경기의 대표적 지표인 소매업 생산은 21개월 연속 감소라는 신기록을 세웠다. 11월에는 전국 의 식당업주 5만여 명이 서울 여의도의 한강 둔치에서 '생존권 사수를 위한 전국 음식업주 궐기대회'를 열고 솥과 솥뚜껑을 내던지는 퍼포먼 스를 벌였다.

넷.

12월 9일, 노동부는 현대자동차 울산 공장의 '사내하청' 업체 101곳이 모두 '불법파견'에 해당한다고 판결했다. 15,000명 노동자가 정규직 노동 자들과 같은 작업장에서 같은 일을 하면서도 '사내하청'이라는 이름으 로 고용과 임금의 차별을 당해 왔는데, 노동부가 이 행위를 '불법'이라고 판결한 것이다. 그러나 회사는 이 판결에 불복했고, 경총은 '유감'이라는 성명서를 발표했다.

다섯.

1998년 IMF 금융위기와 2003년 신용카드 대란 이후 생활고에 따른 자살자의 수는 급격하게 늘어났고, 정부 차원에서도 처음으로 자살자

대책을 내놓아야 할 만큼 자살은 심각한 사회문제로 대두되었다. 2004년의 총 자살자 수는 11,523명으로 하루 평균 31.6명이 스스로 목숨을 끊었다. 이 자살자 수는 2005년을 정점으로 해서 줄어들었다가 2008년부터 다시 급격하게 늘어나기 시작한다.

한편, 안철수연구소는 6월에 《한국경제신문》·한국능률협회컨설팅의 '2004 한국에서 가장 존경받는 기업' 열 개 가운데 하나로 선정되었다. 삼성전자, 포스코, 현대자동차, 유한킴벌리, 유한양행, SK텔레콤, LG전자, KB국민은행, KT, 그리고 안철수연구소였다. 당시 안철수연구소를 제외한 나머지 기업의 평균 매출은 40조 원에 달했고 평균 역사도 40년 정도였다. 설립 9년차에 매출액 400억 원 규모이던 정보기술 기업이 '존경받는 기업'에 당당히 이름을 올린 것이다. 그리고 12월에는 정보통신디지털대상 정보통신부장관상을 5년 연속 수상했다. 그리고 안철수는 이보다 앞서 2003년에 한국리더십센터 5,169명 설문 결과 '우리 시대 신뢰받는 리더-경영인 1위'에 선정되었다.

시스템이 문제다, "빌 게이츠라도 한국에선 성공하기 힘들다"

2003년 7월 16일, 안철수는 한국 사회에 독설을 날리는 칼럼을 회사 홈페이지에 올렸다. "공동의 가치관 정립을 위하여"란 제목의 글이었다. 이 글에서 그는, 타인에 대한 배려는커녕 다른 사람은 어떻게 되더라도 자기만 잘되면 된다는 개인주의와 집단이기주의가 판치고 있고, 원칙과 장기적인 시각을 가진 사람은 시대에 뒤처지는 어리석은 사람 취급을 받고 있는 우리 사회를 돌아보면 답답한 점이 한두 가지가 아니라고 했다.

114

……가장 심각하고 근본적인 문제점은 가치관의 혼돈이 아닌가 합니다. 우리의 의식과 생활 속에 뿌리 깊게 자리 잡고 있던 유교문화의 전통에 서구의 자본주의와 물질문명이 몰아닥치면서 시작된 가치관의 혼돈은 우리를 심각한 지경으로 몰아가고 있습니다. (…) 저는 현재 우리 사회가 조직적인 정신병을 앓고 있는 것은 아닌지 두렵습니다.*

그러면서 그는 사회 문제에 대한 공개적이고 솔직한 토론, 상대방의 의견에 대한 배려와 존중, 이견에 대해 적극적인 중재 역할을 할 수 있는 리더십, 합의에 대한 사회적인 공유와 공감대 형성을 주장한다. 한 기업의 CEO가 아니라 사회 지도자 차원의 발언이다.

이 칼럼의 내용을 전한 《매일경제》도, 한 회사를 이끄는 기업가가 사회 비판적인 글을 공개적으로 실은 것은 매우 '이례적'이라고 지적했다. 이런 지적은 《매일경제》에서만 찾아볼 수 있는 게 아니었다. 어쩌면, 일개 벤처기업 사장이 마치 유력한 정치 지도자인 것처럼 발언하는 것에 불편함을 느꼈을지도 모른다.

이런 문제의식은 계속 이어져서 2004년 7월 2일, 안철수는 작심한 듯 칼럼 하나를 회사 홈페이지에 올렸다. "이만 불 시대를 위한 두 가지 키워드"라는 제목이었다. 앞으로 1인당 국민소득 2만 달러 시대를 맞이하기 위해서는 전혀 다른 키워드가 요구된다면서, 그것으로 지식정보산업과 위험관리(risk management)를 들었다.

……지식정보의 가치에 대한 국민적인 인식이 낮은 상황에서, 대기업 SI(시스템

• 안랩 홈페이지〉회사 소개〉설립자 소개〉칼럼

통합) 업체는 그룹 내 사업으로 손실을 보전하고, 중소기업은 '눈먼 돈'으로 명맥을 유지하고, 공공기관에서는 저가 수주를 요구하는 이러한 환경 하에서는, 빌 게이츠가 한국에 와서 사업을 시작하더라도 성공하기 힘들다는 것이 거의 모든 IT 종사자들이 공감하는 내용이라고 생각합니다. 그리고 이것은 지식정보산업 종사자나 IT 종사자뿐만이 아닌 우리나라 전체의 불행인 것입니다.

따라서 지금부터라도 지식정보산업의 세 가지 인프라(인식, 시장 환경, 정책·제도)에 대한 개선 노력이 이루어져야만이 악순환의 고리를 끊고 지식정보산업의 강국으로 우뚝 설 수 있다고 생각합니다.

지금 현재 우리는 중요한 기로에 서 있습니다. 향후 몇 년간 우리가 이 시기를 어떻게 보내느냐에 따라서 장기적인 우리나라의 운명이 좌우될 수 있을 것입니다.•

그는, 대기업 중심의 소프트웨어 시장 구조를 바꿔야 하며, 경쟁력 없는 기업이 쉽게 퇴출되지 않는 산업 구조, 유능하지만 한 번 실패했다는 이유로 두 번 다시 기회가 주어지지 않는 구조를 바꿔야 한다고 주장했다.

그러자 그 뒤 며칠 동안 언론에서는 "빌 게이츠라도 한국에선 성공하기 힘들다"라는 자극적인 제목으로 안철수의 발언을 소개했다. 그만큼 안철수의 위상이 높아졌음을 반증하는 것이며, 또한 그만큼 많은 사람들이 공감하는 문제를 정확하게 지적했다는 뜻이다. 하지만 그 뒤로도 달라진 건 없었다.

안철수는 계속해서 시스템 즉 산업 구조, 나아가 사회 구조에 관한

• 안랩 홈페이지〉회사 소개〉설립자 소개〉칼럼

116

발언을 기회가 닿는 대로 이어갔다. 한 달 뒤인 8월 2일에는 "사회적 합의를 위하여"란 글을 다시 올렸다. 이 글에서 그는 집단이기주의를 지적하며, 사회적인 합의가 잘 이루어지지 않는 이유로 신뢰 부족을 가장 중요하게 꼽았다. 끊임없이 배신을 당해온 역사 속에서, 질투심과 경쟁심이 극심한 사회 환경에서, 그리고 투명성을 보장하는 시스템이 갖추어지지 않은 상황에서 수평적인 관계의 집단뿐 아니라 수직적인 관계나 제삼자까지도 믿지 못하는 것이 현실이라고 지적했다. 결국, 이러한 역사적, 사회적, 제도적인 환경 아래에서는 타인에게 배려를 해봐야 자기만 손해를 볼 뿐이라는 생각이 사회 전반에 만연할 수밖에 없다고 했다.

……리더를 인정하지 않으려는 풍토 속에서는 존경받는 인물이 나오기가 힘들며, 존경받는 사회지도층 인사의 부재는 우리 모두의 불행이라는 사실을 이제부터라도 자각해야 할 것입니다. 더 이상 이러한 상태가 지속되는 것은 누구에게도 도움이 되지 않는 일입니다. 투명성을 높이는 사회 시스템의 구축, 교육 제도의 개편, 전문가와 리더에 대한 인정과 함께 문제점에 대한 공감대 형성과 국민 모두의 지속적인 노력이 절실한 시점입니다.•

안철수는 한국 사회의 시스템 문제를 지적하며 존경받는 지도자를 간절하게 바란다. 이미 이때부터 그는 안철수연구소라는 개별 기업의 범위를 넘어서서 사회의 지도자가 되기를, 적어도 그런 지도자가 나타날 수 있도록 하는 데 힘을 쏟을 결심을 굳혔다고 볼 수 있다.

• 안랩 홈페이지〉회사 소개〉설립자 소개〉칼럼

안철수는 평생 약속을 한 번도 어긴 적이 없다고 자기가 쓴 책에서 밝혔다. 평생 동안 살면서 어떻게 약속을 한 번도 어기지 않을 수가 있을까? 그 대답은 간단했다. 지킬 약속만 했기 때문이라고 했다.

그렇다면, '국민 모두의 지속적인 노력이 절실한 시점'이라고 힘주어 말한 것을 놓고 볼 때, 안철수가 정치가가 되어 사회를 바꾸겠다는 결심을 했다고 봐야 하지 않을까? 적어도, 그런 결심을 구체적으로 하는 과정으로 스스로를 밀어넣고 있는 것만은 분명하다. 이때 이미 그는 안철수연구소 CEO 자리를 물러나 다른 모색을 하겠다는 결심을 확고하게 세웠다는 점도 분명하다.

"회사의 모든 일에서 완전히 떠납니다"

2005년 2월, 안철수는 안철수연구소의 대외 커뮤니케이션을 맡고 있던 박근우를 불렀다. 그리고 놀라운 말을 했다.

"CEO를 사임할 겁니다. 준비해주세요."

박근우는 안철수가 회사에서 손을 떼리라고는 상상도 하지 못했기에, 이렇게 물었다.

"그러면 회장님이 되시는 건가요?"

안철수의 입에서 나온 말은 충격 그 자체였다.

"아무것도 맡지 않습니다."

안철수가 없는 안철수연구소는 상상도 할 수 없는 일이었다. 오래전부터 안철수가 다른 사람에게 CEO 자리를 넘겨줄 것이라는 이야기는 나왔다. 《CEO 안철수, 영혼이 있는 승부》를 발간한 해가 코스닥 등록 준비를 하던 2001년이었는데, 안철수는 이미 그 전부터 물러날 것을 생각하고 있었다고 스스로도 밝힌 적이 있다. 그리고 보면 5년이 넘는 기간 동안 퇴임을 준비해 왔던 셈이다. (퇴임사에서는, 2004년 1월부터 퇴임 결심을 가슴속에 담고 준비를 해왔다고 했다.)

그가 안철수연구소를 떠난 이유는 안철수연구소를 설립한 이유와 근본적으로 동일했다. 남들이 하지 않는 일을 함으로써 보다 큰 의미를 이룰 수 있고 또 보다 큰 재미를 느낄 수 있는 일을 하기 위해서였다.

2004년에 안철수연구소는 한국 역사상 소프트웨어업체로서는 가장 좋은 성적을 냈다. 수익이나 매출 등 거의 모든 분야에서 기록을 깼다. 안철수는 CEO로서도 인정을 받았고 많은 보람을 느꼈다. 그런데 문득 이런 생각이 들었다.

만약에 제가 가진 경험과 지식을 가지고 업계 전반적으로 성공 확률을 조금이라도 높이는 일을 한다면 어떨까 하는 생각이 들었어요. 결국 10년 전의 딜레마로 다시 돌아갔어요. 10년 전엔 의대 교수로서의 일보다 안연구소를 만드는 일이 더 의미가 크고 재밌고 잘할 수 있는 일이라고 생각해서 선택했었거든요.•

벤처기업 창업 10년 만에 다시 그런 고민에 빠졌습니다. 안연구소 하나만 잘 경영하는 것도 의미 있고 재미있고 잘할 수 있는 일이지만, 만약 산업 전반적으로 벤처기업, 또는 중소기업의 성공확률을 높일 수 있는 일을 내가 할 수 있다면 그건 한 회사 잘 운영하는 것보다 훨씬 더 의미가 큰 일이고, 더 재미와 보람을 느낄 수 있을 것 같고, 제가 어느 정도 할 수 있는 일이라고 생각했습니다. 그래서 회사는 4년 전에 전문경영인에게 맡기고 저는 산업 전반적으로 성공확률을 높이는 일을 해야겠다고 생각을 한 겁니다.••

• 안철수, 《안철수 경영의 원칙》, 55쪽.
•• "연합초대석', 안철수 KAIST 교수", 《연합뉴스》, 2009. 2. 13.

이제 안철수연구소는 안철수가 느낄 수 있는 재미와 의미를 온전하게 담을 수 없었다. 그만큼 그는 커져 있었다. 그는 이미, 사회를 보다 낫게 개선하는 데 개별 기업이 할 수 있는 일, 구체적으로 말하면 (비록 그의 언표가 아니긴 하지만) 개별적인 '사회적 기업' 하나로 할 수 있는 일의 한계를 느끼고 있었다.

그로서는 회사 하나를 키우는 것에는 더 의미를 찾을 수 없었다. 애초에 목표했던 것처럼 소프트웨어업체가 건실한 기업으로 성장할 수 있음을 증명했고, 정직한 경영을 하는 기업이라도 얼마든지 튼튼하게 뿌리를 내릴 수 있음을 증명했고, 또 마지막으로 공익과 이윤추구가 양립할 수 있음도 증명했다. 그러니 이제 안철수연구소에 더 있을 의미가 없었다. 보다 더 큰 구조를 향해 그의 시선이 향했다. 산업구조가 바뀌지 않는 한 어떤 개별 회사가 성장하는 데는 한계가 있음을 알고 있었기 때문이다. 한 회사만 붙잡고 있다간 산업구조에 발목이 잡혀서 결국은 아무것도 이루지 못한다고 본 것이다.

……그래서 이런 산업구조를 바꾸고 개선하고 거기에 필요한 정책적인 부분에 대해서 직접적인 조언을 하는 것이 지금 제가 우선적으로 해야 하는 일이라고 생각했습니다.•

2005년 3월 18일 여의도 CCMM빌딩, 안철수연구소 창립 10주년 기자간담회 자리였다. 이 자리에서 안철수는 장문의 퇴임사를 읽었다. 퇴임사에서 그는, 그동안 했던 다양한 경험을 바탕으로 해서 앞으로 2년 정

• 안철수, 《안철수 경영의 원칙》, 81쪽.

도의 계획으로 공부를 하고 나면 그때 상황에 적합한 일을 할 수 있을 것이지만 그 일이 무엇인지를 모르겠다고 했다. 그러나, 그 일이 무엇이 될지는 분명했다. 개별 기업 차원을 넘어서는 어떤 변화를 주장하는 것일 터였다. 다만, 그 주장을 담아내는 형식이 무엇일지는 아직 알 수 없었다.

……CEO 자리를 넘기는 것도 아직까지 끝나지 않은, 공부에 대한 욕심 때문입니다. 저도 몇 년 만 지나면 노안(老眼) 때문에 돋보기가 필요하게 될 텐데, 그 전에 마지막 기회라고 생각하고 대학원에 들어가서 학생으로서 열심히 공부할 생각입니다. 이제 다시 옛날 책들을 꺼내놓고 시험공부를 시작해야 할 것 같습니다. (…) 감사합니다.

안철수에게 또 한 번의 방향 수정은 이미 예정된 필연이었다.
이런 사실은 2003년 7월에 했던 어떤 인터뷰의 한 대목에서도 분명하게 확인할 수 있다.

더 거슬러 올라가 제가 의과대학 다닐 때, 봉사 활동을 했거든요. 가톨릭도 아닌데 가톨릭 작업장에 가서 주말마다 구로동에서 진료하고 무의촌가서 봉사 진료하고 그랬어요. 의과대학 공부하는 것도 벅찬데, 제가 그렇게 한 것은 의과대학 다니면서 저는 혜택을 많이 받았다고 생각했죠. 부모님으로부터, 사회로부터도. 그만큼 제 역할을 했으면 좋겠고 할 수 있는 여건이 있으면 좋은 거 아닌가 해서 적극 참여했습니다. (…) 대학원 다니면서 백신을 개발해서 무료로 보급했던 것도 같은 맥락입니다. (…) 회사 만들고 나서도 계속 할 수 있는 봉사 활동으로, 회사인데도 일반에게 무료공개하고 직원들 생각하면서 경영하는 것 역시 같은 맥락입

니다.[•]

1982년 가톨릭학생회 친구를 만나서 함께 구로동의 한 성당에 의료 봉사 활동을 시작하면서 사회 현실에 눈을 뜬 안철수는, '운동권'에 투신하는 대신 남보다 자기가 잘할 수 있는 분야를 찾아서 의사의 길을 걸었고, 10년쯤 뒤에 방향을 바꾸어 컴퓨터 바이러스 백신 개발의 길을 걸어 CEO가 되었으며, 그로부터 다시 10년이 지난 뒤에는 보다 큰 그릇의 자기를 발견하려고 CEO에서 물러나 새로운 길을 모색한다. 사회 구성원의 한 사람으로서 자기에게 주어진 책무를 다하기 위해서……

＊ ＊ ＊

한국 사회에도 존경받는 부자가 있을 수 있음을 10년 동안의 기업 경영을 통해 몸으로 보여준 안철수가 CEO에서 물러나자, 안철수연구소를 불안한 눈으로 바라보는 사람들이 적지 않았다. 하지만 시간이 흐르면서 그런 우려는 기우임이 드러났다. 안철수연구소의 주가는 지속적으로 상승해 연초 대비 두 배 정도로 올라, 2005년 연말에는 3만 원대를 돌파했다. (2012년 6월 17일 종가 기준으로 안랩의 주가는 113,400원이다.)

• http://www.chisarang.or.kr/zbxe/?document_srl=5033

변화는 살아 있다는 증거

안철수는 변화를 세포에 빗대어서 말한다.

"세포가 존재하는 이유는 불균형을 유지하기 위해서이다. 즉, 균형을 이룰 때는, 죽을 때인 것이다. 핵심은 불안정이다. 안정은 환상이나 다름없다."

세포는 살아 있는 동안 불균형·불안정을 유지하고, 죽으면 세포막이 퍼져버려 안으로는 소금기가 들어오고 포타슘이 다 빠져나가 비로소 안정화된다. 그러니 결국 세포도 삶도 인생도 불안정한 것이 본질이다. 그렇다면, 스스로 변화의 파도에 적극적으로 올라타야 하는 것 아닌가?

그는, 어떤 일을 선택할 때는 과거를 잊어버리는 것이 중요하다고 했다. 과거에 아무리 커다란 성공을 하였든 혹은 치명적인 실패를 하였든 간에 그런 것들은 중요하지 않으니, 항상 현실에 중점을 두고 미래를 생각하는 마음이 필요하다고 했다.

이런 관점에 선다면 변화는 전혀 두려운 게 아니다. 때로 약간 쑥스러울 수 있고 불편할 수도 있지만 결코 두려움의 대상은 아니다. 오히려 살아 있음을 증명할 수도 있는 기회이다.

* * *

2000년 6월 안철수연구소는 '통합보안기업'이라는 슬로건을 내걸고 본격적인 변화를 향해 첫발을 내딛었다. 기존의 '안철수컴퓨터바이러스연구소'라는 명칭을 '안철수연구소'로 바꾸었다. 새로운 로고를 만들었고, 바뀐 CI(기업 이미지 통합)를 알리는 광고 포스터도 제작에 들어갔다.

이때, 사람들에게 강렬한 인상을 심어줄 필요가 있다고 생각한 광고

제작팀은 안철수에게 파격적인 변신을 한 모습을 보여줄 것을 제안했다. 담당자가 여러 개의 시안을 들고 사장실에 들어갔다. 그 시안들 가운데 가장 눈에 띄는 게 있었다. 머리카락을 삐죽머리 스타일로 세우고, 이 머리카락을 여러 가지 색으로 염색하는 것이었다. 담당자는, 비록 여러 개의 시안 중에서 그것이 가장 시선을 끌긴 했어도 CEO 안철수가 그것을 선뜻 수락할 것이라고는 생각도 하지 못했다. 그런데 안철수는 실무자의 판단을 따르겠다고 했다. 대신 모델로는 나설 수 있지만 실제로 염색을 하지는 못하겠다고 했고, 안철수의 얼굴을 찍은 뒤에 염색 머리를 합성하기로 했다. 이렇게 해서, 파격적으로 변신한 CEO 안철수를 내세운 홍보 포스터가 등장했다.

머리카락을 삐죽삐죽 세운 뒤에 무지개 색깔로 물들인 모습의 안철수 얼굴 아랫부분에는 '안철수가 변했다'는 광고 카피가 박혀 있었다. 근엄하고 단정하기만 하던 모범생의 모습은 찾아볼 수가 없었다.

광고는 대성공이었다. 역시 벤처 CEO답다, 멋지다, 이제부터 형이라고 부르겠다는 등의 우호적인 반응이 쏟아졌다. 당시에 안철수는 한 신문 인터뷰에서 이렇게 말했다.

"당시 광고 실무자들은 절대 내가 선택하지 못할 거라며 여러 시안을 내놓았는데, 난 내 역할을 해야 하니까 개인적인 창피를 무릅쓰고 선택했습니다. 나는 회사를 위한 도구니까요."

그의 이런 변화는 사람들에게 짜릿하고 신선한 흥분을 선사했다. 그리고 스스로도 그 흥분을 즐겼다. 하지만 그는 장차 본인뿐만 아니라 다른 사람들까지 한층 더 짜릿한 흥분으로 몰아넣을 행보를 준비한다. 물론 이런 사실은 다른 사람들뿐만 아니라 본인도 알지 못한다.

퇴임사를 읽은 지 닷새 뒤인 2005년 3월 23일, 안철수는 미국으로 떠난다. 펜실베이니아대학교 MBA 과정이 그를 기다리고 있었다. 거기에서 그는 기업가정신을 집중적으로 공부할 터였다. 다섯 달 전에 그가 펴낸 《CEO 안철수, 지금 우리에게 필요한 것은》은, 그가 CEO직을 버린 뒤에도 더욱더 강하게 베스트셀러 목록에 자리를 잡고 떨어지지 않았다. (이 책은 2004년 베스트셀러 종합 1위에 올랐었고, 올해의 책으로도 선정되었다.)

04 | 계몽주의자

"지식인이라면 손해를 감수하고서라도
아닌 것을 아니라고 비판할 수 있어야 사회가 변합니다.
큰 힘에는 큰 책임이 따릅니다."

돌아온 안철수

안철수가 미국 유학을 떠난 지 1년쯤 지난 뒤인 2006년 4월, 5·31 지방선거를 앞두고 정치권은 안철수에게 러브콜을 보냈다. 하지만 안철수는 '인정해 줘서 고맙지만 능력이 없어 폐를 안 끼치려고 한다'는 말로 단호하게 거절했다. 정치권에 있는 사람들은 안철수가 무슨 생각을 하고 왜 유학을 갔는지 알지 못했다. 그게 아니면, 밑져야 본전이라는 심정으로 한번 찔러봤던 것인지…….

5·31 지방선거에서는 한나라당이 압승했다. (오세훈 서울시장 후보 지원 유세에 참가한 박근혜 대표가 괴한이 휘두른 커터 칼에 얼굴을 다치는 사건도 이때 일어난 일이다.)

2008년 촛불 집회

'이명박 탄핵을 위한 범국민운동본부'라는 시민단체가 있었다. 2007년 12월 19일에 창립된 단체였다. 하지만 이명박은 대통령에 당선되었고, 당선 직후 미국산 쇠고기 수입을 강력하게 추진했다. 이에 이 시민단체가 미국산 쇠고기 수입 재개 조치를 규탄하는 촛불 집회를 열었다. 처음 서울 종로구 청계광장 일대에서부터 집회는 시작되었다. 이명박 서울시장이 대통령의 꿈을 이룬 바로 그곳에서 '이명박 탄핵!' 구호가 넘쳐났다. 이 집회에는 손에 촛불을 든 시민 2만여 명이 참가했다.

다음 날인 5월 3일에도 촛불 집회는 서울뿐만이 아니라 전국 각지에서 열렸다. 5월 4일, 경찰은 일몰 후에는 어떠한 시위도 할 수 없게 되어있는 법 규정을 적용해 문화제 성격을 띠지 않는 집회는 모두 불법으로 간주하고 주도자를 사법 처리하겠다고 발표했고, 시민들의 반발은 더욱 커졌다.

5월 6일에도 서울 청계광장과 국회 앞에서 대규모 집회가 열렸다. 그리고 안철수의 귀국 기자회견이 있던 5월 7일에도 청계광장에서 미국산 쇠고기 수입 조치를 규탄하는 집회가 열렸고, 이날 정운천 농림수산식품부 장관은 쇠고기 청문회에서 "앞으로 미국에서 광우병이 발생하면 미국산 쇠고기 수입을 중단하겠다. 미국과 통상 마찰 문제가 생기더라도 그렇게 할 것이다"라고 말했으며, 다음 날인 5월 8일에 이명박 대통령은 출입기자들과의 티타임 자리에서 "우리가 사먹는 쇠고기가 국민에게 해가 되면 당연히 수입 안 하는 것이다"라고 말했다.

하지만 시민들은 대통령과 정부 발표의 진정성을 믿지 않았고 또 집회·시위의 폭력적인 저지 및 해산에 반발해서 시위를 계속 이어갔다. 시위는 6월 10일을 정점으로 하여 7월 이후에는 주말 집회 형태로 그해 말까지 이어졌다. 그 뒤, 노무현 전 대통령 비자금 수사를 매개로 해서 여당과 청와대가 정국의 주도권을 잡으면서 촛불 집회는 자취를 감춘다.

안철수 귀국 기자간담회

안철수가 귀국한 것은 2008년 4월 30일이었고, 한 주 뒤인 5월 7일 오후에 안철수는 여의도 CCMM 빌딩에서 기자간담회를 열었다. 3년 전 안철수가 CEO직에서 물러난다는 발표를 했던 바로 그 자리였고, 미국 산 쇠고기 수입 반대 촛불 집회의 열기가 한창 뜨겁게 달아오르던 바로 그때였다.

2005년 3월 23일에 출국한 안철수는 첫 1년 동안은 스탠퍼드대학교에서 관심 있는 과목들을 수강하고 실리콘밸리에 있는 벤처캐피탈 회사에서 EIR(예비창업가) 자격으로 일을 배웠다. 그 뒤 2년 동안 펜실베이니아대학교 와튼스쿨에서 최고경영자 MBA 과정을 밟았으며, 5월 11일 졸업 및 학위 취득을 앞두고 있었다. 그리고 카이스트 석좌교수로 5월 1일자로 임명되어, 2학기부터 '비즈니스 이코노믹스 프로그램'에서 학부 학생들을 대상으로 기업가정신에 대해서 가르칠 계획이었다.

자리에 앉은 마흔여섯 살의 안철수 안철수연구소 이사회의장은 서둘러 귀국한 이유부터 설명했다.

"지난 4월 18일에 수업이 끝난 후, 22일까지 시험을 치고, 25일까지 프로젝트 두 개를 제출한 후, 이틀 동안 짐을 싸고 28일에 짐을 부친 뒤 29일에 비행기 타고 30일 한국에 도착했습니다. 같이 공부한 동기들이, 미국에서도 자리를 잡을 수 있는데 왜 그렇게 급하게 한국으로 돌아가느냐고 묻더라구요. 하지만 의미 있는 일을 하기 위한 준비로서 유학을 선택했기에, 약속한 일이라 하루도 헛되이 보내지 않으려고 돌아온 것입니다."

그는 특유의 조용조용하고 논리정연한 말투로 매우 강한 메시지를 전달했다. 5년 뒤를 바라보면 싹이 보이지 않는다고 했다. 5년 전에는 네이버, 다음, 안철수연구소 등의 벤처·중소기업이 싹을 보였는데, 지금은 그런 게 없다고 했다. 그러면서 당면한 중소기업의 문제가 중요한 이유를 설명했다.

어떤 분들은 대기업 위주로 가는 국가도 있고, 거기 잘사는데 무슨 걱정이냐는 분도 있지만 중소벤처기업은 국가경제의 포트폴리오다. (…) 국가 경제도 대기업 위주로만 가다가는 위험에 취약하다. IMF가 그래서 생긴 것 아니냐. (…)

두 번째는 일자리의 문제다. 대기업은 기업 규모는 점점 커지지만 고용 능력은 줄고 있다. 지금 130만 명을 고용하고 있는데, 중소·벤처기업은 2000만 명이다. 얼마 전 신문을 보니까 대기업 CEO들이 대통령을 만나 투자를 늘리고 7만 명 더 고용하겠다고 했다니, 그래봐야 137만 명이다. 따라서 거기가 중요한 게 아니라 2000만 명을 고용하는 중소기업에 관심을 둬야 하지 않나.

셋째, 중소벤처기업은 독립적으로 존재한다기보다 대기업을 보완하는 역할을 한다. 창의력을 제공하고 구매력을 보완해 준다. 따라서 대기업만으로는 존재할 수 없다. 우리 아들딸이 살 우리나라에서 중소벤처기업에 대해 걱정하는 이유가 이런 데 있다.

그러면서 대기업 위주의 산업구조를 조용하지만 단호한 어조로 비판했다.

대기업과 중소기업이 갑과 을의 관계에서 거래를 할 때 (…) 중소기업에서 이익이 많이 남는 것을 대기업이 알게 되면 값을 깎을 것을 요구한다. 더 큰 문제는 대기업이 계약을 제대로 안 지키는 것이다. 중소·벤처기업이 부가가치를 인정받지 못하면 사람을 새로 고용하거나 연구개발에 투자할 수 없다. 벤처기업은 처음 상태에 머무르면 망할 수밖에 없다. 이런 과정이 반복되어 국내에서 거래할 중소기업이 없어지면, 대기업은 외국으로 나간다. 이렇게 사상 최대의 수출을 이루나,

이는 국내 중소기업을 돕는 게 아니라 해외 중소기업을 돕는 꼴이다. 이런 악순환이 계속되면 정말 불행하다.

하지만 자기가 개입할 수 있는 범위는 한계가 있다고 선을 그었다.

"제가 기업 지배구조와 산업구조를 바꿀 수는 없지 않습니까?"

그렇기 때문에 자기는 CLO(Cheif Learning Officer·최고교육책임자) 역할을 하기로 했다고 말했다. 카이스트에 자리를 잡은 것도 이런 까닭에서라고 설명했다.

기자 한 명이 질문을 던졌다.

—현 정부의 중소기업 정책에 대해 어떻게 생각하시는지?

"새 정부에서 규제 철폐를 얘기하는데, 규제는 철폐하되 감시기능을 강화해야 합니다. 쓸데없는 규제는 없애는 대신 감시를 철저히 해서 무법천지가 되지 않도록 해야 합니다. 안 그러면 약육강식의 세계가 됩니다. 이런 것이 굉장히 걱정되는 부분입니다."

이명박 대통령이 선언한 '비즈니스 프렌들리'는 대기업에게만 일방적으로 유리한 환경을 조성하는 정책이었고, 이것을 안철수가 지적한 것이다. 대통령을 비롯한 경제 분야 관료들은 그의 지적에 귀를 기울이지 않았다. 경제를 바라보는 눈이 애초부터 달랐기 때문이다. 그들에게 안철수는 그저 자기편으로 인식되면 좋을 사회적인 명망가일 뿐이었다.

* * *

그런데 이상하다.

안철수는 2003년부터 대기업 중심의 소프트웨어 시장 구조를 바꿔야 한다고, 또 벤처·중소기업이라 하더라도 다시 한 번 더 기회를 얻을 수 있도록 바꿔야 한다고, 다시 말해서 재벌 위주의 경제구조를 바꾸어야 한다고 주장했었다. 산업구조가 바뀌지 않는 한 어떤 개별 회사가 성장하는 데는 한계가 있음을 너무도 잘 알았다.

그런데 왜 '제가 기업 지배구조와 산업구조를 바꿀 수는 없지 않습니까?'라는 말로 자기가 벌일 싸움의 전선(前線)을 후퇴시켰을까?

안철수가 빈말을 한 게 아니라면, 그의 이런 발언은 이중적인 뜻으로 읽힌다. '내'가 바꿀 수는 없지만 누군가는 반드시 바꾸어야 한다는 뜻일 수도 있고, '지금의 나'는 당장 그 일을 하지 않겠지만 '나중의 변화한 나'는 그 일을 할 수도 있다는 뜻으로, 현재 자기는 그 싸움에 나설 사람을 가르치고 규합하는 일을 하겠다는 뜻으로……. 그러니까, 산업구조를 바꾸겠다는 목표는 분명하게 설정하되, 다만 현재의 자기 역량을 고려해서 잠시 머리를 숙였던 게 아닐까?

안철수가 분명 유학을 가기 전에 산업구조를 바꾸어야 한다고 강변했었다는 사실과 이후에 재벌 위주의 정부 정책 및 재벌을 비판하는 그의 발언들은 이런 추정을 뒷받침한다.

* * *

사족.

귀국 직전이던 4월 27일에 안철수는 현지에서 《한겨레》 기자와 인터뷰를 했다. 그런데 이 인터뷰에서 특정한 질문에 답한 내용은 5월 7일의 기자간담회에서 말한 내용과 표현이나 사례에서 거의 토씨까지 동일하다. 자기가 사람들에게 무슨 말만을 어떻게 해야 하는지 정확하게 계산했다는 뜻이다. 어린 시절부터 단 한 번의 실패도 없이 마음먹었던 일을 반드시 이루었던 그는, 늘 그랬듯이 철저하게 관찰하고 분석하고 계산하며 최종적인 성공을 위해 준비하고 또 공부하고 있었다. 나름대로 치밀하게, 열심히.

> 삶을 살아가면서 중요한 것은 '무엇을 했느냐'가 아니라 '어떻게 살았느냐'인 것 같다. (…) 그래서 나는 생각한다. 어떤 일을 하든지 열심히 사는 것 자체가 그 사람을 만들어 가는 것이라고.•

전쟁은 생사를 가르며 존망을 결정한다

손자는 《손자병법》 제1편 '계(計)'의 맨 앞부분에서 말한다.

> 전쟁이란 국가의 중대한 일이다. 삶과 죽음을 가르는 문제이며, 존립과 패망이 갈리는 길이니 어찌 철저하게 따져보지 않을 수가 있나.

삶과 죽음이 결정되는 문제이니 적군과 아군의 형세를 비교하고 승산이 있는지 없는지 철저하게 따져보아야 한다는 경고이다. 전쟁에 져서 망한 자는 다시 살아날 수 없는 법이기 때문이다. (그만큼 중요한 통찰이라고 생각했으므로, 손자는 이것을 《손자병법》의 맨 앞자리에 놓았다.)

그 뒤에 이어서는 이렇게 말한다.

• 안철수, 《CEO 안철수, 지금 우리에게 필요한 것은》, 250쪽.

전쟁은 다섯 가지에 따라 경영되어야 하는데 (…) 첫째가 도(道·도덕)이고, 둘째가 천(天·천시)이며, 셋째가 지(地·지리)이고, 넷째가 장(將·장수)이며, 다섯째가 법(法·법도)이다. 도는 백성이 군주와 함께 하는 것이고, 천은 음양, 주위와 더위, 네 계절의 변화를 가리키며, 지는 멀고 가까움, 험준함과 평탄함, 넓음과 좁음, 살 곳과 죽을 곳을 가리키고, 장은 지혜, 믿음, 어짊, 용기, 엄격함을 가리키고, 법은 군대 편제, 조정의 지휘체계, 보급로, 물자 운용을 가리킨다.

아군과 적군의 전력 및 환경을 총체적으로 철저하게 따지는 일이 전쟁의 기본이라는 말이다.

* * *

2008년 5월 7일의 귀국 기자간담회에서 안철수는 자기가 무슨 목표를 세우고 있는지 다시 한 번 더 선명하게 밝혔다. 그리고 그 목표를 이루기 위해서 무엇부터 할지, 그리고 어떻게 할지를 밝혔다. 그것은, 자기에게 주어진 사회적인 소명을 다하기 위한 싸움에 나서는 사회운동가의 출사표였다.

그랬다. 그는 교수이기 이전에 사회운동가라고 스스로를 규정했다. 교수라는 직책을 맡는 것도 사회에 영향을 주기 위해서라고 했다. 2010년 3월 서울대학교에서 했던 강연의 질의응답 시간에 '혹시 피라미드의 우두머리 역할을 한다거나' 하는 따위의 사회에 영향을 미칠 수 있는 방법에 대해서 어떻게 생각하느냐는 질문에 그는 이렇게 대답했다.

"……다양한 분야가 있는데 (…) 지금 현재로서는 교육 쪽에 몸담고 있으면서 여러 가지 사회활동을 하는 것이 나한테는 잘할 수 있는 일이라고 판단을 했지요."

전쟁에 임하는 안철수가 선택한 첫 번째 전략은 아군의 세력을 규합하는 것이었다. 이 전략은 그가 멘토로 나서는 것으로 구체화되었다. 귀국하면서 대학교의 교수 자리를 찾아간 것도 이런 까닭에서였다. 그가 멘티로 삼은 대상은 청년과 중소·벤처기업가 혹은 예비기업가 그리고 사회 전체였다. 그래서 그는 청춘콘서트를 기획했고, 심지어 대통령 직속 기관에도 이름을 올렸다.

안철수,
노무현·이명박을 만나다

안철수와 노무현

1997년 10월 10일부터 14일까지 부산무역전시관에서는 부산국제컴퓨터소프트웨어전시회(SEK'97-PUSAN)가 열리고 있었다.

그런데 흰색 폴로셔츠에 밝은 회색의 캐주얼 재킷을 입은 수수한 차림의 중년 남자가 전시회를 이곳저곳 둘러보고 있었다. 이 남자는 안철수연구소의 전시부스를 발견하고 안으로 들어섰다. 그 사람은 다름 아닌 노무현이었다. 1988년부터 1991년까지는 13대 국회의원으로 이른바 '5공 청문회 스타'였지만, 1992년 14대 총선에서 지역주의 타파를 외치며 부산 동구에 출마해서 낙선, 1995년 부산시장 선거에 출마해서 다시 낙선, 1996년 15대 총선에서 서울 종로에 출마해서 이명박, 이종찬 후보와 경쟁하여 3위로 낙선한, 바로 그 '바보' 노무현이었다.

노무현은 전시부스에서 V3 신제품을 집어들었다.

"이거 하나 살게요."

부스를 지키던 안철수연구소 직원들은 그냥 가져가라고 했다.

"그러면 안 되죠. 그래서야 우리 소프트웨어업체가 밥 먹고 살 수 있겠습니까?"

노무현은 굳이 지갑을 꺼내 셈을 치렀다.

* * *

안철수는 야인 시절의 노무현과 만난 적이 있었다. 2001년에 발간된 《CEO 안철수, 영혼이 있는 승부》를 읽고 책 내용에 반한 노무현은 안철수에게 점심을 먹자고 청해서 두 사람의 만남이 처음 이루어졌다. 이 자리에서 노무현은 내심 안철수에게 정치 입문을 권할 마음이었지만, 그가 정치라는 단어에 민감한 반응을 보이자 책 얘기만 하다 헤어졌다고 한다. (나중에 안철수는 대통령 노무현으로부터 청와대 과학기술보좌관 제의를 받는다. 그러나 안철수는 고민한 끝에 거절했다. '나 혼자의 힘으로 세상을 바꿀 수는 없을 것 같다는 생각'에서였다.)•

두 사람의 만남은 2년 뒤 가장 극적인 정치적인 무대에서 이루어졌다.

2003년 2월 25일, 여의도 국회의사당 광장, 노무현 대통령의 취임식이 열리고 있었다. '새로운 대한민국—하나된 국민이 만듭니다'라는 취임식 주제에 맞게 대통령은 국민대표 여덟 명과 함께 입장했다. 대통령은 이들 국민대표와 차례로 악수를 나누면서 이들과 함께 연단으로 올라왔다. 이 여덟 명은 다일복지재단 이사장 최일도 목사, 평택 푸드뱅크 장경숙 소장, 국내 최초의 여성 전투기 조종사 박지연 중위, 미국 국적을 갖

• "'파워엔 책임 따른다' 안철수 권력의지", 《중앙일보》, 입력 2011. 11. 16.

고도 자원입대한 오규민 상병, 가정주부인 권혜숙 씨와 권씨의 딸 이지
은 양, 고등학생인 민부기 군, 그리고 안철수였다.

* * *

2003년 7월 16일, 노무현 대통령은 '한국 최고경영자(CEO)포럼'의 전
문경영인들을 청와대로 초청해 오찬 간담회를 열었고, 이 자리에서 "불
합리한 기득권에 기초하지 않고 합리주의 사회를 실력으로 열어가며 성
공하고 일가를 이루는 여러분과 같은 분을 우리 사회의 신주류라 생각
한다"며 이른바 'CEO신주류론'을 피력했다. 안철수는 이 자리에서 "자칫
하면 중국에 선도산업까지 빼앗길 우려가 재계에 팽배해 있다. 지식정
보산업에서 모처럼 확보한 주도권을 앞으로 더욱 전략적으로 키워 나가
야 할 것이다"라고 말했다.

* * *

참여정부 시절 국내 IT산업이 전체 GDP의 17퍼센트, 수출의 35퍼센
트를 차지하면서 대한민국은 세계가 부러워하는 IT강국으로 자리를 잡
았다.

하지만 안철수는 여전히 목말라했다. 2004년 9월 7일 회사 홈페이지
에 올린 글 "우리는 진정한 인터넷 강국인가?"에서 그는 한국의 IT 현황
을 다음과 같이 진단했다.

우선 우리나라의 초고속 인터넷 인프라를 구성하고 있는 장비들을 살펴보면

거의 대부분이 외국산이며, 국내 기술로 대처할 수 있는 것은 거의 없습니다. 속도가 빨라지고 용량이 커질수록 이러한 경향은 더욱 심합니다. 장비뿐만이 아닙니다. 핵심이라고 할 수 있는 소프트웨어도 거의 대부분이 외국산입니다. 심하게 표현하자면 우리는 인터넷 망을 설치하고 운영하고 있을 뿐, 외국 회사들에게 돈을 벌어주는 거대한 시장 노릇을 하고 있는 것입니다. (…) 세계 1위의 초고속 인터넷 보급률에 대해서는 자부심을 가질 만하지만, 하드웨어, 소프트웨어, 컨텐츠, 사용 행태에 이르기까지 우리에게 부족한 부분들이 아직도 너무나 많습니다.•

이런 문제점들을 고치고 진정한 인터넷 강국이 되기 위해서는, 지금까지 이룬 것보다 앞으로 이룰 것이 더 많았다. 이 기대를 안철수는 다음 정권인 이명박 정부에게도 걸었다. 하지만 이명박 대통령인수위원회는 IT산업에 대한 정부 차원의 콘트롤타워이자 민간 지원 기관인 정보통신부를 해체한다.

한편, 우리나라 IT산업에서 하드웨어(정보통신기기)의 생산 비중은 2001년 68.0퍼센트에서 2005년 70.6퍼센트를 거쳐 2008년에는 71.4퍼센트 그리고 2009년에는 72.7퍼센트로 점차 늘어나면서 한계를 맞는다. 소프트웨어의 비중이 그만큼 점점 줄어든다는 뜻이다. 수출에서 반도체와 디스플레이 그리고 휴대폰의 이른바 '3대 품목'이 차지하는 비중도 위 기간 동안 44.6퍼센트와 62.3퍼센트 그리고 70.9퍼센트로 증가하면서 하드웨어에 집중된다.

• 안랩 홈페이지〉회사 소개〉설립자 소개〉칼럼

노무현 대통령 장례식

2009년 5월 29일, 서울시청 앞 광장.

촛불 정국에서 벗어나기 위해 노무현 전 대통령의 비자금 수사로 국면 전환을 꾀하던 이명박 정부는 노무현을 압박했고, 노무현은 봉하마을의 부엉이바위에서 몸을 던져 자살했다. 이 죽음을 애도하는 노제가 열리고 있었다. 뙤약볕이 내리쬐는 광장에는 노란 물결이 넘실거리며 춤을 추고 있었다. 노란 물결이 넘실거리는 광장 하늘로는 고인이 생전에 즐겨 불렀던 노래 "상록수"가 흩어져 날리고 있었다.

저들에 푸르른 솔잎을 보라 돌보는 사람도 하나 없는데, 비바람 맞고 눈보라쳐도 온 누리 끝까지 맘껏 푸르다. 서럽고 쓰리던 지난날들도……

노제를 중계하는 텔레비전 화면은, 조문 인파가 차도도 보이지 않을 정도로 시청 앞 광장을 노란색으로 빼곡하게 메운 모습을 하늘에서 내려다보고 있었다. 바로 그 장면에서 갑자기 '뉴스속보' 하나가 화면에 자막으로 떴다.

[뉴스 속보] 대법원, 삼성 경영권 승계 무죄

대법관 열한 명 가운데 여섯 명이 무죄 판결을 내렸다고 했다. 삼성그룹 경영권 승계를 위해 1996년에 에버랜드 전환사채를 적정가보다 훨씬 낮은 가격으로 발행해서 이재용 등 자녀가 최대 지분을 확보하도록 함으로써 회사에 970억 원의 손해를 끼친 혐의(특정경제범죄가중처벌법상 배임)로 기소된 이건희가 무죄라고 대법원이 확정 판결을 내린 것이다.

142

이로써 지난 13년 동안 이어졌던 삼성그룹의 경영권 편법 승계 논란은 사실상 종지부를 찍었다.

어떤 사람들은 하필이면 그날 그 시각에 그런 결정이 내려져서 그런 자막이 나오다니 방송사고인 줄 알았다고 했고, 또 어떤 사람들은 국가와 경제를 생각하면 사필귀정이라고 무릎을 치며 좋아했다.

> ……서럽고 쓰리던 지난날들도 다시는 다시는 오지 말라고, 땀 흘리리라 깨우치리라 거치른 들판에 솔잎되리라, 우리들 가진 것 비록 적어도 손에 손 맞잡고 눈물 흘리니 우리 나갈 길 멀고 험해도 깨치고 나가 끝내 이기리라……

뙤약볕 아래 조곡(弔哭)이 흘렀고, 안철수가 오래전부터 바꾸어야 한다고 주장하던, 그리고 한국 사회의 건강한 발전을 위해서 언젠가는 또 누군가는 반드시 개혁해야 한다고 믿던 대기업 중심의 경제구조 한가운데 있던 삼성은, 이명박 정부 아래에서 여전히 흔들림 없이 견고했다.•

이명박 정부 미래기획위원회의 얼굴 마담

2008년 5월 14일. 미국산 쇠고기 수입 반대와 이명박 탄핵을 요구하는 구호 아래 촛불 집회의 열기가 정점을 향해서 뜨겁게 달아오르던 시기였으며, 안철수가 미국 유학을 마치고 귀국해 기자간담회를 가진 5월 7일로부터 정확하게 한 주 뒤였다.

이날, 대통령 직속 자문위원회의 위상으로 미래기획위원회가 설치되

• 이경식, 《이건희 스토리》(휴먼앤북스, 2010년), 460~463쪽.

었다. 기후변화, 자원부족, 고령화 등 범정부적 주요 미래 추세를 예측·분석하고 대응 전략과 정책 대안을 부처와 함께 마련하며, 특히 국정지표인 선진화를 앞당길 수 있도록 선진 모델을 사회 전반에 적극 소개·확산시켜 나가는 첨병의 역할을 담당한다는 게 설치 목표였다. 이 위원회는 위원장을 포함해 28명의 민간위원(임기 2년)과 기획재정부장관, 대통령실 국정기획수석이 당연직 위원으로 참여했다. 민간위원은 탁월하고 창의적인 능력을 지닌 학계·업계·화계 등 각계 전문가로 구성한다고 했다. 그런데 차관급의 이 위원 명단 가운데 안철수가 포함되어 있었다. (그의 미래기획위원회 참여 결정은 그가 미국에 있을 때 이미 확정되었다고 볼 수 있다.)

2008년 5월 21일, 안철수는 청와대 미래기획위원회 출범식에 참가했고, 이 위원회에 참여한 이유를 한 일간지 인터뷰에서 다음과 같이 설명했다.

> 이명박 정부가 이제 시작 단계인데 중소기업을 위한 정책은 아직 못 본 것 같아요. 그렇다고 5년 후만 기다릴 수도 없지 않습니까. 오늘 청와대에서 열린 출범식에 가서 중소기업이 왜 중요한지, 작은 정부가 왜 규제만 철폐해선 안 되고 감시기능도 함께 강화해야 하는지 얘기했습니다. 한 사람에게 2분씩만 줘서 말은 다 못했지만. 저는 김대중 대통령 때도 정책기획위원회에서 일을 해봤어요.•

서른 명의 참석자들이 모인 가운데 2분씩밖에 발언을 하지 못하면서도 굳이 그런 자리에 이름을 올리고 참가해야 옳았을까? 그것도 중소기

• "안철수 '유독 한국만 벤처기업 새싹 없다, 5년 뒤 암담'", 《경향신문》, 입력 2008. 5. 22.

업 정책은 외면하고 대기업·재벌 위주의 정책을 고집하는, 특히나 기존의 정보통신부를 해체하고 IT산업을 냉대한 이명박 정부의 대통령 직속 기관에?

여기에 대한 궁금증은, 그가 같은 인터뷰에서 했던 다음과 같이 설명을 통해서 조금은 해소할 수 있다.

뒤에서 불평만 하기보다는, 정권과 상관없이 제가 믿는 올바른 방향에 대해 이야기를 해야 되겠더군요. 실행부서에 있는 사람들의 생각이 조금이라도 바뀌기를 바라는 거죠.

과연 그의 발언이 미래기획위원회의 활동에, 그리고 나아가 경제 정책에 특히 중소·벤처기업 정책에 얼마나 반영이 되었을까?

정부는 2009년 1월 13일에 3개 분야 총 17개 사업을 신성장동력 사업으로 선정하여 발표했다. 녹색기술 산업에서는 신재생에너지와 그린도시 등이, 첨단융합산업에서는 방송통신융합과 IT융합시스템, 바이오제약 등이, 그리고 고부가서비스 분야에서는 의료관광과 콘텐츠, 소프트웨어 등이었다. 신성장동력이 궤도에 오를 경우 부가가치는 10년 후에 7백조 원, 일자리 창출 규모는 350만 명에 이를 것으로 예상했다.

너무도 아름다운 장밋빛이었다. 그리고 미래기획위원회를 대표해서 안철수 자문위원이 KBS 뉴스 카메라를 바라보며 말했다.

"앞으로 더 발전하기 위해서는 이제는 우리가 선도해 나갈 수 있는 전략을 채택해야 되는 시기가 왔습니다."

이런 훈훈한 모습은 두 달 뒤에도 또 다른 극적인 장면으로 연출되었다.

2009년 3월 23일 청와대에서 열린 제4차 미래기획위원회 회의 자리였다. 이 자리에는 이명박 대통령도 참석했고, 이 회의 장면을 찍은 사진이 청와대 홈페이지에 게재되었다. 사진 속에서 이명박 대통령이 모두발언을 하는 가운데 옆으로 한 사람 건너편의 안철수는 다소곳한 자세로, 하지만 어딘가 경직된 얼굴로 (혹은 딴생각을 하는 듯한 얼굴로) 앉아 있다.

이명박 대통령으로서는 안철수라는 신망이 있는 전문가이자 명망가를 자기 곁에 다소곳이 앉혀두는 사진을 공개함으로써 상당한 정치적인 효과를 거두었다. 특히나, 그때는 촛불 집회·시위에 대한 청와대 측의 반격으로 전 정권에 대한 수사가 노무현 전 대통령을 향하여 막 불이 붙기 시작하던 즈음이었다. 이명박의 청와대로서는 안철수를 비롯한 미래기획위원회의 명망가들이 얼마나 예뻤을까?

나중에, 노무현의 사람으로 자타가 공인하는 김두관 경상남도지사가, 거머리가 득실대는 논에 맨발로 들어가서 모내기 한번 해본 적 없는 사람이 자기도 농사를 지으면 잘 지을 것이라고 하는 말을 어떻게 믿겠느냐면서, 대권 후보로서 안철수의 자질을 공개적으로 의심하는 발언을 한 것도, 이명박과 나란히 앉았던 안철수의 모습을 보고 느꼈을 어떤 반감 때문이 아니었을까?

* * *

2010년 6월 미래기획위원회는 2기 민간위원 17명을 새로 위촉하고 1기 위원 가운데 연임된 12명과 함께 2기 활동을 시작했다. 그런데 유임된 명단 가운데 여전히 안철수의 이름이 있었다.

그렇다면, 안철수는 이명박 정부가 자기가 하는 조언을 받아들여서 중소·벤처기업 위주의 경제 정책을 펼쳐 한국 경제의 체질과 기반을 튼튼하게 만들어 나갈 것이라고 믿을 만큼 정말 순진한 것일까? 아니면 동네 건달의 가랑이 밑을 기어가는 굴욕을 참았던 한신처럼 명분을 버리는 대신 정부의 경제 정책에 조금이라도 (정말 아주 조금이라도!) 자기 의지를 반영함으로써 실리를 챙기려 했던 것일까? 그것도 아니면, 안철수연구소가 정부 지원금을 어렵지 않게 받아챙길 수 있도록 교활하게도 명망성이 높은 자기 이름과 얼굴을 판 것일까? 그는 순진한 이상주의자일까, 아니면 기회주의자일까?

이 질문에 대한 해답을 엿볼 수 있는 그의 발언이 있다. 2004년에 발간된 《CEO 안철수, 지금 우리에게 필요한 것은》에 담긴 말이다. 2004년이면, 그가 한국 사회의 문제는 시스템에 있다고 결론을 내리고 개별 기업 차원이 아니라 사회 전체 차원의 문제 해결을 모색하는 것을 자기 삶의 방향으로 이미 설정했던 때이다.

삶을 살아가면서 중요한 것은 '무엇을 했느냐'가 아니라 '어떻게 살았느냐'인 것 같다. 지난 시간 동안 그 사람이 현재 살아가는 데 얼마나 도움이 되는 인생을 살았느냐가 중요한 것이 아니라, 설사 지금의 모습과 아무 상관없는 일을 했더라도 얼마나 치열하게 열심히 살았느냐가 더 중요한 것 같다. 그래서 나는 생각한다. 어떤 일을 하든지 열심히 사는 것 자체가 그 사람을 만들어 가는 것이라고. 그 치열함은 결국 그 사람의 피 속에 녹아들어 가고 그 사람의 몸속을 흐르게 되는 것이라고. 열심히 산다는 것의 의미는 그런 것이 아닐까?•

• 안철수, 《CEO 안철수, 지금 우리에게 필요한 것은》, 250쪽.

1980년대 초중반, 안철수가 구로동의 한 성당에서 의료 봉사 활동을 하면서 민중의 삶이 얼마나 고단하고 힘든지 직접 목격한 뒤에, 지식인으로서 자기가 감당해야 할 역할이 무엇인지 고민하던 내용이 이 글에서 고스란히 읽힌다. 고민 끝에 그는 이른바 '운동권'이 되어 민중의 삶 속에 투신하는 길을 포기하고 자기가 가장 잘할 수 있는 길을 선택했다. 전문가로서의 전문성을 연마하고 실천하는 길이었다. 그것을 그는 '치열하고 열심히 사는 것'이라고 표현했다. 그랬기에 그는, 노무현 참여 정부 시절의 정보통신부를 해체하고 IT산업을 냉대한 이명박 정부의 미래기획위원회 활동에서 (그리고 국가정보화전략위원회 활동에서) 그렇게 살려고 노력했다. (노무현 정부 때처럼 이명박 정부로부터 청와대 과학기술보좌관 제의를 받았다면 수락했을지도 모른다. 물론, 안철수의 비전보다는 그의 명망성을 더 많이 원했던 이명박 정부가 안철수에게 그런 자리를 제안할 이유도 없었지만…….)

　여기에서, 안철수가 한 선택에 대한 옳다 그르다의 판단은 별개의 문제이다. 안철수가 대학생 시절 구로동의 한 성당에서 '운동권'에 투신하지 않은 선택에 대한 옳다 그르다의 판단이 별개의 문제이듯이…….

* * *

　한편, 안철수연구소에서 커뮤니케이션 팀장직을 수행하며 안철수의 대내외 커뮤니케이션 창구 역할을 했던 박근우가 진술하는 안철수의 이명박 정부 참여 관련 사정을 소개하면 다음과 같다.

이명박 정부가 들어서자 청와대로부터 여러 제안이 들어왔고 (…) 모두 거절하기가 힘들 지경이었다. 매번 거듭되는 거절로 인해 혹시 괘씸죄에 걸리지 않을까 우려스러웠다. 다른 정부에 비해 그 제안의 강도와 횟수가 집요했기 때문이다. (…) 어쩔 수 없이 미래기획위원회를 선택했다. 그나마 국가의 10년 후 미래를 다루는 각 분야 전문가 중심의 위원회였기 때문이다. (…) 그러나 그것으로 끝이 아니었다. 이명박 정권은 매번 고위직 인사 때마다 안철수 박사를 하마평에 올렸다. 과기부 장관, 청와대 수석 등 하마평도 다양했다.•

* * *

2011년 6월에 1박 2일 일정으로 경기도 용인에서 열린 워크숍에 참석한 이후로 안철수는 미래기획위원회 회의에 참석하지 않았다. 또한 장관급 민간위원으로 참석해 온 대통령 직속 제1기 국가정보화전략위원회 마지막 회의에도 불참했다. 안철수는 인터넷 포털에서 공개되는 인물 정보의 경력 난에서 이 두 위원회 위원 경력을 삭제했다. 공식적으로 사임을 한 것은 아니지만 이명박 정부와 선을 그은 것이다.

이런 변화는, 이명박 정부 및 한나라당의 정치적인 확장을 반대한다는 발언 및 서울시장 보궐선거 출마 시사 발언 등과 동일한 맥락에서 진행되었다.

그 뒤로도 청와대는 계속해서 안철수에게 러브콜을 보냈지만 안철수는 거부했다. 다음은 이명박 대선캠프에 몸담았던 한 여권 전직 관료가 털어놓은 비화(秘話)이다.

• 박근우, 《안철수 He, Story》(리더스북, 2012년), 213~213쪽.

(2011년) 11월 말경이었다. 청와대의 모 전 수석이 안 원장과 가까운 것으로 알려진 한 사업가를 통해 김효재 정무수석과 안 원장의 '독대'를 추진했다. 이 대통령 재가가 있었던 것으로 들었다. 삼청동 한정식 집에서 식사 약속이 잡혔다가 막판에 취소됐다. 알고 보니 그 사업가가 안 원장과 조율도 하지 않고 자리를 만든 것이었다. 나중에 보고를 받은 안 원장이 만남을 거절했던 것으로 알고 있다.•

배울 사람이 배우겠다는 의지를 활활 불태울 때 가르치는 사람은 신이 나는 법이다. 멘티가 열의가 없으면 멘토 역시 시들할 수밖에 없다. 어느 시점에서부터인가 안철수는 이명박 정부에 걸었던 기대보다 훨씬 더 많은 기대를 청년들에게 걸기 시작했다. 사상 유례가 없을 정도로 높은 청년 실업률의 지옥을 버텨내야 하는 청년 멘티들은 확실히 열의에 불탔고, 변화를 외치는 안철수의 말에 귀를 기울이려고 했다.

안철수는 상식과 원칙의 전도사가 되어 전국을 누볐으며, 온갖 매체를 상대로 인터뷰를 했다. 될 수 있으면 대중과의 접촉 면적을 넓히려고 애를 썼다. 2011년 6월에 카이스트를 떠나 서울대학교로 자리를 옮긴 이유도 동일한 이유에서였다.

카이스트에서는 한 해에 학생 100명을 가르치는 일이 전부였다. 사회에 더 많은 책임을 지고 더 많은 사람을 가르쳐야 한다는 고민을 하던 차에 서울대에서 교수직을 제안해 와 수락했다.••

그가 이렇게 할 수 있었던 것은 사회의 문제점을 파악했기 때문이고,

• "청와대 '안철수 영입 극비작전' 내막", 《일요신문》 1031호, 2012. 2. 14.
•• "서울대 법인화는 KAIST 선례 참고", 《연합뉴스》, 2011. 6. 1.

지식인으로서 자기는 그 문제를 해결하는 데 힘을 보태야 한다는 의무감 때문이었다. 기본적으로 그는 이 시대의 계몽주의자이기 때문이다. 그래서 지식인이라면 용기를 내서 비판을 하고 나서라고 외치고, 또 그렇게 가르친다.

> 지식인이라면 손해를 감수하고서라도 아닌 것을 아니라고 비판할 수 있어야 사회가 변한다. 대안 없이 비판하지 말라고 하는 이야기는 비열한 논리이다. 시민은 자유롭게 문제를 제기하고 시민이 월급을 주는 공무원과 정치인들이 대안을 마련하면 되는 것이다.•

• "단독인터뷰, 안철수 '사회변화에 일조하겠다'", 《이데일리》, 입력 2011. 9. 2.

21세기의 계몽주의자

계몽주의를 사전적으로 설명하면, 18세기 후반에 유럽 전역에 걸쳐 일어난, 구습(舊習)의 사상을 타파하려던 혁신적 사상운동이다. 전통적인 관습, 의례, 도덕에 대한 비판적인 생각이 계몽주의의 핵심적인 가치였다. 개인의 자유와 합리적 이성의 가치를 중요하게 여겼던 계몽주의는 필연적으로 왕족·귀족의 가치관과 부닥쳤으며, 이 투쟁은 혁명으로 이어졌고 시민 계급이 귀족과 왕족 그리고 종교의 지배 체제를 무너뜨렸다.

그런데 21세기에 계몽주의자라니?

그렇다, 바로 안철수가 21세기의 계몽주의자이다.

* * *

상식과 원칙이 통하지 않는 세상이다. 상식과 원칙이 통하기에는 워낙 높은 담장이 둘러쳐져 있고, 사람들은 상식과 원칙의 존재와 효용 자체를 아예 믿지 않는다. 바깥세상에서 상식과 원칙으로 통용되는 것이 한국 사회에서는 '바보'나 '순진함'으로 통한다. 그럴수록 사회의 효율성은 점점 떨어지고, 부익부 빈익빈의 양극화는 점점 강화된다.

이런 상황에서, 상식과 원칙이 통하는 세상을 만들어서 사회를 건강하게 만드는 데 힘을 보태는 것이 자기가 해야 할 책임이라고 안철수는 믿는다. 그런데, 18세기 후반 왕정이 지배하던 유럽에서 그랬던 것처럼, 이 문제를 '정치권'에서는 도저히 풀어내지 못할 것 같다. 정치권은 (마치 17, 18세기 유럽에서 귀족과 왕족이 한통속이 되었던 것처럼) 서로 한통속이 되어서 상식과 원칙을 무시하고 짓밟으며 자기 잇속들만 챙긴다. 그러니, 세상에 상식과 원칙을 전파하려면, 18세기 후반 유럽의 계몽주의자들이 그랬던 것처럼 게릴라처럼 돌아다니며 강연을 하고 또 《백과전서》를 만들어내서 이성과 지식을 퍼트리는 수밖에 없다, 라고 안철수는 판단했다.

21세기의 고독한 계몽주의자 안철수는 이렇게 해서 작은 조각배 하나로 험난한 파도 속으로 돌진해 들어간다. 상식과 원칙이 통하는 섬을 찾아서…….

그를 기다리고 있는 것은 찬사와 박수뿐만 아니라 '교활한 장사꾼'이니, '거짓말쟁이'니, '말만 앞세우고 행동으로 실천을 하지 못하는 겁쟁이'니, '간이 배 밖으로 나온 인간'이니 하는 온갖 야유와 비난과 욕설도 있다는 사실을, 그는 미국 펜실베이니아대학교 와튼스쿨에서 MBA 학위를 따고 돌아온 2008년 5월 7일의 귀국 기자간담회 자리에서 예견했을까?

스파이더맨에서 볼테르까지

초능력을 가진 영웅 스파이더맨으로서의 정체성이 아직 확립되지 않은 고등학생이던 어린 피터 파커는 강도를 보고도 그가 도망치도록 방치한다. 그런데 이 강도는 나중에 자기를 길러준 아버지 같은 존재인 벤 삼촌을 살해한다. 피터는 죄책감에 시달린다. 악의 유혹에 빠질 수도 있었던 어린 그의 마음을 잡아준 것은, 강도에게 살해당하기 전에 벤 삼촌이 했던 진심 어린 충고였다.

"With great power comes great responsibility(큰 힘에는 큰 책임이 따른다)."

삼촌의 이 진심 어린 충고를 마음 깊이 새긴 주인공은, 자기에게 주어진 큰 힘을 정의를 위해 쓰기로 결심한다. 피터 파커는 드디어 자기에게 주어진 큰 힘으로 무엇을 해야 하는지, 어떠한 사람이 되어야 하는지에 대한 답을 찾은 것이다.

"나는 누구인가? 나는 스파이더맨이다."

* * *

언제부터인가 안철수는 자기에게 주어진 책임을 언급하면서 이 표현을 자주 했다.

영화 〈스파이더맨〉을 보면 이런 말이 나옵니다. 'With great power comes great responsibility.' 그는 파워를 원하진 않았지만 그걸 가지고 있으면 합당한 일을 해야 합니다. 이름이 알려지는 것을 원하지 않았지만, 열심히 공부하다 보니 한 사람 두 사람, 소문나서 사람들이 보고 있고 기대를 해 책임감도 생겼어요. 제가 원하지 않은 책임감이지만 많은 사람의 기대를 저버리는 일은 해선 안 된다는 생각입니다.•

소년 안철수는 만화에 푹 빠져 살면서 지구의 멸망을 노리는 악당들에 맞서서 싸우는 자기 모습을 상상했었다. 어른이 된 안철수도 똑같은 상상을 했을지도 모른다. 독수리 5형제의 일원이 되어 지구를 지키는 자기 모습을 상상했을 수 있다.

그는 '원하지 않았지만' 다른 사람보다 나은 어떤 능력을 부여받았고, 여기에 대한 책임감을 느꼈다. 자기에게 주어진 역량을 누구를 위해서 어떻게 써야 할지는 이미 대학교 때 가난한 동네에서 의료 봉사 활동을 하면서 느꼈다. 스파이더맨의 대사처럼, 자기에게 주어진 '큰 힘'은 그에게 축복이자 굴레였다.

그런데 〈스파이더맨〉의 이 대사는 프랑스의 계몽주의자 볼테르(1694~1778·본명은 프랑수아 마리아루에)의 저작물에서 인용된 것이었다.

볼테르와 《캉디드》

1762년에 프랑스 툴루즈에서, 아들이 신교에서 구교로 개종하려고 하자 아버지가 아들을 목매달아 살해했다는 소문이 돌았다. 물론 누군가가 지어낸 이야기였다. 하지만 구교인 가톨릭이 신교보다 훨씬 강하게 지배하던 그 마을에서, 그 이야기는 곧 소문이 아니라 사실이 되었다. 맹신적이고 신교도에게 적대적인 툴루즈 시민들은 분노했고, 시 당국은 칼라스 가족을 체포했으며, 장 칼라스를 사형에 처했다.

이 사건의 전말을 듣고 분개한 지식인이 한 명 있었다. 이 지식인은 이 일을 바로잡으려고 이리저리 뛰어다니며 연설을 하기도 하고 전단을 만들어 돌리기도 했다. 이 과정에서 그는 《관용론》이라는 책을 썼다.

• "안철수, 그가 젊은 세대에게 전하는 여섯 가지 조언", 《경향신문》, 입력 2011. 5. 29.

그가 바로 볼테르였다. 그는 《관용론》에서 '나는 이 책을 통해 후일 열매를 맺게 될 씨앗을 하나 뿌렸다. (…) 바야흐로 문명의 빛을 널리 퍼뜨리는 이성의 정신에 모든 것을 맡기고 기다리는 일만 남았다'고 썼다. 볼테르는 이성의 힘을 믿었고, 그 이성의 힘을 세상 사람들에게 알리고자 애를 썼다. 사람들이 스스로 깨닫고 행동하기를 바랐다.

* * *

'순진한'이라는 뜻의 '캉디드(Candide)'라는 이름을 가진 청년은 독일의 한 귀족의 성에 얹혀산다. 이 청년은 귀족의 딸인 아름다운 퀴네공드 및 그의 오빠와 함께 팡글로스란 가정교사에게 교육을 받는데, 가정교사는 이 세상은 조화롭고 완전한 상태이며 이 조화로운 세계를 위해서는 악도 없어서는 안 될 요소라고 배운다. 즉 세상은 최선의 상태라는 낙관주의 교육을 받는다. 그러나 청년은 퀴네공드를 마음속으로 사랑한다는 이유로 성에서 쫓겨나고, 그때부터 이 세상의 온갖 불행을 경험한다. 사기를 당하기도 하고 직접 사람을 죽이기까지 한다. 그가 경험하는 세상은 온갖 추악한 모습뿐이다. 정의는 없고 가는 곳마다 불의와 사기, 전쟁뿐이다. 그리고 많은 세월이 지나 우연히 팡글로스를 다시 만난다. 팡글로스의 얼굴은 온통 종기투성이였으며, 입은 한쪽으로 돌아간 끔찍한 모습을 하고 있었다. 성병에 걸렸기 때문이라고 한다. 그리고 그 성병의 이상한 계보를 늘어놓는다.

"자네, 퀴네공드의 시녀 파케트 양을 알지? 바로 그 여자에게 있던 성병이 옮았지. 그 여자는 어느 공작부인과 관계했던 어떤 청년에게 성병을 얻었고, 공작부인은 기병대장에게 얻었고, 기병대장은 어떤 후작에게 얻었고, 그 후작은 어느 시종에게서, 그 시종은 또 어느 예수교도에게서, 그 예수교도는 어느 수녀에게서……."

그러면서 팡글로스는 캉디드에게 이렇게 말한다.

"모든 사건들은 있을 수 있는 세계 중 최선의 세계에서는 서로 연계되어 있는 것일세. 자네가 퀴네공드 양과의 사랑으로 인해 그 아름다운 성에서 엉덩이를 발로 차여 내쫓기지 않았더라면, 종교재판에 처해지지 않았더라면, 걸어서 아메리카 대륙을 누비고 다니지 않았더라면, 남작을 칼로 찌르지 않았더라면, 그리고 엘도라도에서 가져온 양들을 모두 잃어버리지 않았더라면, 자네는 이곳에서 나를 만나서 설탕에 절인 레몬과 피스타치오 열매를 먹지 못했을 테니까."

볼테르가 일흔한 살이던 1759년에 출간한 철학소설 《캉디드》의 내용이다. 이 소설의 마지막에 캉디드는 이렇게 말한다.

"이제 우리는 우리의 밭을 가꾸어야 합니다."

세상은 신이 완벽한 최선의 상태로 만들어놓은 조화로운 곳도 아니고 그렇다고 해서 비관적인 것만도 아니다. 다만 만족하지 못한 사회를 개선하겠다는 의욕을 잃지 않고 인간이 가진 재능 특히 이성을 가지고서 노력해야 한다고 역설한다. 이것은 이제 인간이 세상의 주인임을 역설적으로 선언하는 것이다. 신은 없고, 인간만이 남았다. 그렇기 때문에 이제 인간이 알아서 자연을 정복하고 자기 운명을 개척해야 한다는 말이다.

《캉디드》는 계몽주의자 볼테르가 던진 일종의 계몽소설인 셈이다.

* * *

망명객 볼테르는 루이 15세가 사망한 이듬해인 1788년 초에 열광적인 환영 속에 파리로 돌아온다. 그의 나이 여든세 살이었다. 그리고 이듬해 5월에 사망한다. '인류를 잡아먹는 사나운 괴물'이 제거된 세상을 볼테르는 끝내 보지 못했다. 볼테르가 프랑스에서 혁명이 일어나는 걸 자기 눈으로 직접 보려면 11년을 더 살아서 1789년 7월을 맞아야 했지만, 결국 그때까지 살지 못했다. 그는 이성에 기초한 시민계급의 권리와 의무에 대한 계몽과 이를 위해 일생을 던져 투쟁했다. "내가 죽은 뒤에 내가 개종했다고 말하는 성직자가 분명 있을 것이다. 그러나 나는 결코 개종하지 않았음을 미리 밝혀둔다"고 말하며 구체제와 종교에 대해서 온몸을 던졌던 그의 투쟁은 프랑스혁명의 자양분이 되었다.•

계몽주의자의 운명

볼테르는 신은 없고 인간만이 남았기에 인간이 스스로 운명을 개척해야 한다고 '계몽'했고, 안철수는 비상식이 통하는 시대는 세계적으로 이미 갔기에 우리 국민이 스스로 우리 사회를 상식이 통하는 사회로 개선해야 한다고 '계몽'한다.

안철수는 안철수연구소 CEO 시절부터 가지고 있었던 경제구조 개선의 필요성을 역설하는 목소리를 점점 높여갔다. 안철수의 《캉디드》는 바로 〈황금어장-무릎팍도사〉 출연이고, '청춘콘서트'이며, 이제까지 그가 쓴 책들과 그가 했던 수많은 인터뷰들이다.

그런데, 안철수가 '상식이 통하지 않는 사회', '대기업이 중소기업을 착취하는 경제구조'에 대해 온몸을 던져서 계몽주의적으로 투쟁할 때, 정

• 이경식, 《미쳐서 살고 정신 들어 죽다》(휴먼앤북스, 2011년) 참조.

치적 신념이 아닌 도덕적 신념에 따라 투쟁할 때, 그의 투쟁은 장차 무엇의 자양분이 될까? 혹은, 그 전에 그가 탄 배는 어떤 암초를, 혹은 어떤 해적을 만날까? 그리고 그는 경제구조 개선이라는 기항지를 찾아갈 수 있는 나침반을 가지고 있기나 한 것일까? 혹시 그는 '양심'과 '책임'이라는 순진하고 허술한 도덕적 가치에만 의지한 채 먼 길을 나선 게 아닐까? 그가 믿고 의지하는 건, 동요 속 푸른 하늘 은하수를 건너는 쪽배가 의지하던 '샛별'이라는 등대 하나밖에 없는 게 아닐까?

* * *

안철수는 자기가 살아오면서 했던 모든 선택이 다 사회 발전에 도움이 되는 방향이었다고 말한다. 자기가 주관적으로 어떤 욕심을 내서 선택해 온 게 아니라, 자기 행동이 사회의 발전에 가장 유효하게 보탬이 될 수 있도록 하는 것을 가장 중요한 판단으로 삼아서 일련의 선택들을 해왔다고 말한다. 이런 관점을 2012년 4월 4일 한 강연회에서도 말했다.

"지난해 9월 서울시장 출마 포기와 12월 제3당 창당을 안 한 것은 개인적으로 뭘 얻겠다는 것이 아니라, 내가 사회 발전에 쓰이겠다는 이유에서였습니다."

같은 맥락에서, 대권 도전도 자신이 선택하는 문제가 아니라, 자신이 대권에 도전하는 게 사회 발전에 보탬이 된다면 그렇게 할 수밖에 없는 것이라고 말한다. 자신이 하는 선택이 사회에 도움이 될 수 있을지가 모든 행동의 판단 기준이라고 했다.

21세기 계몽주의자가 보여주는 합리성의 극치이다. 사회의 각 개인을 포함해서 모든 단체와 조직이 이렇게 이성적인 합리성에 따라서 자기 역할이 주어진다면 세상은 얼마나 간편할까? (수학에서 함수의 최대값을 구할 때처럼 정답은 깔끔하게 떨어질 것이다.) 또 이 합리성의 원칙에 따라서 사회의 모든 자원이 배분된다면 얼마나 좋을까?

그러나, 인생은 그리고 또 세상의 일은 언제나 너무도 자주 우연적인 계기를 따라서 진행된다. 사람의 행동 또한 합리적인 이성에 의해서만이 아니라 야성적인 충동과 욕망에 의해 이루어진다. 사람은 이성으로만 존재하는 게 아니라 탐욕과 공포라는 감정으로도 존재하기 때문이다. 그게 인간이고 또 인간 사회인데······.

그렇기에, 계몽주의자 안철수가 헤쳐가야 할 바다의 파도는 거칠 수밖에 없다. 게다가, 그가 가진 이성의 나침반 바늘은 세상 속에 떠다니는 탐욕과 공포라는 간섭 자장(磁場)에 영향을 받아서 엉뚱한 방향을 가리킬지도 모르고······. 이 시대 계몽주의자가 감당해야 할 힘겨운 운명이다.

대기업 중심의
경제구조가 문제다

2011년 3월 10일, 서울 하얏트호텔에서 전경련회장단 회의가 열렸다. 이 회의에 참석하려던 이건희 회장 앞에 기자들이 몰려들어 질문을 던졌다.

—오일쇼크 우려가 높은데요.

"걱정이죠."

—정부의 경제정책 점수는 몇 점으로 매기십니까?

"참 어려운 질문입니다. 그래도 계속 성장해 왔으니까 낙제 점수는 아니겠죠. 과거 10년에 비해서는 상당한 성장을 했다고 봅니다."

여기에서 '과거 10년'이란 김대중·노무현 정부의, 대기업 위주의 경제정책을 개혁하려는 시도가 있었던 이른바 '잃어버린 10년'이다.

—이익공유제에 대해서는 어떻게 생각하십니까?

당시 정부 차원에서 구성한 민간위원회인 동반성장위원회가 중소기업과 대기업이 상생하는 길을 모색하고 있었고, 정운찬 위원장은 초과이익공유제를 제시했다.

"내가 어릴 때부터 기업가 집안에서 자라서 학교에서 경제학 공부를 계속 해왔는데 그런 얘기는 들어보지 못했습니다. 이해가 가지 않고 무슨 말인지 모르겠습니다."

—이익공유제에 부정적이라는 입장입니까?

"무슨 말인지를 모르겠다는 말입니다. 부정적 긍정적을 떠나서 도대체 경제학 책에서 배우지 못했습니다. 누가 만들어낸 말인지 사회주의 국가에서 쓰는 말인지 자본주의 국가에서 쓰는 말인지, 공산주의 국가에서 쓰는 말인지 모르겠다는 말입니다."

하지만 이 말은 거짓말이었다. 이미 삼성에서도 1999년 말에 구조조정본부에서, 다음 해에 있을 주주총회에서 모든 계열사를 대상으로 해서 이 제도를 도입할 것을 의결할 예정이라고 발표했었다. 그러니 이건희 회장이 몰랐을 리가 없다.

문제는 사회적인 분위기였다. 경기가 불황인 가운데 양극화가 심각한 상황으로 전개되자, 상생은 사회 운영의 원칙처럼 굳어져 가고 있었다. 하지만 이런 분위기에 대해서 한나라당과 전국경제인연합회에서 '이윤을 협력사와 나누라는 것은 시장 원리에 어긋난다'면서 발끈하고 나섰다. 최중경 지식경제부장관도 '기업과 기업 간에 이것을 적용하는 것은 문제가 있다'며 거들고 나섰다.

이런 대기업 중심의 경제구조를 안철수는 동물원에 빗대어 비판했다. 대기업이 신생 업체에 납품을 받으며 다른 곳엔 못하도록 막는데, 중소·벤처기업이 그렇게 울며 겨자 먹기로 계약하면, 이 기업은 동물원에 갇혀 결국 말라죽어 미라가 되고 만다고……. 이른바 '동물원 이론'이다.

안철수의 대기업 비판은 날이 갈수록 점점 예리해졌고 또 노골적으로 바뀌었다.

* * *

2011년에 방영된 〈MBC 스페셜—안철수와 박경철〉에서 한 학생이 안철수에게 삼성 창업주 이병철 회장의 인재론 '기업은 사람이다'를 인용해서 바람직한 인재상이 어떤 것이냐고 물었다. 그러자 안철수는 이렇게 대답했다.

"인재상의 정답이 있는 건 아니잖아요? 그리고 시대마다 다 바뀌고……. 그런데 가장 중요한 게 우리는 함께 살아가는 존재다, 그런 걸 인식하는 인재가 제일 중요한 것 같거든요. 어떤 재벌 회장님이 그러셨잖아요. 앞으로는 만 명의 먹을거리를 만들 수 있는 인재가 중요하다고 했거든요. 거기에서 빠진 게 뭐냐면, 만 명의 먹을거리를 만드는데, 그 만 개의 먹을거리를 혼자서 다 독식하고 심지어는 남의 것까지도 다 자기가 가져가 버리면, 그 사람은 우리가 함께 살아가는 사회에 전혀 도움이 안 되는 사람이죠."

졸지에 이건희 회장은 사회에 도움이 안 되는 사람이 되고 만다.

사실 우리 사회의 문제(청년실업, 양극화, 불의)를 해결하기 위한 접근법을 안철수는 이미 10여 년 전부터 줄곧 이야기해 왔었다. 예를 들면 일간지와의 인터뷰에서 한 다음 발언들이 그렇다.

국가경제 리스크란 관점에서 보면 (…) 지금 한국 경제는 중소기업·벤처 기업은 거의 다 죽어버리고 대기업만 남아 있는 형국이라서 위험이 매우 크다. 외환위기 때 국가경제가 한 방에 다 날아가 버리지 않았는가. (…) 대기업과 중소기업·벤처 기업이라는 튼튼한 두 기둥으로 가야 한다. 그러려면 대기업의 중소기업 착취 구조를 없애야 한다.

"청년실업, 중산층 붕괴, 빈부 격차 심화 등 모든 문제의 핵심이 대기업 중심의 경제구조에 있다. 사람들이 창업을 활발하게 할 수 있도록 제도와 문화를 바로잡고, 기존 벤처·중소기업의 성공 확률을 높여야 한다. 대기업에 유리하게 환율을 계속 고정하는 정책을 펴는 '대기업 친화적 정책'은 중단해야 한다."

"주주 중심 경영이 자본주의의 정답은 아니다. (…) 늦었지만 지금이라도 어떤 모델이 우리 현실에 맞는지 기업의 사회적 책임과 함께 공론화해야 한다."

이런 이야기들을 안철수는 인터뷰며 강연회에서 마구 쏟아내었다. 상식이 통용되는 사회, 청년에게 일자리가 넉넉하게 돌아가는 사회, 양극화로 인한 증오와 갈등이 없는 사회, 불의 대신 정의와 공정함이 넘치는 사회를 만들어야 한다고 목소리를 높였고, 답답한 현실과 암울한 미래밖에 보이지 않는 청년들은 변화를 외치는 그의 목소리에 환호성을 질렀다. 이렇게 안철수의 강연, 즉 청춘들을 위한 대담 콘서트는 한 시대의 신드롬으로까지 확대되었다.

* * *

《손자병법》 제7편 '군쟁(軍爭)'의 두 번째 부분.

그러므로 군쟁은 유리한 것이 되기도 하고, 군쟁은 위험한 것이 될 수도 있다. 만일 전군을 출동시켰으나 요충지를 확보하려고 이익을 다투다 보면 목적을 달성할 수 없게 되고, 전군을 내버려두고 이로움을 얻기 위해 적과 다투면 전쟁 장비와 보급품이 위험하게 된다. 이 때문에 갑옷을 말아 올리고 길을 달려 밤낮으로

쉬지도 않고 두 배의 속도로 행군하여, 모든 부대가 나아가 100리에 걸쳐 이로움을 다투면 삼장군이 사로잡히게 된다. 날랜 자들은 먼저 가고 피로한 장수들은 뒤처지게 되니, 그런 방법으로는 병력의 십분의 일만 전쟁터에 도착하게 된다. 50리의 거리에 걸쳐 유리함을 다툰다면 상장군을 잃게 되고 그런 방법으로는 병력의 절반만이 도착하게 된다. 30리에 걸쳐 이로움을 다툰다면 삼분의 이만 도착하게 된다. 이 때문에 군대는 장비가 없어 패망하고 양식이 없어서 패망하며 남겨 쌓아둔 물자가 없어서 패망하게 된다.•

안철수의 전쟁은 이미 시작되었다. 지금 시점에서 그에게 필요한 것은 싸움의 완급 조절이었다.

• 손자가 살던 당시는 하루 30리 행군을 일반적인 속도로 보았다.

청춘콘서트

박경철과의 만남

안철수는 미국 유학 시절에 어떤 유명인사의 강연을 들었다. 그런데 이 강연은, 강연자가 혼자 서서 청중에게 말하는 형식이 아니라 앵커를 상대로 해서 둘이 함께 이야기를 나누는 대담 형식이었다. 이 강연 형식에 안철수는 깊은 감명을 받았다. 강연자의 진솔한 이야기를 들을 수 있었기 때문이다. 그리고 귀국을 한 뒤에 안철수는 대담 형식으로 함께 강연을 할 사람을 찾았다.

안철수 : ……그때 가장 먼저 떠오른 분이 박 원장님이었고, 흔쾌히 승낙해 주셔서 지금까지 진행되고 있습니다.

박경철 : 처음엔 안 교수님의 제안을 확실히 이해하지는 못한 채, 교수님과 이야기를 나누는 정도면 가능할 것이다, 라는 생각에서 시작하였습니다. 그런데 청중분들의 좋은 반응이 나오면서, 강연을 서울뿐 아니라 상대적으로 이러한 기회가 적은 지방으로도 확대해야겠다고 생각하게 되었습니다.

안철수 : 사실 저도 처음 강연을 시작할 때는 한번 시도해 보고자 하는 마음

이 강했습니다. 그런데 청중분들의 반응이 너무나 좋았고, 마침 박 원장님께서도 그러한 제안을 해주셨습니다. 생각해 보면 선진국의 경우에도 사회지도층이나 유명인사들이 바쁜 일정에도 불구하고 청중들과 자주 소통하고자 하는 모습을 볼 수 있는데요. 그들에게 중요한 '시간'을 누군가에게 기부하는 것이 좋은 의미로 다가와서, 지방까지 대담을 확대하자는 의견을 받아들이게 되었습니다.•

안철수는 2009년 6월 17일 방송된 〈황금어장-무릎팍도사〉에 출연했고, 방송 직후에 한 일간지 기자와 가진 인터뷰에서 이 방송 프로그램에 출연한 이유를 '젊은 학생들에게 전달하고 싶은 메시지가 있어서였다'고 밝혔다.

그리고 2009년 10월 24일 이화여자대학교에서 한국리더십센터가 개최한 '글로벌 리더십 페스티발'의 일환으로 강연을 했고, 이 자리에서 박경철이 "전국 대학을 돌며 젊은이들과 소통하는 강의를 해보지 않겠느냐"고 제안했다. 안철수는 "중요한 기부 중 하나는 시간 기부인 것 같다. 고민해 보자"고 답했고, 청중들의 환호 속에서 대담 형식의 이날 강연은 끝났다.

이 강연을 전후로 해서 안철수는 본격적으로 강연에 힘을 쏟았다. 그즈음 안철수가 학교 강의가 아닌 외부 강연을 한 횟수는 석 달 동안만 100회가 넘을 정도로 왕성하게 강연 활동을 벌였다.

2009년 9월
2008년 8월 11일, 국회 민생특별위원회.

• KBS 인터넷, 〈차정인 기자의 뉴스풀이〉, 100회 특집 "시대의 지성에게 듣는다", 2010. 10. 1.

한 야당의원이 이명박 정부의 1기 내각의 핵심인 강만수 기획재정부 장관에게 왜 소득세와 법인세를 내리려 하느냐며 따진 뒤에, 세금을 내리지 말고 더 걷어서, 이렇게 확보한 세수로 저소득층을 지원해서 양극화를 해소하는 데 사용해야 한다고 촉구했다.

그러자 강만수 장관은 다음과 같이 답변했다.

"양극화는 시대의 트렌드입니다."

'실용'을 앞세운 이명박 정부의 경제 수장 강만수 장관은 저소득층에 대한 배려를 노골적으로 거부했다. 그 결과 양극화의 골은 더욱 깊어졌다. 그리고 김영삼 정부 시절에 실시했다 실패한 경제 정책으로 IMF를 초래한 주범이었음에도 불구하고, 특별한 인연 덕분에 이명박 대통령에게 발탁되었던 강만수 장관이었지만 결국 국민의 비판을 받고 장관직에서 물러났다.

그러나 그 뒤 강만수는 '회전문'을 통해서 국가경쟁력강화위원회 위원장으로, 그리고 다시 2009년 9월에 대통령 경제특별보좌관으로 자리를 옮겨서 이명박 정부의 '양극화 트렌드' 정책을 지휘했다. 그리고 양극화의 열매를 가장 맛있고 배부르게 따먹고 있는 재벌 집단은 양극화를 해결해야 할 문제가 아니라 기회로만 바라보았다.

한편, 2008년 세계 금융위기의 여파가 한국 경제에 미친 영향을 가장 크게 받았던 비정규직·청년들의 미래는 더욱 암울했다. 2009년 청년층의 고용률은 40퍼센트를 밑돌았고, 청년층의 체감실업률은 30퍼센트에 육박했다. 120만 명 가까운 청년이 백수 신세였다. 하지만 사실 2006년에 이미 취업준비생이 고용통계상의 청년 실업자의 숫자를 추월하기 시작했으며, 이때 이미 한국 사회에서 청년 실업 문제는 단순한 일자리 문제가 아니라 사회의 총체적인 문제로까지 구조화되었다.•

168

게다가, 청년 세대는, 태어나서부터 지금까지 줄곧 사회에서 압도적인 영향력을 행사해 온 베이비부머 세대의 뒤치다꺼리까지 해야 할 처지였다. 베이비부머 세대가 고도성장의 열매를 고스란히 따먹고 은퇴를 하기 시작하면서 이들과 함께했던 성장의 거품이 꺼지기 시작하는 바로 그 시점에 '88만원 세대'라 불리우는 이 불행한 세대가 일자리를 찾아나서야 했고, 또 전 세대의 잘못으로 발생한 경제 위기를 고스란히 떠안은 채 실업의 공포에 시달리면서 나쁜 일자리를 전전해야 했다. 청년들의 미래는 암울했다.

또, 2009년 9월에는 청와대 민정수석실이 평소 이명박 정부에 대해서 비판적으로 비치던 방송인 김제동 씨와 김미화 씨를 비롯해 여러 방송인들을 뒷조사하라고 지시했다. (나중에 이런 사실은 이른바 '민간인 불법 사찰 문건'을 통해서 드러난다.) 김제동은 KBS 〈스타골든벨〉에서 하차했으며 얼마 뒤에는 손석희도 MBC의 〈백분토론〉에서 하차했다.

청년들의 멘토

안철수는 2009년 10월 24일 이화여자대학교 강연을 시작으로 해서, 박경철과 함께 한 달에 한 번씩 정도로 전국 순회강연에 나섰다. 그리고 2011년 5월 22일 경희대 강연 때부터는 '청춘콘서트'라는 이름을 붙이고 '공연'에 나섰다.

* * *

• 이경식, 《대한민국 깡통경제학》 (휴먼앤북스, 2011년) 참조.

2011년 9월 9일 대구 경북대학교 강당. 청춘콘서트의 마지막 공연이기도 했거니와, 며칠 전이던 9월 6일에 지지율 50퍼센트가 넘었음에도 불구하고 자기보다 지지율이 훨씬 낮은 박원순 희망제작소 상임이사에게 아무런 조건도 달지 않고 서울시장 후보를 양보하며 단일화를 했기에, 그에 대한 기대와 격려 및 지지의 열기는 더욱 뜨거웠고, 이런 열기가 반영되어 공연장 입구는 벌써 몇 시간 전부터 관객뿐만 아니라 취재진들로 북새통이었다.

오후 일곱 시에 인디밴드 레이시블루의 노래로 '희망·공감 청춘콘서트' 대구 공연이 시작되었다.

날 잊어줘 날 지워줘
날 잊어줘 날 지워줘
어쩜 너의 말이 맞을지 몰라
과거 따위는 잊으라고……

이어서 김제동이 등장했다. 그 다음에 안철수와 박경철이 무대에 올랐고, 대담 형식의 강연을 했으며, 나중에 청중들로부터 질의응답을 받았다.

—20대에게 당부하고 싶은 말은?
박경철 : ……여러분 어깨 위에는 버려야 할 모래주머니가 주렁주렁 달려 있다. 인생이라는 길고도 먼 여행에서 무거운 모래주머니를 달고는 오래 갈 수 없다. (…) 내 몸에 붙어 있는 나쁜 습관들을 한 개씩 제거해 나가라. 나쁜 습관을 버리고 좋은 습관만 남으면 발걸음이 가벼워진다.

김제동 : 20대에 혹시라도 이러지 않는지 살펴봐라. 나는 박지성인데 아이스링크에 밀어 넣고 너는 왜 김연아처럼 스케이트를 타지 못하냐고 닦달하고 있는 건 아닌지? 나는 김연아인데 축구장에 데려다 놓고 너는 왜 페널티킥을 제대로 차지 못하냐고 닦달하고 있는 건 아닌지? 자신에게 너무 가혹한 건 아닌지? (…) 힘들고 두려울 때 나는 가만히 있는다. 일단 먼저 나를 보호한다. 그래야 그 다음에 뭐를 할 수 있다. 끝까지 자기를 보호하고, 끝까지 자기 자신을 믿어주고, 스스로 자기의 최후 보호자가 되어 주는 것이다.

　─스스로 한심하다고 느껴본 적이 있는가?

　안철수 : 일이 잘못 될 때가 있다. (…) 후회를 해도 감정 소비하는 후회를 하면 나중에 마음은 치료되는데 남는 게 없더라. (…) 과거의 실패보다 과거의 성공이 더 앞길을 막는다. 성공 신화에 사로잡히면 상황 변화에 능동적으로 대응하지 못한다. 실패에 좌절해서도 안 되지만 성공도 미래의 발목을 잡는다는 생각으로 떨쳐버려야 한다.

　그리고 안철수는 박경철의 제안에 따라서 마무리 인사를 했다. 그동안 다니면서 도전하라, 용기를 가져라, 맷집을 길러라, 이런 말을 계속 했다. 하지만, 사실 솔직한 마음으로는, 미안하다. 기성세대의 한 사람으로서 녹록치 않은 환경을 물려주었다는 마음이 들어서다. 항상 위로하고 격려하고 싶은 마음이 먼저였다. 길게는 지난 3년, 최근에는 100일……진심으로 위로하고 격려하고 싶었다. 힘내세요!

　마지막 공연이다 보니 특별한 행사도 준비되었다. 안철수와 박경철 두 사람에게 그동안 감사했다는 의미로 선물과 케이크를 증정하는 순간이었다. 선물은 청춘콘서트 중 가장 감동적인 사진을 액자로 만든 것이었다. 대전 청춘콘서트의 무대 위에 관객들이 앉아 있는 모습을 무대 뒤에서 찍은 사진이었다. 두 멘토는 함께 촛불을 껐다.

공연의 피날레는 2,300명이 한 목소리로 부르는 김수철의 "젊은 그대" 합창이었다.

거치른 벌판으로 달려가자 젊음의 태양을 마시자

보석보다 찬란한 무지개가 살고 있는 저 언덕 너머

내일의 희망이 우리를 부른다

젊은 그대 잠깨어오라 젊은 그대 잠깨어오라

아아~ 사랑스런 젊은 그대 아아~ 태양 같은 젊은 그대

젊은 그대 젊은 그대

미지의 신세계로 달려가자 젊음의 희망을 마시자

영혼의 불꽃같은 숨결이 살고 있는 아름다운

강산의 꿈들이 우리를 부른다

젊은 그대 잠깨어오라 젊은 그대 잠깨어오라

아아~ 사랑스런 젊은 그대 아아~ 태양 같은 젊은 그대

젊은 그대 젊은 그대

이렇게 해서 전국 27개 지역을 순회하면서 전국 2,730명 자원봉사자들의 참여 속에 총 43,996명의 청춘들이 열기를 뿜어냈던 2011년 '희망·공감 청춘콘서트'는 막을 내렸다.

한편, 안철수연구소 CEO로 있던 10년 동안 직원들 앞에서 딱 한 번 노래방에서 "핑계"를 불렀을 만큼 사람들 앞에서 노래 부르기를 꺼렸던 안철수는 청춘콘서트를 하면서 수많은 사람들 앞에서 수없이 많이 노

래를 불렀다. 그렇게 그는 변하고 있었다.

* * *

어떤 평자는 안철수의 '청춘콘서트'는 새로운 시민 정치운동의 한 양식이며, 안철수가 이를 통해서 사회적 영향력을 발휘함으로써 사람들로부터 정치적인 가능성을 높게 평가받았다고 분석했다. 또 어떤 정치평론가는 다음과 같이 평가했다.

> ……(청춘콘서트를 통해서) 안철수는 정치 영역의 다수파나 소수파 모두 선뜻 개척하려고 나서지 않았던 레드오션을 블루오션으로 바꿔내어, 자신의 정치적 자산으로 삼는 탁월한 정치적 능력을 보여주었다. 본인은 이것을 '정치'라 칭하길 거부할지도 모르지만 말이다.•

안철수의 전략이 성공했다는 평가이다. 하지만 단서를 붙여야 한다. '적어도 여기까지는'이라고.

앞으로 과연, '청춘콘서트'의 관객이 안철수의 바람대로 상식과 원칙이 통하는 세상을 만드는 과정에 적극적으로 힘을 보태는 주체로 나설 수 있을까? 그의 바람대로 '아군'의 주력군이 되어줄 수 있을까? 아니면 그저 구경꾼으로만 남을까?

하지만, 설령 그들이 구경꾼으로만 남는다 하더라도 이것은 그들의 책임이 아니다. 어차피 고통이야 구경꾼들의 몫이겠지만, 투쟁의 성패는

• 한윤형 외, 《안철수 밀어서 잠금해제》(메디치미디어, 2011년) 28쪽.

구경꾼을 주력군으로 바꾸어놓지 못한 지도자에게 달렸기 때문이다.

이런 의문을 확인할 수 있는 사건이 안철수 앞에 거대한 모습을 드러냈다. 탐욕과 공포에 따른 우연성이 지배하는 불확실성의 인간사에서 늘 그렇듯이, 그 사건은 어느 날 불쑥 고개를 내밀었다.

05 | 간이 배 밖으로 나온 인간

"저는 저 나름의 판단이나 역사의식이 있습니다."

1년보다 길었던 5일

설마 일이 이렇게까지 전개될 줄은 몰랐다. 오세훈 서울시장이 자기 자리를 걸고 무상급식 문제를 주민투표에 붙이겠다고 선언했다. 한나라 당의 당론과 어긋나는 판단이었다. 오세훈은 자기만이라도 보수의 가치를 싸워서 지키겠다는 명분을 내걸었다. 그러나 '한나라당 심판'이라는 거센 바람 아래 투표에서 졌고, 서울이 아름다운 품격을 갖춘 존경받는 세계도시가 되기를 바란다는 말을 남기고 2011년 8월 26일 서울시장 직에서 물러났다. 나경원 의원의 표현을 따르면, 계백 장군처럼 그는 혼자 죽었다. (하지만 실제로는 얼마 뒤에 나경원 본인도 함께 죽는다.) 이어서 서울시장 보궐선거가 정치권의 핵으로 등장했다. 민주당에서는 이런저런 후보가 거론되었고, 박원순 희망제작소 상임이사가 출마 의지를 밝혔으며, 안철수가 출마할 것이라는 이야기가 본인의 잇따른 부인에도 불구하고 꾸준하게 돌았다.

이것이 '1년보다 길었던 5일'이 시작되기 직전의 상황이다. 그리고 그 5일은 9월 1일에 시작되었다.

9월 1일

2011년 9월 1일 목요일 오후 9시 30분, 《오마이뉴스》가 놀라운 뉴스를 하나 올렸다. 보궐선거 정국을 일거에 뒤흔들어 놓을 수 있는 충격적인 뉴스였다. 안철수가 서울시장 보궐선거에 출마할 결심을 이미 굳혔다는 내용이었다. 기자가 밝힌 정보 원천은 '안 교수의 측근'이었다. 이 측근은 다음과 같이 말했다.

"안 교수가 서울시장 출마 결심을 사실상 굳힌 것으로 보인다. 한나라당이나 민주당 후보가 아닌 제3지대에서 무소속으로 출마할 것이다. 안 교수는 이미 이번 주 초에 출마 쪽으로 가닥을 잡았다."

이 내용으로 첫 보도가 나간 직후, 안철수연구소는 공식 트위터를 통해서 《오마이뉴스》의 보도는 안철수 본인의 의사와 무관한 것이라고 해명했다. 하지만 어쩐 일인지, 얼마 뒤에 안철수연구소는 이 트위터를 삭제했다. 그러자 궁금증은 더욱 증폭되었다.

그리고 이날 밤, 《오마이뉴스》는 윤여준에게 전화를 해서 안철수 출마에 대한 견해를 물었다. 윤여준은 한나라당 출신으로 환경부장관을 역임했으며 보수 진영의 전략가로 통하던 인물이었다. 그런데, 그는 안철수-박경철의 청춘콘서트를 총괄 기획한 사람으로 알려져 있던 터라, 안철수의 정치적인 움직임 뒤에는 그의 영향력이 크게 작용했을 것이라는 게 세간의 시선이었다. 이 통화에서 윤여준은 다음과 같이 말했다.

—안철수 교수가 실제 마음을 굳힌 것 같다. 어떻게 보나.

"(…) 아주 반가운 일이다. 안 교수는 모든 일을 굉장히 진지하게 판단하고 또 무언가 결정할 때도 신중하지만, 한번 결정하면 그 어떤 어려움이 있어도 확실히 밀어붙이는 성격이다. 나는 두 분(안철수-박경철)과 함께 '희망공감 청춘콘서트'

를 하고 있어 자주 만나 얘기했다."

―무소속으로 출마한다는 입장인데 정당 기반 없이 승산이 있겠나.

"지금 당장 정당을 만들어 10·26 서울시장 보궐선거를 뛸 수 없으니 무소속으로 출마하는 것이다."

―박원순 희망제작소 상임이사도 시민후보 출마를 검토 중인데, 그러면 박 상임이사와 안 교수가 맞붙는 그림이 되는 건가.

"(…) 안철수 교수는 범시민단일후보 이런 것에 전혀 관심이 없을 것이다. 그는 무엇을 하든 독자성을 가지고 하려고 할 것이다. 지금 우리 국민들은 제3세력, 대안세력의 등장을 갈망하고 있다. 국민들이 이쪽도 저쪽도(즉, 한나라당과 민주당) 모두 심판해서 아니라는데…… 이 사람들이 또 나라를 맡아서 운영하겠다고 하니 너무 곤혹스러운 지경 아닌가. 만일 안철수 같은 사람이 직접 출마하겠다고 하면 그 반응은 회오리바람과 같을 것이다."

―안 교수는 지속적으로 '정치에 관심이 없다, 정치하지 않겠다'고 했었다. 어떤 점을 계기로 마음을 바꿨다고 보나.

"그동안 안 교수에게 계속 정치를 권유했지만 그는 정치를 할 생각이 없었다. 그러나 속으로 굉장히 깊은 생각을 하고 있었던 것 같다. (…) 새로운 정치를 하려면 분명 한국 정치에 지각변동이 필요한데, 이 변동의 에너지를 어디서 찾을 것이냐, 이런 고민을 했을 것으로 본다."

―'청춘 콘서트'를 통해 확인한 안철수의 영향력은 어느 정도인가.

"내가 '청춘 콘서트'를 기획해서 지금까지 하고 있지만, 젊은 사람들에게 저 정도의 신뢰와 지지를 받고 있다면 저 사람을 통해 새로운 에너지를 얻을 수 있겠다고 판단했다."

―안철수 교수가 공식적으로 출마를 선언하면, 당신은 어떤 역할을 할 건가?

"당선을 위해 개나 말처럼 뛰어서 힘을 보태겠다."

―안철수 교수가 이 같은 뜻을 품게 된 데는 윤 장관의 설득이 많은 영향을 준 것 같은데?

"아이쿠 무슨. 그러나 이런 얘기는 했었다. 당신들(안철수-박경철)이 젊은이들로부터 저 정도의 신뢰를 받고 있다면 이미 당신 둘의 어깨 위에는 젊은이들의 기대와 신뢰를 저버려서는 안 되는 사회적 책임 같은 게 있는 것이다. 그랬더니, 안 교수가 '아! 왜 이렇게 부담 주시느냐'고 한 적은 있다."

―한국정치의 특성상 조직 없이 무소속으로 당선되기가 쉬울까? 오랜 세월 정치권에서 전략가로 활동해온 경험으로 볼 때 어떻게 판단하는가?

"(…) 나는 혁명적인 선거운동 방식 개발이 가능하다고 본다. 옛날처럼 방대한 조직이 필요 없는 선거를 해볼 생각이다. 지금 노마드의 시대라고 하지 않나. SNS라는 무기도 있다. 오프라인이 안 중요하다는 게 아니라 온라인에 적합한 메시지와 이슈를 개발해야겠지. 옛날 방식으로는 절대 선거운동 안할 것이다."

9월 2일자의 이 《오마이뉴스》 기사로 보자면, 안철수는 그의 '정치적인 멘토'로 일컬어지는 윤여준의 영향력 아래에서 출마를 하고, 또 선거에서 윤여준이 핵심적인 역할을 하며, 나아가 제3정당까지 창당해서 한국의 정치판을 새롭게 짤 것처럼 비쳤다.

* * *

그런데 윤여준이 누구인가?

스스로 안철수-박경철의 '희망공감 청춘콘서트'의 기획자'임을 자처하는 윤여준이라는 사람은 도대체 누구인가?

보수진영의 전략가 혹은 범여권의 책사로 일컬어지는 윤여준은 2006

년 한나라당 소속 오세훈 서울시장 후보의 공동선거대책위원장직을 맡아서 오세훈의 당선을 진두지휘했던 사람이다. 2000년 16대 총선 때는 한나라당 총선기획단 단장을 역임했었고, 2002년 대선을 앞두고는 한나라당 기획위원장직을 맡았으며, 2004년 17대 총선 때는 한나라당 중앙선거대책위원회 부본부장을 맡았었다. 더 거슬러 올라가서 박정희 정권 시절에는 주일본 대사관 공보관, 전두환 정권 시절에는 청와대 공보비서관, 노태우 정권 시절에는 청와대 정무비서관과 안기부 특별보좌관, 김영삼 정부 시절에는 청와대 공보수석과 환경부장관 등을 지낸 인물이었다.

안철수가 이런 인물을 멘토로 두고 그의 영향력과 전략 아래에서 서울시장 선거에 출마하고 나아가 정치판을 새롭게 짤 것이라는 얘기가 나오자, 시민들은 놀라움 속에서 사건의 전개를 지켜보았다. 특히 반(反)한나라당 서울시장이 탄생하길 염원하던 사람들은 충격 속에서《오마이뉴스》보도의 사실 여부에 촉각을 곤두세웠다. 박원순 변호사가 이미 반한나라당의 깃발을 들고 출마하겠다는 의지를 밝힌 뒤였던 터라, 그리고 야권연대 의지를 분명히 표명하고 있던 터라, 만일 안철수가 박원순을 꺾고 당선되어, 이명박과 오세훈에 이어서 여전히 한나라당의 그늘에서 벗어나지 못하는 시장이 된다면 낭패였다. 오세훈 시장의 사퇴를 이끌어낸 주민투표 속에 담긴 서울시민의 의지는 명백하게 반(反)한나라당이었기 때문이다.

* * *

인터넷과 SNS에서는 난리가 났다. 안철수가 트로이의 목마가 되어서 한나라당의 승리를 도우려 한다는 등의 얘기가 빠르게 퍼졌다. 그동안 안철수에게 모아졌던 기대와 희망이 워낙 컸던 만큼, 분노와 실망도 컸다. 안철수가 이명박 정부 아래에서 미래기획위원회 위원으로 있다는 사실도 새삼스럽게 비판의 대상이 되었다. 진보 진영의 인사가 서울시장이 되기를 바라는 인터넷의 논객들은 분개했다.

그동안 23년간 쌓아 왔던 거 하루아침에 똥통으로 처넣을 건가? 이미지 망가지는 거 한순간이다. 괜히 한 방에 훅 간다는 말이 있겠나? 진보와 보수의 시대는 가고 이제는 상식과 비상식의 구도라고 한 안철수… 무소속 서울시장 출마…. 이게 상식인가? 한나라맨 윤여준과 꿍짝꿍짝해서…??? 머여… 도대체???

안철수가 야권 후보군에 이름 올리는 것 자체가 나도 불쾌하고 안철수도 불쾌할 것이다… 안철수는 입당만 안 했을 뿐… 한나라당 당원이나 진배없는 자이다! 안철수는 이명박 정부 출범 초기에 미래기획단 자문위원을 수락한 사람이 아닌가!

안철수가 살인마 전두환의 공보실장을 하던 놈과 놀아난다는 거야?

하지만 오랜 세월 안철수와 가깝게 지냈던 박경철은 안철수에 대해서 조금도 의심하지 않으며 다음과 같은 글을 트위터에 올렸다.

만약 안쌤이 (서울시장 출마를) 결심하신다면야…… 저도 한 표 던지겠습니다만 (아 서울시민이 아니라 권리가 없네요) (…).

하지만 안철수와 박경철을 싸잡아서 윤여준의 책략에 놀아나는 (혹은, 공모하는) 기회주의자라고 비난하는 목소리는 점점 거세졌다.

한편, 민주당과 한나라당에서도 서울시장 후보로 누구를 내세울지 구체적인 윤곽을 잡지 못한 상태에서 돌발적으로 터져 나온 안철수의 무소속 출마 결심 보도가 당혹스럽긴 마찬가지였다. 한나라당 홍준표 대표는 기자들과 만난 자리에서 '철수가 나오니 다음에는 영희가 나오겠네'라고 말했다. 이것이 멘탈 붕괴 직전 상태의 발언이었음은 나중에야 입증이 된다.

9월 2일

9월 2일, 하루에만 두 건의 청춘콘서트가 예정되어 있었다. 하나는 오후 두 시 홍은동 서대문구청에서였고, 또 하나는 오후 일곱 시 서울대학교 문화관에서였다. 두 군데 모두 엄청난 인파가 모여들었다. 사전 인터넷 예약자들뿐만 아니라 취재진들까지 그의 출마 여부를 확인하기 위해서 구름처럼 모여들었다. K팝 스타의 콘서트장을 방불케 할 정도였다. 서대문구청 청춘콘서트에서 안철수는 취재진을 피해 구청 앞마당이 아닌 옆문을 통해서 입장해야 했다. 안철수는 저녁의 서울대학교 청춘콘서트 현장에서, 여태까지 살면서 이렇게 기자들을 많이 만나보긴 처음이라고 말했다.

이런 열기를 반영하듯 이날 코스닥시장에서 안철수연구소의 주가는 전날보다 14.9퍼센트나 올랐고, 거래량도 전날의 2.7배로 늘어났다.

오후 일곱 시, 1,900석의 좌석 외에 계단까지 사람들이 빽빽하게 들어찼다. 2,500명이라고 주최 측은 설명했다. 인디밴드 신궁의 "멍텅구리"가 청춘콘서트의 오프닝 무대를 열었다.

연봉이 높으면 걱정이 없는가

가난한 자들은 무조건 불행한가

돈만이 우리의 최고 행복인가

진실한 가치는 무시당해도 되나

(…)

무엇이 예쁘고 무엇이 추한가

우리의 기준은 과연 정답일까

세뇌 돼버린 사고의 틀을 벗자

우리는 모두 다 멍텅구리들

나도 멍텅구리 너 또한 멍텅구리

우리는 모두 다 멍텅구리들

나도 멍텅구리 너 또한 멍텅구리

(…)

안철수와 박경철의 본격적인 대담이 시작되었고, 박경철은 서울시장을 한다는 거냐 만다는 거냐고 단도직입적으로 물었다. 하지만 그는 즉답을 피했다.

"문제의식은 있다. 제 나이쯤 되면 사회에 대한 문제의식을 다 가지고 있다."

그렇게 그는 시장 출마 가능성을 열어놓았다.

앞서 서대문구청에서도 안철수는 취재진의 질문에 이렇게 대답했었다.

"아직 결심을 굳힌 단계는 아니다. 만약 결심이 서면 직접 말할 것이다. 구체적인 발표 시기는, 9일까지 예정된 청춘콘서트 지방순회 일정을 끝내는 것이 먼저이고, 아직 할 일이 많아서 언제라고 못을 박아서 말하지는 못하겠다."

하지만 사람들은 안철수의 서울시장 선거 출마를 기정사실로 받아들이고 있었다.

9월 3일

이날 두 건의 여론조사가 진행되었고, 두 조사에서 모두 안철수가 다른 예상후보들을 압도적으로 눌렀다.

《국민일보》와 여론조사기관인 GH코리아가 서울지역 주민을 상대로 실시한 조사에서 안철수는 36.7퍼센트로 1위를 기록했다. 나경원 한나라당 최고위원이 17.3퍼센트, 민주당 한명숙 전 총리가 12.8퍼센트, 박원순 희망제작소 상임이사가 5.0퍼센트였다. 안철수를 포함한 삼자대결에서도 안철수는 50퍼센트를 넘는 지지율로 압도적인 1위였다. 이런 결과는 《중앙일보》와 한국갤럽이 같은 날에 실시한 여론조사 결과에서도 그대로 반영되어, 안철수의 지지율은 2위 나경원보다 세 배나 높았다.

안철수가 출마한다면 당선은 떼놓은 당상이었다.

* * *

어머니는 남을 배려하고 남에게 모범이 되라고 했지, 앞장서서 잘못된 사람을 바로잡으라고는 하지 않았다. 안철수는 다섯 달쯤 전인 2011년 5월에 한 라디오 프로그램에 출연해서 이렇게 말했었다.

"제가 옳다고 믿는 어떤 마음이나 일하는 방법 같은 걸 다른 사람들한테 절대로 강요하지 않습니다. 사람들마다 가진 가치관은 다 똑같이 소중하지, 어떤 사람의 가치관이 다른 사람의 가치관보다 더 우월하다, 그런 건 있을 수도 없다는 그런 생각, 정말 진심으로 믿고 있기 때문에……."•

정치에 참여하려면 이 태도부터 바꾸어야 했다. 남에게 잘못을 바로잡으라고 기꺼이 요구할 수 있어야 했다. 진흙탕에서 이런 요구를 하며 싸울 각오를 해야 했다.

9월 4일

9월 4일은 일요일이었다. 이날 저녁 김포공항에 안철수가 나타났다. 전남 순천에서 열린 청춘콘서트를 마치고 돌아오던 길이었다. 《오마이뉴스》의 오연호 대표가 안철수를 맞았고, 안철수는 《오마이뉴스》와 두 시간 동안 인터뷰를 했다. 이 내용은 다음날 기사로 게재되었다.

이 인터뷰에서 안철수는 다음과 같이 말했다.

"또다시 이상한 사람이 나타나서 서울시를 망치면 분통 터질 것입니다. 오세훈 시장 사퇴 이후 한나라당이 다시 서울시장에 당선될 수 있다는 여론의 흐름을 보고 주변에서 걱정들을 많이 해서, 저라도 나서야 하지 않겠는가 하는 생각이 들었습니다. (…) 저는 현 집권세력이 한국 사회에서 그 어떤 정치적 확장성을 가지는 것에 반대합니다. 제가 만일 어떤 길을 선택한다면, 그 길의 가장 중요한 좌표는 이것이 될 것입니다."

한나라당이 더는 정치적 영향력을 넓혀나가는 것에 단호하게 반대하며, 그 목적을 달성하기 위해서 출마를 고민하고 있다는 말이었다. 안철

• CBS 라디오 "시사자키 정관용입니다", 2011. 5. 9.

수가 '응징'이라는 표현까지 동원해서 반(反)한나라당의 정치적인 입장을 밝혔고, 이런 사실은 한나라당으로서는 (예상하지 않았던 것은 아니지만) 충격적인 내용이었다. 게다가 보수 진영의 전략가인 윤여준이 안철수가 자기 멘토라고 말하는 것에 대해서 논란의 여지없이 부정했다.

"저는 진보 진영부터 건강한 보수까지 굉장히 스펙트럼이 다양하고 넓습니다. 여러 기대를 표시하고 간접으로 돕겠다는 사람들이 많습니다. 윤 원장을 포함해 많은 분들이 그런 말씀을 하시는데 저는 그냥 웃고 맙니다. (…) 윤 원장이 하는 제3당 얘기 등등은 자신의 바람이지 제 생각이 아닙니다. 그래서 어제 윤 원장에게 직접 앞으로 그렇게 하지 말아 주셨으면 좋겠다고 말씀드렸습니다. (…) 저는 그분이 제 멘토라고 얘기한 적이 없습니다. 만약 그분이 제 멘토라면 제 멘토는 한 300명 정도 되는 셈입니다. (…) 저는 제 나름의 판단이나 역사의식이 있습니다."

윤여준은 스스로 안철수의 멘토를 자처했지만, 안철수는 그런 터무니 없는 소리는 아예 하지도 말라고 했다. 한나라당은 물론이고 이른바 '범보수'의 진영과 함께할 뜻이 없음을 강하게 시사하는 발언이었다. 안철수를 간판으로 내세워서 어떤 정치적인 그림을 그리려던 윤여준으로 하여금 헛물만 켰다는 사실을 깨닫게 만들었다. 잠깐 동안 언론의 스포트라이트를 받았던 윤여준은 그 뒤 언론의 관심 밖으로 조용하게 사라졌다.

그리고 이 인터뷰에서 안철수는, 서울시장 출마 문제에 대해 현재 반반이라면서, 늦어도 그 주 중반까지는 출마냐 불출마냐에 대한 결론을 내리겠다고 했다.

9월 5일

자유선진당 이회창 전 대표는 한 라디오 프로그램에 출연해서 안철수에게 간이 배 밖으로 나와 있다고 독설을 퍼부었다. 하던 일이나 열심히 할 일이지 왜 생판 다른 영역인 정치판에서 기웃거리느냐는 말이었다. 두 차례나 대통령 선거에서 고배를 마신 노정객의 눈에 비친 안철수는 정치판의 생리를 전혀 모른 채 반짝 인기에 눈이 먼 하룻강아지로 비쳤던 모양이다.

한편, 9월 1일에 안철수의 서울시장 선거 출마 이야기가 나온 뒤로 서점가에서 안철수가 쓴 책들은 갑자기 날개 돋힌 듯 팔려나가기 시작했다. 교보문고는 9월 1일부터 5일까지 이 책들의 판매량이 두 배 이상 늘어났다고 했다. 안철수의 선택에 사람들의 이목이 그만큼 집중되어 있다는 뜻이었다.

또 그날, 유럽발(發) 재정위기가 유럽계 은행을 매개로 제2의 글로벌 금융위기로 번지는 조짐이 나타나고 있었다. 크리스틴 라가르드 IMF 총재는 세계 경제가 또 금융위기에 빠질 수 있다고 경고했으며, 유로존 부채위기가 흑사병처럼 유럽 전역에 퍼지고 있다는 진단이 여기저기서 나오고 있었다. 이에 따라 전 세계적으로 주가가 폭락했다. 9월 5일 유럽 증시에서 뱅크오브스코틀랜드(영국), 도이체방크(독일), 소시에테제네랄(프랑스) 등 유럽 은행들의 주가가 하루 만에 8~11퍼센트 폭락한 데 이어, 6일에도 독일과 프랑스 증시가 1퍼센트 이상 하락했다. 미국 증시는 장중 한때 2퍼센트 이상 급락세를 보였다. 한편 국내 증시 역시 무기력하게 무너져, 9월 5일에 전날보다 81.92포인트 하락한 1785.83포인트로 마감했다. 4퍼센트가 훌쩍 넘는 하락폭이었다. 주가 하락은 다음 날에도 이어져 19포인트가 떨어지며, 제2의 금융위기를 예고하는 어두운 그림자를 드리웠다.

9월 6일

이날 새벽 기묘한 사건이 일어났다.

새벽 5시쯤이었다. 북한산 용암문 등산로에서 박용수(52세)가 사촌 형제인 박용철(50세)의 머리를 망치로 때리고 칼로 다섯 군데 찔러 살해했다. 그리고 다섯 시간 뒤에 박용수는 살해 현장에서 멀지 않은 강북구 우이동 도선사 인근 용암문 탐방센터에서 숨진 채 발견되었다. 경찰은 박용수의 죽음을 자살로 추정했다. (그리고 경찰은 다음 달에 박용철의 죽음을 '박용수 씨의 원한에 의한 계획된 범행'이라고 결론을 내린다.)

그런데, 두 사람 모두 박근혜의 오촌 조카였다. 게다가 박용철은 2007년 벌어진 육영재단 폭력 강탈 사건으로 징역 8개월, 집행유예 2년을 선고받은 바 있다. 또 박근혜의 동생인 박근령 전 육영재단 이사장의 남편인 신동욱 전 백석문화대 교수는 박용철을 지목해서, 자기가 중국 칭다오에서 괴한에게 납치될 때 현장에 있었던 인물이라고 주장했다. 게다가 신동욱은, 박용철이 2010년 '박지만이 중국에서 신동욱을 죽이라고 했고 녹취록을 가지고 있다'라는 말을 했다고 주장하며 박지만 회장을 고소했었다. 이 일로 신동욱은 무고 및 명예훼손 혐의로 구속되었다. 그런데 신동욱은, 석 주쯤 뒤인 9월 26일에 있을 재판에서 자기 쪽 증인으로 박용철 씨를 신청해 놓았던 터라 그의 사망 시점이 석연치 않다고 주장했다.•

• "박근혜 친척 간 살인 공판기록을 보니", 《시사인》 232호, 입력 2012. 2. 9. 이래저래 기묘한 사건이었다.

* * *

안철수는 이미 마음을 굳히고 있었다. 이제 마지막 수순만 남았다. 그것은 서울시장에 출마하겠다는 의사를 밝힌 박원순과의 담판이었다. 자기가 출마하겠다는 뜻을 내비쳤음에도 불구하고, 박원순은 출마 의사를 거듭해서 강력하게 밝혔기 때문이다. 안철수는 9월 4일 《오마이뉴스》와의 인터뷰에서도, 정말로 박원순이 출마를 원한다면 그쪽으로 밀어주는 것도 한 방법이라고 말했었다. 하지만 확정된 건 아직 아무것도 없었다.

박원순과 안철수 두 사람의 인연은 8년쯤 전인 2003년 말부터 시작되었다.

그해 연말에 안철수연구소는 아름다운가게 1호점인 안국점에서 '아름다운 토요일' 행사를 열었다. 직원들이 모은 재활용품을 직접 자원봉사자가 되어 판매하고 수익금을 불우한 이웃에게 사용하는 행사였다. 이날 행사에 박원순이 직접 직원들에게 고맙다고 인사를 했다. 그런데 된장찌개를 놓고 둘러앉은 점심식사 자리에서 박원순은 본인이 직접 사인한 책을 안철수연구소 직원들에게 나누어 주었다. 그리고 따로 한 권을 더 챙겨서는 해외로 출장가 있던 안철수 사장에게 전해달라고 했다. 이렇게 해서 두 사람의 인연이 처음 시작되었다.•

오전 11시 40분, 안철수가 집을 나서면서 기자들의 질문에 응했다. 이때만 해도 그는 서울시장 출마 가능성을 '50 대 50입니다'라고 대답했다.

한편 비슷한 시각에 박원순은 서울대병원에 마련된 고(故) 이소선 여

• 박근우, 《안철수 He, Story》, 220~221쪽.

190

사의 빈소로 향하고 있었고, 낮 12시에 빈소에 도착했다. 50일 동안 백두대간을 탔던 터라, 덥수룩하게 자란 수염이 얼굴을 덮고 있었다. 이십 분 뒤에 박원순은 대기시켜 놓은 택시를 타고 장례식장을 빠져나갔다. 기자들의 차량이 뒤를 쫓았다. 추격전이 이어졌고, 박원순은 안국동 낙원상가 앞에서 내린 뒤 다른 택시를 타고 기자들을 따돌렸다.

오후 2시, 서대문구 충정로의 한 오피스텔 13층, 안철수와 박원순이 마주 앉았다. 단일화 담판 자리였다. 박원순은 자기가 서울시장 선거에 출마하는 이유를 설명했고, 안철수는 주로 듣기만 했다. 그리고 어느 한 순간, 안철수는 이렇게 말했다.

"아무 조건도 없습니다. 제가 출마하지 않겠습니다. 방금 말씀하신 대로 꼭 시장이 되셔서 그 뜻 잘 펼치시기 바랍니다. 저는 변호사님의 의지가 얼마나 굳건한지 확인하고 싶었을 뿐입니다."

이렇게 해서 이십 분 동안의 단일화 회담은 끝났다.

그리고 오후 4시, 세종문화회관 지하의 수피아홀에 마련된 기자회견장. 70여 명의 취재기자들이 지켜보는 가운데 검은색 자켓에 노타이 차림의 안철수가 회견문을 읽었다. 회견 탁자에는 의자가 두 개 마련되어 있었다. 기자들이 박원순에게 테이블 의자에 함께 앉을 것을 주문했고 안철수도 함께 앉자고 요청했지만, 박원순은 군이 기자들 사이에 선 채로 발표문을 듣겠다고 했다. 안철수가 발표문을 읽기 시작했다.

"오늘 존중하는 동료이신 박원순 변호사를 만나 포부와 의지를 충분히 들었습니다. 박 변호사는 우리 사회를 위해 헌신하며 시민 사회를 위해 노력하신 분이라 생각합니다. 서울시장직을 누구보다 잘 수행하실 분이라 생각합니다.

물론 저에 대한 기대가 크다는 점도 알고 있습니다. 너무나 감사하고 부끄럽습니다. 하지만 어느 누구도 민심을 쉽게 얻을 당연한 권리를 가지고 있지 않습니다. 제게 보여주신 기대 역시 우리 사회 리더십에 대한 변화 열망이 저 자신을 통해 표현된 것이라 생각합니다.

저는 서울시장 선거에 출마하지 않기로 했습니다. 성원해 주신 분들을 잊지 않고 사회를 먼저 생각하고 살아가는 정직하고 성실한 삶으로 보답하겠습니다. 더불어 경쟁으로 살아가는 미래 세대들을 위로하고 싶습니다."

출마를 하기만 하면 당선이 확정적인 지지율 50퍼센트가 넘는 후보가 지지율 9퍼센트밖에 되지 않는 후보에게 단일후보의 자리를 양보하는 순간이었다.

5분 남짓한 회견을 마친 안철수는 박원순과 악수를 나누고 포옹했다. 그리고 먼저 자리를 떠났다. 수십 명의 기자들이 안철수를 따라 움직이며 질문을 던졌다. 기자들 사이에 밀고 밀리는 몸싸움이 벌어지고 고성이 오갔다. 이런 광경은 수피아홀에서 1층 입구까지 약 500미터나 되는 거리를 이동하는 동안 계속되었다. 이 과정에서 그는 신당 창당은 전혀 고려하지 않고 있으며, 다시 학교로 돌아가서 지금 하고 있는 일을 마무리하겠다고 했다. 지난 5일이 1년 같았다고 말했다.

정계에 발을 들여놓지 않겠다는 안철수의 말을 액면 그대로 믿는 사람은 아무도 없었다. 사람들은 그의 이런 발언조자 정치적으로 받아들였고 그가 2012년 대통령 선거에 출마할 것이라고 믿었다.

한편, 박원순은 안철수 교수와 진심이 통했다며 기존 정치권에서는 볼 수 없는 아름다운 합의였다고 평가했다.

* * *

하지만 한나라당의 시각은 달랐다. 안철수와 박원순의 단일화 합의를 두고 한나라당 대변인은 '정치적 소신이나 정책과 무관하게 선거를 위해 밀실 야합하는 단일화 쇼'로 평가절하면서, 안철수의 본색도 알고 보니 자신이 그토록 비난하던 구태 야합 정치인과 다름없다는 게 확인되었다고 공격했다.

그리고 이날, 정몽준은 여의도 중소기업중앙회에서 《나의 도전 나의 열정》 출판기념회를 열고, 정치가 희망이 되고 답이 될 수 있도록 열정을 바치겠다고 했다. 차기 대통령이 되고 싶으니 지지해달라는 말의 우아한 변주였다.

"2002년 월드컵을 성공적으로 치른 후 제가 누린 대중적 인기도 '신드롬 현상'에 가까운 것이었습니다. 하지만 정치적·제도적 기반이 없는 대중적 인기는 신기루일 뿐입니다. 요즘 안철수 원장이 무엇을 느끼고 있고 무슨 고민을 하고 있는지 알 수 있다고 감히 생각합니다."

직설적으로 말하면, 자기도 경험해 봐서 잘 아는데 자기 꼴 나지 않게 조심하는 게 좋을 것이라는 뜻이었다. 동병상련의 정이라는 아름다운 인정으로 바라볼 수도 있겠지만, 그보다는 안철수 열풍에 찬물을 끼얹고 싶은 마음이 간절했던 것 같다.

하지만 이런 충고나 권고 혹은 협박을 안철수가 귀담아들었을 것 같지는 않다. 정치적인 배포가 컸기 때문이 아니라, 애초에 그런 게 없었기 때문이다. 그래서, 간이 배 밖으로 나와 있어 이걸 본 다른 사람들이 경악했음에도 불구하고, 정작 본인은 아무렇지도 않았던 것이다. 처음부터 간이 배 밖으로 나와 있었고, 그의 사고방식으로는 그게 정상이었기 때문이다. 상식과 비상식이 뒤집어진 현실에서 빚어진 착시 현상이었다.

다음 날인 9월 7일 오전, 여의도 자택 앞에서 안철수를 기다리던 기자들이 2012년 대통령 선거에 출마할 것인지 물었다. 전날 서울시장 보궐선거 불출마 선언이 있은 직후에 여론조사기관 두 곳이 실시한 대선 주자 여론조사에서 양자 대결을 벌일 때, 야권단일후보 안철수가 한나라당 후보 박근혜보다 앞선다는 결과가 나왔다. 4년 동안 무너지지 않았던 박근혜 대세론의 철옹성이 안철수 때문에 허물어질 수도 있다는 뜻이었다. 그랬기에 사람들의 이목은 안철수에게 쏠렸다.

—국민들이 원하면 대선에 나올 것인가?

"대권 도전은 가당치도 않고 생각해 볼 여유도 없다."

그러나 간이 배 밖으로 나온 사람의 말을 어떻게 액면 그대로 믿을 수 있을까? 그랬기에 박근혜도 그날 오후, 안철수에 뒤지는 여론조사 결과를 기자들이 연거푸 묻자 "병 걸리셨어요?"라고 신경질적으로 대답했다. 안철수 열풍이 여러 사람의 멘탈을 붕괴시키고 있었다.

그 뒤……

한나라당 서울시장 후보는 나경원으로 정해졌고, 안철수의 지지를 받은 박원순이 민주당의 여러 후보들을 누르고 야권 단일 후보가 되었다. 이렇게 해서 서울시장 선거는 나경원과 박원순 사이의 대결로 압축되었고, 결과를 섣불리 예측할 수 없는 상황 속에서 유세전은 뜨겁게 달아올랐다.

선거를 이틀 앞둔 10월 24일, 안철수는 박원순 후보의 서울 종로구 안국동 캠프를 찾았다. 그리고 기자들이 지켜보는 가운데 박원순을 지지해달라는 '국민에게 보내는 글' 형식의 편지를 공개하며 박원순 후보와 나란히 섰다. 안철수는 파란색 셔츠에 노타이였고, 박원순은 흰색 셔츠에 분홍색 타이였다.

1955년 12월 1일, 목요일이었습니다.

미국 앨라배마 주의 로자 파크스라는 한 흑인여성이 퇴근길 버스에 올랐습니다. 잠시 후 비좁은 버스에 백인 승객이 오르자 버스 기사는 그녀에게 자리를 양보할 것을 지시했습니다. 그녀는 이를 거부했고 체포돼 재판에 넘겨졌습니다.

하지만 이 작은 움직임은 많은 사람들의 공감을 불러일으켰고 미국 흑인 인권 운동에 큰 전환점이 됐습니다.

흑인에게 법적 참정권이 주어진 것은 1870년이었지만, 흑인이 백인과 함께 버스를 타는 데는 그로부터 85년이 더 필요했고, 그 변화를 이끌어낸 힘은 바로 작은 행동이었습니다.

후에 그녀는 이렇게 말합니다.

"내게는 여느 날과 똑같은 날이었지만 수많은 대중들의 참여가 그날의 의미를 바꿔놓았다."

선거는 바로 이런 참여의 상징입니다.

저는 지금 우리가 새로운 시대를 열어가는 변화의 출발점에 서 있다고 생각합니다.

그래서 이번 시장선거는 부자 대 서민, 노인 대 젊은이, 강남과 강북의 대결이 아니고, 보수 대 진보의 대립은 더더욱 아니어야 한다고 생각합니다. 저는 이번 선거만은 이념과 정파의 벽을 넘어 누가 대립이 아닌 화합을 이끌어낼 수 있는지, 누구의 말이 진실한지, 또 누가 '과거가 아닌 미래를 말하고 있는지'를 묻는 선거여야 한다고 생각합니다.

그래서 저는 55년 전의 흑인여성 로자 파크스처럼, 우리가 그날의 의미를 바꿔놓는 행동에 나서야 한다고 생각합니다.

선거 참여야말로 시민이 주인이 되는 길이며, 원칙이 편법과 특권을 이기는 길이며, 상식이 비상식을 이기는 길이라고 생각합니다.

저 역시 천만 시민의 한 사람으로서 당연히 제 한 표의 권리를 행사할 것이고 이른 아침 투표장에 나갈 것입니다.

여러분도 저와 함께 해주시기를 간곡하게 청합니다. 감사합니다.

안철수 드림.

그리고 10월 26일, 최종투표율은 48.6퍼센트였고, 54.22퍼센트 지지율의 박원순 후보가 44.87퍼센트 지지율의 나경원 후보를 29만 표 차이로 넉넉하게 누르고 서울시장에 당선되었다. 학교로 찾아온 기자들에게 안철수는 다음과 같이 말했다.

"박 시장님께 축하드리고 싶습니다. 사실 시민 입장에서 승자 패자가 어디 있겠습니까. 바람이 있다면 지지자뿐만 아니라 지지하지 않는 사람의 마음도 잘 헤아리는 그런 시장이 되었으면 합니다. 저는 항상 중요하게 생각하는 것 중의 하나가 가끔 자신이 가진 생각과 다른 세상 모든 사람을 적으로 돌리는 것은 우리 모두 경계해야 한다고 생각합니다. 그게 상식적인 생각이라고 생각합니다. 상식과 비상식 간의 대결에 시민들이 상식의 손을 들어준 것이라고 생각합니다."

안철수는 여론조사 결과 차기 대권주자 1위의 자리를 여전히 고수하고 있었고, 기자들은 대선에 출마할 것인지 여전히 물었고, 안철수는 야권통합이니 뭐니 그런 생각을 해본 적이 없다는 말로 여전히 답변을 대신했다.

　　　　　　　　　　　* * *

　사족.

　한국기자협회는 2011년 9월의 '이달의 기자상' 취재보도 수상작으로
《오마이뉴스》의 "안철수 교수 서울시장 출마결심 임박"(장윤선, 이주연,
오연호 기자)을 선정했다.

간이 배 밖으로 나온 인간

이회창의 독설

안철수의 서울시장 후보 출마설이 파다하던 2011년 9월 5일, 이회창 자유선진당 전 대표가 한 라디오 프로그램에 출연해서 충격적인 발언을 했다. 안철수를 놓고 한 발언이었다.

"간이 배 밖으로 나오고 있다."

감히 공식적인 자리에서 쉽게 할 수 없는 독설, 막말이었다.

"곁에서 정치권이 자꾸 건드리고 부추겨서 망가뜨리는 모습은 내가 보기에도 안타깝다. (…) 간이 배 밖으로 나오고 있다. (…) 지금 특히 안철수 서울대 교수가 물망에 오르면서 뭔가 아주 정상심을 잃은 것 같다. 지금 지지율이 50퍼센트씩 나오고 하니까, 곁에서 아마 이런 충고하는 사람이 없을 거다. (…) 안철수 교수 같은 분은 유능한 과학자로 컴퓨터 백신 전문가로 이미 그 방면에서 많은 일을 했고 유능한 사람이니까 이런 분들은 그 분야에서 세계 1등이 되게 해줘야 한다. 이름이 나고 했다고 해서 정치권으로 들어오고 하면 우리나라가 어떻게 되겠느냐"

하던 일이나 열심히 하라는 핀잔이었다. 안철수를 중심으로 부는 뜨거운 열기에 찬물을 끼얹고 싶은 바람의 표현이었다. 두 번씩이나 거의 대통령이 될 뻔했다가 고배를 마신 노정객의 눈에 비친 안철수는, 정치판의 생리를 전혀 모른 채 반짝 인기에 눈이 먼 하룻강아지로 비쳤다. 그런데 이 하룻강아지가 '불쾌하게도' 정치판을 뒤흔들고 있으며, 더 중요하게는 자기의 정치적인 노림수, 즉 2012년에 있을 대통령 선거에서 자기가 구축하고자 하는 '킹 메이킹 캐스팅보트'의 위상까지 위험하게 만들려 하고 있었으니……

범여권이 느끼는 이런 불쾌함은 다음 날인 9월 6일자 중앙일보의 한 칼럼에도 그대로 드러난다.

(…) 정치권은 벌집 쑤셔놓은 듯하다. 그가 출마하지 않는다 해도 정치의 진입 장벽과 프로 정치인들의 독점구조는 깨진 거나 다름없다. 그런 위기감 탓일까, 저마다 한마디씩 던지기 바쁘다. 대개는 가랑이 사이에 꼬리를 처박고 뒷걸음치며 컹컹 짖어대는 모습이다. (…) 정치나 행정은 우아한 발레가 아니다. 사생결단으로 덤벼야 하는 종합격투기다. 올바른 말, 반듯한 행동, 깨끗한 경력만으로 되는 곳이 아니다. (…) 높이 헹가래를 쳐주는 건 유권자지만, 안전하게 착지하는 건 본인의 몫이다. (…) 그가 성공하려면 새로운 안철수, 즉 마키아벨리적 소양을 갖춘 '안철수 2.0'이 돼야 한다. (…) 안철수는 대단한 희소가치를 지닌다. 허깨비처럼 공중에 붕 떠다니는 강남좌파들과는 존재감이 다르다. 그런 희소자원이 정치 입문을 고민하고 있다. 금주 중엔 결론을 낼 모양이다. (…) 정말 고민했다면, 지금껏 하던 일에 매진하는 게 낫다.•

• 남윤호, "'남윤호의 시시각각' 안철수2.0을 기다리며", 《중앙일보》, 입력 2011. 9. 6.

우호적으로 보면 '희소가치'를 지닌 도덕군자로 그냥 살면 좋지 않으냐는 회유이고, 악의적으로 보면 헹가래를 쳐줄 때는 기분이 좋겠지만 땅바닥에 내팽개쳐질 게 뻔하니 일찌감치 포기하라는 공갈이다.

하지만 이회창이나 위의 칼럼을 쓴 사람이 모르는 (혹은, 알면서도 인정하지 않는) 사실이 있다. 안철수는 마키아벨리가 되어야만 정치를 할 수 있다는 논리에 전혀 동의하지 않는다. 백면서생 하룻강아지의 꼴을 벗고 마키아벨리가 되라는 권고의 진심은, 안철수더러 본인의 정체성을 포기하라는 말이었다. 그게 싫으면 정치판을 기웃거리지 말라는 말이었다.

하지만 안철수가 위협적인 건 그의 정체성 때문이었다. 간을 배 밖에 드러내놓고 덜렁거리며 '순진한' 눈을 똑바로 뜨고 상식과 원칙 그리고 변화를 외치는 이런 정체성을 포기하는 순간, 안철수의 기존 정치 집단에 대항할 유력한 무기는 사라지고 말 터였다. 이런 사실을 안철수는 이미 알고 있었다. 그렇기에 안철수는, 노골적이거나 혹은 예의를 갖춘 이런저런 회유나 권고 그리고 공갈협박을 '그저 웃음으로써' 흘려버렸다. 간이 배 밖으로 나왔다고 놀림을 당해도 좋고 그러다 다쳐도 좋았다. 애초에 그럴 생각이었으니까.

* * *

정상적인 사람은 미친 사람을 감당하기 어렵다. 미친 사람이 두려운 것은 그 사람이 어떤 행동을 할지 전혀 예측할 수 없기 때문이다. 애완견의 행동은 예측이 가능하기 때문에 무섭지 않다. 그러나 길들여지지 않은 야생의 개·혹은 길들여졌다가 야생으로 돌아간 유기견의 행동은 예측할 수 없다. 그래서 무섭다. 일상적으로 통용되는 룰에 따르는 상대는 그다지 두렵지 않다. 다음 수를 읽을 수 있기 때문이다. 하지만 이 룰을 깡그리 무시하는 상대는 두렵다. 이 상대가 어떻게 나올지 전혀 예측할 수 없기 때문이다.

중국의 춘추전국시대에 시황제가 이끄는 진나라의 군대가 다른 나라 병사들에게 두려움을 줬던 이유는, 이들이 전쟁터의 일상적인 룰을 깡그리 무시했기 때문이다. 전쟁터에서 병사들은 일반적으로 갑옷을 입었다. 적에게 당할 수도 있는 공격에 대비해서 비록 거추장스럽긴 하지만 갑옷을 입는 게 그 판의 일반적인 룰이었다. 그런데, 시황제는 지위나 신분과 상관없이 공을 많이 세운 병사에게 거기에 따른 보상을 해줬다. 그래서 진나라의 병사들은 남들보다 먼저 더 많은 적의 목을 베려고 갑옷까지 벗어던지고 최대한 몸을 가볍게 해서 '미친 듯이' 적진으로 달려들었다. 몸이 가벼운 만큼 날랠 수밖에 없었고, 진나라의 병사들을 상대하는 다른 나라 병사들은 겁을 먹고 꽁무니를 뺐다. 그러니 진나라가 연전연승을 이어갈 수밖에……

기존의 정치권에서 보기에 안철수는 '미친 사람'이다. 간을 배 밖으로 내놓고 덜렁거리며 돌아다니는 그를 바라보는 시선은 두려움과 공포 그 자체다. 이런 감정 때문에 '멘탈 붕괴' 상태에 이른 박근혜도 기자에게 '병 걸리셨어요?'라는 막말을 의도치 않게 하고 말았던 것이다. 이명박 대통령도 2011년 9월 8일에 청와대에서 열린 한 대담 자리에서 안철수 현상을 놓고 '올 것이 왔다'고 말했다. 한편 소설가 이문열은 이 '미친 사람'이 몰고 오는 공포에 불안해 떨면서도 '미친놈 썩 물러가라!'고 고함을 지른다, 그가 느꼈을 공포만큼이나 큰 목소리로.

나는 도대체가 의문이 많다. '안철수 현상' 이런 것에 대해. 특히 '언론이 (힘을) 합쳐서 아바타 키우기를 하고 있나?' 하는 생각이 들 정도이다. 왜들 저러는지 모르겠다. 신선하게 등장했는지는 모르겠지만, 그 사람이 (기존 정치 문제를) 해결해주느냐, 해결책을 내놓은 게 있느냐? (현 상황을) 우리말로 바꾸면 '홧김에 서방질한다'는 건데, 이 사람(기존 정치인)이 나쁘다고 해서 저게(새 인물이) 깡패인지 (미친 사람인지) 모르는 이상한 인물이 와도 박수 치고 따라가야 하나?*

그를 '깡패'나 '미친 사람'으로 규정하는 것은 기존의 룰에 따를 때만 그렇다. 하지만 안철수는 기존의 룰을 따르지 않겠다면서 나섰기에, 그를 지지하는 사람들은 정치권에 신선한 바람 '안철수 현상'이 분다고 했다.

안철수 현상

안철수는 완벽하다. 공부를 잘해서 대한민국 최고의 학부인 서울대학교 의과대학에 단번에 척 붙었고, 의사 생활을 하면서도 컴퓨터 바이러스 백신을 개발했으며 게다가 이것을 무료로 사람들에게 나누어 주었으며, 급기야는 이것이 의사 생활보다 더 중요하다고 판단해서 안철수연구소라는 벤처기업을 만들고, 일반적인 다른 기업들과는 전혀 다르게 투명한 경영, 사회적 책임을 다하는 경영으로써 성공적인 기업으로 키워냈으며, 나중에는 또 미련 없이 그 자리에서 물러나서 자기 재능을 사회에 기부하려는 사람……

게다가 이 사람은 누구에게도 반말을 하지 않을 만큼 겸손하기까지

• 이문열, JTBC 인터뷰, 2012. 4. 19.

하다. (심지어 군대에서도 부하에게 반말하는 걸 어려워했다.) 섹시 가수의 아이콘인 이효리가 누구인지도 모르고 국민 여동생이라 일컬어지는 가수 아이유의 이름을 듣고는 외국 사람이냐고 물을 정도로, 백지처럼 순수하다. 뇌물, 접대, 탐욕, 성상납, 리베이트, 표절, 탈세 등 한국 사회에 만연한 부정적인 이미지를 그에게서는 찾아볼 수 없다.

기업계와 공직을 통틀어서 나이 오십이 넘은 유명한 사람 가운데 이런 사람이 얼마나 있을까? 그러니 청년들은 그를 롤 모델로 삼고 싶어 하고, 부모들은 자기 아이를 안철수처럼 키우고 싶어 한다.

이런 안철수가 정치적인 발언을 하고 나서자 사람들은 열광했고, 이것이 이른바 '안철수 현상'이다. 이 현상의 핵심을 손호철은 다음과 같이 정리한다.

> 첫째, 한국 정치에 대한 절망과 공익에 대한 갈구이다. (⋯) 안 원장은 이 같은 공익적 리더십의 모델로 떠오른 것이다. 둘째, 김대중·노무현 정권, 나아가 이명박 정부 등 제도정치권이 모두 신자유주의 정책으로 인해 민생 해결에 실패함으로써 국민들이 제3의 대안을 찾는 것이다. 셋째, 공감의 정치, 따뜻한 정치에 대한 갈구이다. 특히 절망에 빠진 '88만원 청년세대'에게 이 같은 갈구는 강력한 것이고…….●

하지만 안철수 현상은 새로운 패러다임의 도래를 예고하는 상징일 뿐이다. 이런 현상 자체가 그 모든 바람을 보장해 주지는 않는다. 이런 현상이 아무리 선한 의도에서 비롯되었다 하더라도, 새로운 체제·새로

● 손호철, "안철수의 선택?", 《경향신문》, 2012. 3. 14.

운 사회는 의도가 아니라 '제도'를 통해서 비로소 실현될 수 있는 만큼,[*] 2012년 6월 현재 안철수 현상은 진행 중이므로 이것의 미래는 아직 불투명하다.

게다가, 어떤 평자는 안철수 같은 '착한 자본가'가 사회의 유일한 희망으로 여겨지는 모습은 한국 사회가 얼마나 퇴행했는지 역설적으로 보여주는 서글픈 현장이라며 각성과 분발을 촉구하기도 한다.

> '이명박 반대'는 진보가 아니라 '인간의 기본'일 뿐이다. 이명박 패거리의 상상을 뛰어넘는 저급함은 두뇌와 심장이 작동하는 사람이라면 수용할 수 없는 종류의 것이다. 인간의 기본이 진보로 승격된 사회, 짜증과 비아냥이 진보적 담론이자 실천인 사회, 체제를 꿰뚫어보는 냉철한 지성도 체제 속의 삶에 대한 진지한 성찰도 사라져버린 사회는 퇴행할 수밖에 없다.[**]

이 현상, 이 모든 이야기의 한가운데에 안철수가 있다. 그의 행보에 따라서 2012년 대통령 선거, 나아가 한국의 미래가 좌우될 지경이다.

착한 안철수? 지독한 안철수!

안철수 하면 가장 먼저 떠오르는 이미지가 착하다는 것이다. 안철수는 그 누구에게도 반말을 하지 않는다. (딸에게는 반말을 한다고 했다.) 오락·유흥 문화와는 거리가 멀다. 1500억 원이나 되는 자기 소유의 주식을 아무 조건 없이 사회에 환원했다. 거짓말은 할 줄 모른다. 지키지 못할 것 같은 약속은 아예 하지도 않는다. 2012년 대통령 선거에 출마

• 박성민, 《정치의 몰락》(민음사, 2012년), 143쪽.
•• 김규항, "야! 한국사회−반이명박 매트릭스", 《한겨레》, 2011. 10. 10.

할 것인지 말을 하라고 사람들이 아무리 다그쳐도 대답을 하지 않았다. 지키지 못할 약속을 하는 게 아닌지 스스로 판단이 서지 않았기 때문이다. 그만큼 착하다.

그래서 어떤 사람들은 안철수의 핵심적인 특성을 '착함'에서 찾기도 한다. 이런 발상에 기초해서, 안철수의 한계를 '착한 이명박'이라는 말로 표현하며, 안철수가 아무리 착해 봐야 본질적으로는 이명박과 같은 시장 지상주의자일 뿐이라고 비판한다. 혹은 그가 거둔 성공을 '착한 성공'이라는 말로 표현해서 세상의 청년들에게 안철수처럼 착하게 살면 성공을 거둘 수 있다고 충고한다.

그런데 '착하다'라는 표현은 정치적으로 중립적인 개념이다. 심지어 착함은 정치적으로는 약점이 되는 덕목이기도 하다. 정치가 싸움이라고 한다면 착하다는 덕목만으로는 이기지 못한다. 교활해야만 이긴다. 《손자병법》의 핵심도 적을 속이는 것이다. 이순신 장군이 명량해전에서 12척의 배로 왜군 전함 133척을 맞아 36척을 격파하며 대승을 거둔 것도 그가 (착한 게 아니라, 반대로) 교활하게 적을 속여 물살이 빠른 울돌목으로 유인했기 때문이다.

그러므로 안철수를 '착하다'라는 범주에 묶어두는 것은 (의도하든 의도하지 않든 간에) 그가 가진 무기가 발휘할 수 있는 위력에 찬물을 끼얹는 행위이다. 착하다는 말 속에는 '온순하다, 양순하다'는 의미도 포함되어 있기 때문이다.

이와 관련해서 안철수는 카이스트 기술경영전문대학원 석좌교수 시절이던 2010년 가을에 한 기자와 만나서 이런 말을 한 적이 있다.

"제 얼굴 한번 보세요. 사람을 자르지(해고하지) 않게 생겼지요?"

순하고 사람 좋게 생겼지 않느냐는 말이었다. 느닷없는 질문에 기자가 머뭇거리자, 그가 스스로 자기 질문에 대답을 했다.

"절대 아닙니다. 큰 잘못을 한 직원, 과감히 자릅니다. 특히 사조직과 라인을 만드는 사람, 그래서 조직을 해치는 사람에겐 가차 없습니다. 한 간부는 해고 통보를 받자 제 앞에서 펑펑 울더군요."

굳이 이런 말을 한 것은, '착하다'는 이미지가 자기에게 한편으로는 약이 되지만 한편으로는 독이 된다는 사실을 잘 알고 있었음을 뜻한다.

온순하고 양순한 사람은 간을 배 밖에 드러내놓고 덜렁거리는, 남이 봐서는 혐오·공포스럽고 스스로에게는 위험한 짓을 하지 않는다. 안철수는 착하기만 하지 않다. 적어도 온순·양순하지는 않다. 그는 다만 원칙주의자일 뿐이다.

* * *

원칙주의자는 지독하다. 1692년에 미국 매사추세츠 주의 세일럼이라는 작은 마을에서 200명 가까운 사람들이 마녀·마법사로 고발되어 19명이 처형되고 1명이 고문으로 죽고 5명이 옥사한 일도 청교도 원칙주의자들의 빗나간 도덕적 신념이 원인이었다.

안철수연구소 시절에, 그는 자기가 사장으로 있는 회사에 자기 친척을 한 명도 입사시키지 않았다. 심지어, 친구가 개업을 해서 개업식을 할 때도 그 자리에 나가지 않았다. 자기 행위가 공정한 룰을 깰 수도 있다고, 즉 원칙에 어긋난다고 판단했기 때문이다.

2000년 벤처 붐이 불 때 아무리 친한 사람의 개업식이라도 얼굴을 내비치지 않았다. 야박하단 소리를 감수하고 그런 행동을 한 것은 내 얼굴을 보고 그 기업의 가치를 평가해 투자를 하려는 사람들을 보았기 때문이다. 아무 이해관계가 없더라도 미지의 투자자에게 왜곡된 판단기준을 주기는 싫었다.•

그는 또 대학원 시절 새벽 세 시에 일어나서 의사 겸 프로그래머로 살아가는 생활을 7년 동안이나 했으며, 유학 시절에는 이틀에 한 번씩 밤을 꼬박 새우며 공부했었다. 한마디로 독종이다.

안철수가 이렇게 지독할 정도로 철저하게 원칙주의자가 될 수 있는 이유는, 그가 믿는 것은 오로지 이성의 힘이란 사실, (그런 맥락에서) 계몽주의자란 사실에 있다. 18세기 유럽의 계몽주의자는 모든 것을 이성적으로 해석할 수 있으며, 오로지 이성만이 가장 합리적이고 효율적인 해결책을 제시한다고 믿었다. 그리고 모든 사람들이 이성의 힘을 믿기를 바랐다.

볼테르가 그랬고 칸트가 그랬던 것처럼 안철수는 이성의 힘을 믿는다. 또 이 이성의 힘을 세상 사람들에게 알리고자 애를 쓴다. 사람들이 스스로 깨닫고 행동하기를 바란다. 안철수는 그렇게 '수평적인 네트워크' 속에서 스스로 모범을 보이며 사람들을 '계몽'하려 한다. 그가 사람들과 부대끼는 것을 좋아하지 않으면서도 언론을 상대로 수없이 많은 인터뷰를 마다하지 않고, 시간을 최대한 쪼개서 강연을 하러 다니고, 또 글을 쓰고 책을 내는 것도 이런 까닭에서이다. (사실 그가 인터뷰나 글 혹은 책에서 하는 주장은 기존의 것과 별로 다를 것이 없는 내용임에도 불구하고 계속해서 반복 재생하고 있다. 이것은, 조금이라도 더 많은 사람들에게 자기 주장을 설명하기 위한 노력이다.)

• 안철수, 《CEO 안철수, 영혼이 있는 승부》, 212쪽.

안철수가 종교를 가지지 않는 이유도 바로 이런 맥락에서 유추할 수 있다. 진리라는 (이성으로써 얼마든지 파악할 수 있는) 객관적인 실체가 존재한다고 믿는 만큼, 신이라는 절대자가 들어앉을 공간이 그에게는 없다. 신이 앉을 그 자리에 이성이 앉아 있다. '안철수 현상'의 한가운데 있는 그의 행동을 좌우하는 것은 정치적인 신념이라기보다는 이성에 대한, 종교적인 신념에 가까운 도덕적인 신념이다. 다음은 그가 1998년 새해를 병상에서 맞았던 무렵에 생각했던 죽음에 관한 단상이다.

나는 우주에 절대적인 존재가 있든 없든, 사람으로서 당연히 지켜나가야 할 중요한 가치가 있다면 아무런 보상이 없더라도 그것을 따라야 한다고 생각한다. 내세에 대한 믿음만으로 현실과 치열하게 만나지 않는 것은 나에게 맞지 않는다. 또 영원이 없다는 이유만으로 살아 있는 동안에 쾌락에 탐닉하는 것도 너무나 허무한 노릇이다. 다만 언젠가는 같이 없어질 동시대 사람들과 좀 더 의미 있고 건강한 가치를 지켜가면서 살아가다가 '별 너머의 먼지'로 돌아가는 것이 인간의 삶이라 생각한다.●

안철수가 간을 배 밖으로 내놓을 수 있는 것은 그가 미친 사람이기 때문이 아니라 21세기 한국 사회의 계몽주의자이기 때문이다. 계몽주의자이기 때문에 그런 독한 행동을 눈 하나 깜박하지 않고 '착한' 얼굴로 버젓이 하고 있다, 지독하게도…….

● 안철수, 《CEO 안철수, 영혼이 있는 승부》, 41쪽.

현실주의의 역습

데카르트는 1637년에 《방법서설》을 출간하면서 '나는 생각한다. 고로 나는 존재한다'라는 명제로 근대적 인간의 탄생을 예고했고, 이로써 계몽주의가 태어났다. 계몽주의는 이성에 기초한 개인과 사회의 이상을 고취했다. 하지만 신의 그늘에서 벗어난 인간이 실제로 세상에서 벌이는 행태는 이상적인 것과 거리가 멀었다. 계몽주의의 자양분으로 일어난 프랑스혁명의 공포정치는 파리에서 1년 사이에만 단두대에서 1만 7천 개의 목을 떨어뜨렸고, 지방에서는 혁명 반대파를 진압하며 사람들을 수백 명씩 구덩이에 몰아넣고 대포로 쏘아서 죽였다. 이상을 실현하겠다며 벌인 전쟁과 혁명은 인간의 추악한 모습을 여지없이 드러냈다.

이런 모습에 환멸을 느낀 개인의 자아는 이제 계몽주의에 등을 돌리기 시작했다. 이성에 회의를 품고, 이제까지 이성의 빛에 가려 무시되었던 감성으로 눈을 돌리기 시작했다. 이렇게 해서 계몽주의는 낭만주의로부터 공격을 받기 시작했다.

낭만주의자 괴테는 일생의 역작 《파우스트》 머리 부분에서 메피스토펠레스의 입을 통해서 이렇게 당당하게 선언한다.

"모든 이론은 회색이고, 영원한 것은 저 푸르른 생명의 나무이다."

계몽주의의 이성과 모든 이론은 헛소리이니 생명의 맥박 속에서 존재의 의미를 찾자는 낭만주의 선언이었다.•

안철수의 계몽주의 역시 2011~2012년 한국 현실에서 낭만주의 혹은 현실주의의 집중적인 포화를 맞는다.

• 이경식, 《미쳐서 살고 정신 들어 죽다》, 156~160쪽.

* * *

2011년 6월 27일, 제1회 중앙비즈니스포럼.

질문자가 세상을 바꾸려면 참여해서 해야지 피하는 것은 비겁한 행동 아니냐고 묻자 안철수는 이렇게 대답한다.

"정치는 체질에 안 맞는다. 내겐 권력 욕심이 없다. 영향력을 행사하는 게 쾌감이 아니고 짐이다. 괜찮은 분들이 (정치판에) 가서 그냥 나온다. 혼자서는 절대로 바꿀 수 없다는 것을 안다."

사실 한 해 전 9월에도 한 일간지와의 인터뷰에서 똑같은 발언을 했었다.

"여러 사람이 동시에 함께 바꿀 수 있으면 제일 좋은데, 그런 때가 올지 모르겠다."

안철수가 꿈꾸는 수평적 네트워크의 세상은 현실에 있는 객관적인 진리를 집단지성을 통해서 모든 사람이 함께 찾아내고 공유하는 그런 세상인데…… 그게 올까, 그가 반문했다. 오면 좋겠다는 바람이다.

그러자 다시 질문이 날아든다. 그냥 메시지만 던지겠다는 건가?

"메시지도 던지지만, (그냥 메시지만 던지고 있자니) 화도 조금씩 나고 있다. 나 자신을 보면 정치인과 안 맞는 게 확실한데, 현실을 보고 있자니 점점 화가 난다."

그리고 다시 시간이 흘러, '1년 같은 5일'의 첫날이던 2011년 9월 1일에 안철수는 한 언론과의 인터뷰에서 다시 이렇게 말했다.

"정치는 내 성격에 맞지 않는다. 나 혼자 들어가서는 뭔가를 바꾸기 어렵다. 아무리 높은 자리라도 혼자 들어가서 아무것도 바꾸지 못하고 나오면 그거야말로 인생낭비라고 생각한다. (…) 그러나, 청춘콘서트가

210

곧 막을 내리긴 하지만 끊임없이 사람들과 함께 사회 문제를 공유하고 공감대를 형성해 사회 변화에 일조할 생각이다."

여전히 결정을 미루고 있지만, 정치를 하겠다는 가능성은 열어두고 있다.

하지만 안철수는 이미 정치를 하고 있는 셈이다. 2011년 서울시장 보궐선거 국면에서도 안철수는 《손자병법》이 강조했듯이 싸우지 않고 이기는 전략을 구사해서, 한나라당 후보가 당선되는 것을 막겠다는 목표를 달성한 동시에 자기 주가를 한층 끌어올렸었다.

* * *

단테는 《신곡》에서 '지옥의 가장 뜨거운 자리는 정치적 격변기에 중립을 지킨 자를 받기 위해 마련되어 있다'고 썼다. 이미 간을 배 밖으로 내놓은 안철수이기에 지옥을 두려워할까마는, 그를 바라보며 열광하는 많은 사람들은 그가 지옥에 떨어질까 두려워하는 게 아니라, '안철수 현상'이 한낱 물거품에 지나지 않았음을 확인하게 될까봐 두려워한다.

비슷한 맥락에서 유시민은 2012년 4월에 한 텔레비전 인터뷰에서 안철수를 향해 이렇게 말했다.

> 도덕적 위기의 시대에 중립은 없다. 중립이 일반적으로 없는 것이 아니고, 도덕이 위기에 봉착한 시기에는 양쪽 사이에 양비론이 설 자리는 없다는 말이다. 정치를 하실 거면 과감하게 세력을 선택하고 하시는 것이 사회 발전의 도구로 쓰이는 데에 합당한 길이다.[*]

보수적인 논조의 일간지에서도 섬뜩한 단어들을 동원해서 비난과 저주의 주술을 읊어댔다.

> 정치권 밖의 정치인 안철수. 그를 거물로 키워낸 건 한국의 저급한 정치토양이다. (…) 호사한 껍질 속에 감춰진 부조리와 위선의 틀을 깨부수고 싶은 대중의 갈망은 목구멍까지 차올라 있고, 그 종착역은 당연히 정치판이다. (…) 그가 대권 경쟁에 뛰어들면 어떤 신종 기법을 선보인다 한들 철저한 검증을 피해갈 재간은 없다. 수신(修身)은 좋은 덕목이지만 그게 지도자의 내공이 될 순 없다. 정치판은 신사도가 넘치는 예절 체험관이 아니라 칼날을 부딪쳐서라도 문제를 풀어내야 하는 전장이다. (…) 그 절차가 두렵다면 이젠 물러나는 게 좋겠다. 우물쭈물하다간 이문열 소설처럼 '처형하는 인간(호모 엑세쿠탄스)'의 본성이 별 잘못도 없는 그를 내버려두지 않을 것 같다. 안철수가 굳이 예수의 수난까지 따라 할 필요는 없지 않은가.[**]

예수도 유대인의 왕의 되고자 하지 않았음에도 처형을 당했는데, 하물며 정치판에서 잔뼈가 굵지도 않은 사람이 정치를 하겠다고(그것도 대통령 선거에 나서겠다고) 천지를 모르고 날뛰다가는 제명에 살지 못할 것이라는 무시무시한 충고, 혹은 충고를 빙자한 저주이다.

그리고 며칠 뒤인 5월 4일, 국회에서 열린 '민주당 정치개혁모임 조찬 간담회'에서는 김두관 경남지사가 대권 레이스의 잠재적인 경쟁자인 안철수를 향해서 포문을 열었다. 이른바 '모내기 발언'이다. 김두관이 누구인가, 노무현 정부 초기에 이장에서 장관으로 고속 '출세'해서 중앙 정치

• 유시민, YTN "강지원의 출발 새아침". 2012. 4. 5.
•• 이동주, "매경포럼 종착역 가까워진 안철수 메시아劇", 《매일경제》, 입력 2012. 04. 30.

권에 신화적 인물로 이름을 올린 사람이자 '야권 잠룡' 가운데 한 사람이 아닌가. 이런 그가 야권 진영에서는 처음으로 안철수를 비판하고 나선 것이다.

"거머리가 득실대는 논에 맨발로 들어가서 모내기 한 번 해본 적 없는 사람이 '내가 농사를 지으면 잘 지을 것'이라고 해도, 그 사람이 유명하고 지지율이 높다고 아무도 문제 제기를 하지 않는 그런 정치는 안 된다. (…) 정치를 준비한 사람, 국민 속에서 정치를 익힌 사람이 정치를 하는 것이 맞다. 이것이 정상적인 정치를 복원하기 위한 기본 전제이다."

낭만주의자 괴테는 '저 푸르른 생명의 나무'를 이야기했지만, 현실주의자들인 보수 언론의 어떤 논설위원과 김두관은 각각 '처형장'과 '거머리'를 이야기했다. 현실이 얼마나 지독한지 당신이 알기나 하느냐, 라고 그들은 말하고 있었다. 여권에서는 안철수더러 발은 진흙 구덩이에 빠져 있는데 머리만 구름 위로 내밀고 청명한 하늘만 바라본다고 해서 무엇을 할 수 있겠느냐고 비아냥대고, 야권에서는 발을 한 번도 진흙 구덩이에 담가본 적이 없이 머리를 구름 위로만 내밀고 청명한 하늘만 바라보는 사람이 무엇을 할 수 있겠느냐고 몰아친다.

서울시장 보궐선거 국면이 끝나고 안철수가 침묵을 지키는 동안 4·11 총선에서 박근혜가 이끄는 새누리당이 낙승을 하면서 '안철수 현상'의 약발이 어느 정도 시들해진 시점에 진행된 일들이었다.

하지만 안철수는 그러거나 말거나 아무 말이 없었다. 당랑재후(螳螂在後)의 고사를 생각하고 있었을지도 모른다.

＊ ＊ ＊

　중국 춘추전국시대의 초나라 장왕이 진나라를 치려고 결심하고는, 자기 결정에 반대하는 진언을 하는 사람이 있다면 죽음으로써 다스리겠다고 했다. 그런데 명재상 손숙오가 나서서 이렇게 말했다.

　"신의 집 정원에는 느티나무가 한 그루 있습니다. 이 나무에 매미가 한 마리 있습니다. 매미는 막 날개를 펴고 슬피 울며 맑은 이슬을 마시려고 합니다. 하지만 자기 등 뒤에 사마귀가 목을 굽혀서 잡아먹으려고 하는 것을 알지 못합니다. 그런데 사마귀는 자기 뒤에서 참새가 자기를 쪼아먹으려고 하는 것을 알지 못합니다. 그런데 참새는 어린아이가 아래에서 새총으로 자기를 노리는 것을 알지 못합니다. 그런데 어린아이는 자기 앞에 깊은 구덩이가 패여 있는 것을 알지 못합니다. 이것은 모두 눈앞의 이익 때문에 등 뒤에 있는 위험을 돌아보지 못하기 때문입니다."

　전쟁에서 싸움을 하기 전에 먼저 승리를 할 수 있을지부터 헤아려야 한다는 말이었다. 안철수는 심사숙고하며 승산이 있는 싸움을 조용하게 준비한다.

임박한 선택

　2012년 4월 23일, '철수산악회 창립발기인 전국대회'가 열렸다. 서울 여의도의 한 사무실에 '철수산악회'란 명패가 걸렸다. 자발적 봉사조직을 표방하고 있지만, 7월 7일부터 '100만 회원 안철수 지지 서명운동'을 계획하고 있다. 안철수 측에서는 안철수와 아무런 상관이 없다고 했고, 철수산악회 측에서는 물밑 교감이 있다고 했다.

214

한편 안철수는 이보다 앞서 2월 6일에 안철수재단 설립 계획을 발표하며, 사회적으로 편중돼 있던 기회 격차를 해소하는 데 주력할 계획이라고 밝혔다. 5월 8일에는 재단 등록을 마쳤다. 재단 측은 안 원장의 정치 행보와 재단 활동은 무관하다며 선을 그었지만, 이 재단이 안철수의 대권 플랜 가운데 하나로 기능할 것임은 말할 것도 없다.

* * *

5월 24일, 안철수는 언론 담당 창구로 유민영을 선임했다고 밝혔다. 말하자면 안철수의 개인 대변인인 셈이었다. 사변적이고 철학적이던 자기 말을 정치 언어로 명징하게 '통역'하는 일이 거머리가 득실거리는 현실에서는 반드시 필요하겠다고 안철수 본인이 느꼈을 테고, 이 역할을 유민영에게 맡긴다는 뜻이었다. 그렇다면, 안철수가 드디어 정치 현실이라는 링 위로 오른다는 뜻인가?

언론에서는 안철수가 본격적으로 대권 행보를 시작했다며 호들갑을 떨며 유민영의 프로필을 내놓았다. 유민영, 45세, 전북 남원 출신으로 전주 동암고와 성균관대 신문방송학과를 졸업하고 고 김근태 전 민주당 고문의 비서관으로 정계에 입문, 2002년 노무현 후보 대선기획단 선대위 홍보팀 부장, 노무현 정부 출범 이후 청와대 대변인실 행정관과 연설기획비서관 행정관 역임, 청와대 춘추관장 역임, 2011년 박원순 서울시장 후보 메시지 팀장, 현재는 한림국제대학원대학교 겸임교수로 재직 중.

그런데 유민영의 경력에서 특이한 점이 있다. 다섯 달 전에 고인이 된 김근태와의 인연이다. 그는 김근태의 비서관으로 정계에 입문했었다. 김근태가 누구인가? (본인도 아는지 확인할 수 없지만) 의과대학 본과 학생 시절 인생의 가장 중요한 결정을 하던 때 어쩌면 이 결정에 가장 큰 영향을 미쳤을 수도 있는 바로 그 사람이 아닌가? 2011년 서울시장 보궐 선거 직후에 안철수가, 만약 정치를 하게 된다면 상의를 하고 싶다고 마음속에 담았던 말을 하며 꼭 만나보고 싶다고 했던 바로 그 사람, 하지만 이미 병이 깊어 만남을 이루지 못했던 바로 그 사람이 아닌가? 안철수가 마음의 빚을 지고 있다고 공식적으로 밝혔던 그 사람이 아닌가? 2012년 4·11 총선 때는 굳이 지지글을 트위터에 올리며 응원했던 대상인 인재근의 남편이 바로 그 사람이 아닌가?

안철수와 김근태의 인연은 이렇게 30년을 관통해서 다시 이어졌다. 그것도 중요한 결정이 앞둔 시점에……

김근태는 민주당 내의 재야 출신 개혁 성향 인사들의 모임인 민주평화국민연대(민평련)의 의장이었고, 유민영은 김근태의 부인인 인재근 및 민평련의 차세대 간판으로 일컬어지는 이인영을 비롯한 민평련 인사들과 친분이 두텁다.

자, 그렇다면 안철수는 민평련을 첫 번째 연대 대상으로 삼고 본격적인 대선 레이스를 시작하려나?

기자들은 이런 궁금증을 안고 5월 30일 안철수가 모처럼 공개 강연을 하는 부산으로 모여들었다. 그날, 안철수가 중대한 (그러나 무슨 내용일지는 이미 충분히 예상되는) 발언을 할 것이라고 기대했다.

5월 30일 저녁, 2,800석 규모의 부산대학교 경암체육관. 안철수가 공식적인 발언을 하는 것은 4월 9일에 총선을 독려하는 동영상을 발표한 뒤로 거의 두 달 만이었다. 총학생회 초청 특별강연이었고, 강연 주제는 "지금 우리에게 필요한 것은"이었다. 강연 두 시간 전부터 체육관 앞에는 부산대 학생들은 물론, 70대 노인과 10대 고교생, 40·50대 주부까지 3,000명이 넘는 사람들이 장사진을 이뤘고, 강연장은 청중들로 가득 찼다.

하지만 '중대한 발표'는 없었다. 안철수는 결정이 임박했음을 시사하면서도 아직 고민 중이라고 밝혔다.

"일반적으로 정치에 뜻을 가진 사람들은 의지를 갖고 찬성하는 국민들을 바탕으로 행동하는데, 사회 변화의 열망이 저를 통해 분출된 것이라 생각한다. 이것을 온전히 제 개인에 대한 지지라 생각하면 교만이 된다. 만약 정치를 하게 된다면 과연 그 기대, 저를 통한 사회적 열망에 어긋나지 않을 수 있을까 질문을 던지는 게 도리고, 그 과정 중에 있다."

하지만 이전과 다르게 한 걸음 전진했다. 이전에는 정치를 할 것인가 말 것인가에 방점을 찍었다면, '복지, 정의 그리고 평화'라는 개념을 제시함으로써 정치를 한다면 어떤 정치를 할 것인가에 방점을 찍었던 것이다.

* * *

2012년 6월, 안철수는 이제 곧 선택을 해야 한다. 대선 출마 여부에 관한 선택뿐만 아니라 각 분야의 구체적인 정책도 제시해야 한다. 여기에 따라서 '안철수 현상'의 방향과 결과가 결정된다. 이 선택을 피할 수는 없다. 어쩌면 이 선택은, 1980년대 초중반에 그가 서울 구로동의 한 성당에서 의료 봉사 활동을 하면서 자기 삶의 행로를 결정한 순간에 이미 예정되었던 것인지도 모른다. 본인이 알고 있었거나 혹은 몰랐거나 간에……

그리고 이 선택에 따라서, 과연 계몽주의자 안철수의 이성은 현실주의자가 말하는 거머리를 참아내고 또 처형장을 피해갈 수 있을까?

06 | 호모 폴리티쿠스

"사회의 긍정적 발전을 일으킬 수 있는 도구로 쓰일 수 있다면,
설령 정치라도 감당할 수 있습니다."

호모 폴리티쿠스의 운명

호모 폴리티쿠스, 인간의 특성 가운데 정치를 통하여 사회생활을 이루어 가는 특성을 가리킨다. 정치적 인간이라는 뜻이다.

인간이라면 누구나 정치를 통해 사회생활을 영위하려는 특질, 즉 호모 폴리티쿠스적 성향을 가지고 있다. 일찍이 아리스토텔레스는 개인과 사회가 완전히 분리될 수 없다고 지적하며, '좋은 사회'를 만들기 위해 노력하는 호모 폴리티쿠스의 특성 및 역할을 강조했다. (고대 그리스에서는 정치에 관심 없는 사람을 '이디오테스', 즉 멍청이로 여겼다고도 한다.)

어린 시절 안철수는 어머니의 과잉보호를 받으며 땅만 보며 걸었었다. 이랬던 안철수의 호모 폴리티쿠스적인 특성은 대학교 본과 시절 가톨릭학생회 회원이던 과 친구와 친해지면서 가난한 동네에서 의료 봉사 활동을 하면서 발현되기 시작했다. 그리고 이 특성은 그 뒤 그의 일생을 통해서 보다 넓은 범위로 외연을 확장시켰다. 컴퓨터 바이러스 백신 개발로, 안철수연구소 설립으로, 이 회사의 사회적 기업화로, 청년 및 예비 벤처기업가의 멘토 역할로, 또 잠재적인 대권 후보자로…….

안철수가 강력한 대권 후보로 거론되는 것은 그의 운명이다. 호모 폴리티쿠스의 운명이다. 본인 스스로 선택한 운명이다. 전적으로 자기 선택이 빚은 결과이다. 그는 모피어스가 내미는 빨간약과 파란약 가운데서, 파란약을 선택함으로써 꿈에서 깨지 않는 길을 걸을 수도 있었지만, 빨간약을 선택함으로써 평온하고 안락하던 꿈에서 깨어, 아프고 가난한 사람들의 현실에 눈을 떴다.

기업가정신을 강조하고 이익공유제를 2001년에 책을 통해서 공공연하게 주장할 때 이미 그는 정치에 발을 들여놓은 셈이다. 아니 그 전에, 컴퓨터 바이러스를 무료로 나눠줄 때 이미 그렇게 예정되어 있었다. 아니, 그보다 더 이전, 학생 시절에 사회의 구성원으로서 자기가 해야 할 역할을 진지하게 고민할 때 이미 예정되어 있었다. 가정교육의 효과를 중시하는 사람이라면, 아버지 안영모가 판잣집이 즐비하던 부산의 가난한 동네에 범천의원 간판을 내걸 때 이미 그 일은 예정되어 있었다고 말할지도 모르겠다.

* * *

"자기 자신에게 줄 수 있는 가장 큰 선물은 스스로에게 기회를 주는 것입니다. 어떤 일을 가장 잘할 수 있고 어떤 일을 하면 가장 재미있는 삶을 살 수 있는지 그런 기회를 주는 것이 가장 큰 선물입니다."

안철수가 세상 사람들에게, 특히 청년들에게 하던 말이었다. 그리고 본인 스스로 그렇게 끊임없이 새로운 기회를 자기 자신에게 선물해 왔었다. 이것이 현재의 호모 폴리티쿠스 안철수를 만들었다. 이제 그는 또 다른 기회를 자기 자신에게 주려고 한다. 그의 운명이다.

위험한 호모 폴리티쿠스

'비운동권'의 강박

안철수가 그랬다, 386세대는 사회에 대한 책임의식 같은 걸 가지고 있다고. 하지만 이 책임의식을 실천으로 옮긴 사람들도 있었고 그렇지 않은 사람들도 있었다. 386세대가 청년이던 시절에는 사람들을 '운동권'과 '비운동권'으로 가르는 분류 기준이 있었다. 그러나 '비운동권' 가운데서도 그 사회적인 책임의식을 개인적으로 실천한 사람들이 있었다. 예를 들어 안철수 같은 사람이 그런 사람이다.

개인적인 차원에서 운동을 실천한 이런 부류의 '비운동권'과 '운동권'의 차이는 사회 변혁의 목적을 분명히 한 조직에 소속되어 거의 모든 시간과 노력을 사회 변혁 운동에 바쳤는지 혹은 아닌지였다. 그리고 거기에 따라서 '자기희생'의 양과 질도 차이가 났다. 그러니 개인적인 차원으로 운동에 동참하는 '비운동권'은 '운동권'에 대해서 어느 정도 부채의식을 가지고 있었다. 안철수가 김근태나 인재근에 대해서 '마음의 빚'을 지고 있다고 한 것은 이런 맥락이라고 볼 수 있다.

이 마음의 빚을 늘 느끼고 있었기에, 안철수는 '운동권'보다도 더 치열하게 스스로에게 채찍질을 했던 게 아닐까? 하루 걸러 한 번씩 밤을 꼬박 새우며 공부를 한다든가, 급성 간염에 걸려 죽음을 생각해야 하는 상황으로 몰릴 정도로 일을 붙들고 씨름을 한다든가, 잡기와 오락의 즐거움을 포기한다든가…….

그런데, 어느 순간 '운동권'의 타락이 눈에 보이기 시작했다. 사회에 민주주의적인 질서가 뿌리를 내리기 시작하면서 '운동권'은 과거의 자기희생에 대한 보상을 바랐을 뿐만 아니라 심지어 이 보상을 불법적인 방식으로 누리기 시작했다. 권력의 단맛에 젖어서 자기가 저지르는 부정을 부정으로 인식하지도 못했다. 또한 기득권을 누리려고 당리당략적인 차원에서 정쟁에만 매몰되었다. 물론 전체 '운동권' 가운데 아주 일부분만이 그랬지만, 언제나 그렇듯이 사람들 눈에는 부정적인 소수밖에 보이지 않았다. 순수한 열정과 사랑 그리고 애국심은 이권과 권력 앞에 흔적도 없이 사라졌다. 아니, 그렇게 비춰졌다.

* * *

시위대가 구호를 외치며 전진하고 있다. 시위대 전방 30미터에는 진압대가 금방이라도 달려들 듯 위압적인 진형을 갖추고 서 있다. 이 시위대의 뒷부분 어디쯤에 '내'가 있다. '나'는 구호를 외치며 사람들을 따라가고 있다. 진압대가 시위대를 향해 돌진해 온다. 하지만 맨 뒤에 있던 '나'에게는 그 모습이 보이지 않는다. 격렬한 전투가 이어지고, 어느 순간 '나'는 '내' 앞에 있던 사람들이 모두 없어졌다는 것을 깨닫는다. '내' 앞에는 서슬이 시퍼런 진압 경찰들이 몽둥이를 휘두르며 나를 노려본다. 하지만 '나'는 계속 구호를 외친다. '내' 뒤에도 많은 사람들이 있기 때문이다. 하지만 그건 '나'의 착각이었다. 어느 순간 '나'는 뒤를 돌아보고, 뒤에는 아무도 없음을 깨닫는다. '나' 혼자만 팔을 뻗으며 구호를 외치고 있다. 이럴 수가! 그 많던 사람들은 다 어디 가고? 이 어색하고 민망한 상황에서 '나'는 어떻게 해야 하나?

* * *

'운동권'에 대한 인식 혹은 기존 정치권 특히 야권에 대한 안철수의 인식이 이런 민망한 상황과 무관하지 않았던 게 아닐까? 그랬기에 안철수는 여권과 야권을 싸잡아서 불신한 게 아니었을까? 2011년 9월 4일 밤에 《오마이뉴스》와 나눈 인터뷰에서 그는 이렇게 말했었다.

> 난 역사의식을 갖고 있는 사람이다. 역사의 물결을 거스르면 안 된다는 확신을 갖고 있다. 어떤 결정도 역사의 물결을 거스르는 데 일조하는 건 절대로 하지 않는다. (…) 한나라당도 바뀌어야 하지만 민주당도 '역사의 물결'의 대표가 아니다. (…) 이들은 이전투구를 하면서 국가와 국민들 생각은 없고 당리당략밖에 없다.

그리고, 시위대의 맨 앞에서 '멋지게' 싸우던 사람들이 모두 없어지고 자기 앞이 아무도 없이 휑하게 비어 있는 상황에서, 안철수는 자기가 나서야만 한다는 소명의식을 느낀다. 혼자서라도 팔을 뻗고 힘껏 구호를 외쳐야만 한다고 느낀다. 이런 소명의식 속에서 자기 확신을 강화한다. 다음은 같은 인터뷰에 나오는 그의 발언이다.

수영하는 사람은 수심 2미터나 태평양이나 똑같다. 직원이 300명이 넘어가면 대기업이 된다. 왜 그렇게 분류하냐, 300명 정도를 경영하면 3만 명을 경영하는 것과 큰 차이가 없기 때문이다. 나는 500명 이상을 경영해 봤다. (…) 난 무에서 유를 만들었고 여러 난관을 극복했다. (…) 대학교에만 있던 분이나 정치만 하는 분보다는 내 능력이 뛰어나다.

소명의식에 따른 이런 자기 확신이 지나치면, 독단으로 흐르기 쉽다. 또, '비운동권'이라는 자의식이 지나치면, 자기 확신은 무모하게도 기존의 성과를 깡그리 무시하는 오류에 빠지기 쉽다.

수심 2미터의 풀장이 아니라 태평양이라는 현실에서 단련되어 있지 않은 사람, 오로지 이론과 책임감만으로 정치 현장에 나선 사람은, 기존의 주류 집단보다 더 잘하겠다는 의욕이 충만하지만(물론 이것 자체만으로도 얼마나 소중한 자산인지 모른다) 현실 속의 '거머리'가 얼마나 사람을 피곤하게 만드는지, 그래서 급기야 모내기, 나아가 전체 농사까지 망쳐버리게 만드는 일이 일어날 수도 있음을 알지 못한다.

비록 본인은 안다고 생각하지만, 그리고 실제로 책이나 토론을 통해서 알 수도 있지만, 장딴지에 달라붙은 거머리의 촉감이나 이 거머리를 떼어낼 때의 촉감 그리고 거머리가 피를 빨던 자리에서 선홍색 피가 한동안 계속 흐르는 모습을 바라볼 때의 그 공포, 언제 또 다른 거머리가 다시 또 내 종아리에 붙어서 피를 빨지도 모른다는 생각이 가져다주는 공포가 어떤 것인지는 결코 알 수가 없다.

묵묵히 자기에게 주어진 길을 걷다 보니 어느 순간엔가, 함께 시위 행렬을 구성했던 사람들이 다 빠져나가고 자기 혼자만 남아서 덩그러니 진압대와 맞닥뜨리게 된 상황과 똑같은 처지에 놓여 있다고 생각하는 안철수……. 그는 그 자리를 지키며 계속 팔을 뻗어 구호를 외친다. 그의 표현을 빌자면, 이것은 그가 선택한 것이 아니라 그에게 주어진 상황이다. 2012년 3월 27일 서울대학교 청춘콘서트에서 그가 "사회의 긍정적 발전을 일으킬 수 있는 도구로 쓰일 수 있다면 설령 정치라도 감당할 수 있다"고 말한 것도 마찬가지 맥락이다.

자기 앞에 있던 그 많던 시위자들이 모두 사라지고 없고, 뒤를 돌아봐도 뜻을 함께하던 뜨거운 가슴의 소유자들이 없는 지금, 위압적인 시위 진압대 앞에서 홀로 선 상황, 하지만 자기만이라도 그 자리를 지키고 있어야 한다고 생각한 것이다.

> 내가 정치를 안 하겠다고 선언하면 양당의 정치인들이 긴장을 풀고 다시 옛날로 돌아가, 사회의 긍정적인 발전에 기여할 역할은 하지 않고 또 싸우기만 할 것이다. 내가 할 수 있는 일은 지금 이 자리에서 계속 긴장감을 줘 양당이 끊임없이 발전하는 모습을 보이게 하는 것이다.

이런 상황에서 그는 용기를 내고 자기 확신을 최대한 강화해야만 한다. 이것은 어쩌면, 1980년대식 '운동권'과 '비운동권' 분류 방식의 폐해가 2010년대의 안철수가 짊어져야 하는 짐으로 드러난 것일지도 모른다.

그런데 이 문제는 결코 단순하지 않다. '비운동권' 강박의 뿌리는 안철수 내면에 깊이 박혀 있기 때문이다.

완벽주의의 나르시시즘

안철수는 새로운 걸 시작하거나 배울 때는 언제나 책부터 먼저 읽는다고 본인 스스로 밝혔다. 책은 인류 역사의 모든 지혜를 고스란히 담고 있고, 책을 읽음으로써 해당 분야에서 지금까지 인류가 쌓아온 모든 것을 파악할 수 있으므로, 책을 먼저 읽고 시작하면 그만큼 시행착오를 줄일 수 있다는 게 그가 내세우는 이유이다.

하지만 그렇다고 해서 그가 오로지 책에서만 해답을 찾으려 한다는 말은 아니다. 책은 해답을 제시하는 지도자라기보다는 여러 가지 견해를 들려주는 충실한 조언자이자 동반자라고 그는 바라본다. 현실에서 일어나는 일들은 여러 가지 복잡한 상황, 여러 이해 관계자 그리고 역사가 혼합된 부산물이기 때문에 책에 나온 내용이 현실에서 그대로 재현되는 경우는 없다고 해도 과언이 아니라고 그는 분명히 전제한다.

이렇게 그는 수많은 조언자와 동반자를 책을 통해서 확보한다. 이런 점은 그가 완벽주의자임을 시사한다. 이런 사실은 그가 밝힌 일화에서도 드러난다.

어떤 사람과 얘기를 나누다가 약속을 지키는 문제가 화제가 된 적이 있다. 그때 나는 한번 한 약속은 반드시 지킨다고 말했다. 그러자 그 사람이 이렇게 되물었다.

"말도 안 돼요. 소소한 것은 회사 사정 때문에 몇 번 어겼을 것 아니에요?"

나는 주저함 없이 이렇게 답했다.

"그런 적 없는데요."

나의 이 말은 진실이었는데, 상대방은 여전히 믿지 않는다는 표정을 지었다.

이런 경우, 항상 되돌아오는 질문이 있다. 그것이 어떻게 가능하냐는 것이다.

나의 대답은 싱거울 정도로 간단하다.

"지키지 못할 약속은 처음부터 안 하니까요."

(…)

나는 함부로 약속을 하지 못한다. 가령 어떤 사람에게 해줄 수 있겠다는 확신이 들더라도 그 확률이 90퍼센트 정도라면 약속을 하지 않는 주의다. 99퍼센트 정도 확신이 들어야 약속을 하는 것이다.*

여기에서 눈여겨봐야 할 대목이 있다. 그는 '함부로 약속을 하지 못한다'고 했다. 안 한다는 게 아니라 못한다는 것이다. 본인의 의지 차원이 아니라 존재론적인 차원이라는 말이다. 그렇기에 그를 완벽주의자라고 부르는 것은 결코 과언이 아니다.

그런데 이성적인 차원의 완벽주의는 도덕적으로도 확장된다. 그는 딱 한 번 교통규칙을 위반하고도 밤에 잠을 자지 못할 정도로 괴로워했다. 어린 시절 '남을 먼저 배려하고 남에게 폐를 끼치지 말며 남에게 모범을 보이라'는 어머니의 가르침이 그의 온 정신을 적셨던 것이다.

남을 먼저 배려하고 남에게 모범을 보이려면 어떤 것이든 처음부터 끝까지 모두 속속들이 잘 알아야 한다. (그가 서울시장 후보로 나설 것인지 말 것인지 오래 고민했던 것도 바로 이런 과정이 필요했기 때문이며, 또한 대선 출마 여부를 밝혀달라고 언론에서 수없이 재촉을 했음에도 고심에 고심을 거듭한 것도 바로 이런 과정이 필요했기 때문이다.) 그가 계몽주의자가 될 수 있었던 것도 바로 이런 정신적·심리적 기제 때문이었다.

그는 거의 백 퍼센트 확신이 들어야 어떤 약속을 하므로, 약속을 어길 일이 없었을 것이다. 하지만 그렇게 해서 본인이야 마음이 편했겠지

• 안철수, 《CEO 안철수, 영혼이 있는 승부》, 154쪽.

만, 그의 결단을 애타게 기다리는 사람들은 어떨까?

한 평론가는 안철수의 완벽주의를 나르시시즘이라고 규정하며, 여기에 담긴 위험성과 한계를 다음과 같이 지적한다.

……'99퍼센트의 확신'은 곧 '나의 전문성이 완벽하게 발휘될 수 있는 조건'을 의미한다. 나르시시즘적 개인에게 자신의 전문성이 완벽하게 뒷받침되지 않았을 때 발생할 오류는 치명적인 상처가 된다. 이 때문에 '약속하지 않겠다'는 말은, 나의 전문성이 완벽하게 담보되지 않은 상태에서 타인의 상황에 섣불리 개입해 성공하지 못할 때 자신에게 되돌아오게 될 상처에 대한 선제적 방어막을 의미한다.•

자기의 완벽주의만 추구할 뿐 사회 개혁이라는 공공의 약속에 쉽게 나서지 못한다는 것이다. 뒤집어서 말하면, 자기의 완벽주의 완성이 궁극적인 목적이지 공공의 약속은 이 궁극적인 목적을 이룰 수단에 지나지 않는다는 말이다. 서울시장 후보로 나설 것인지 말 것인지 고민하던 2012년 9월 4일 밤 《오마이뉴스》와의 인터뷰에서 그가 했던 말도 이런 점을 뒷받침한다. 정치를 하면 최소한 10년은 해야 뭔가 좋은 결과가 나올 텐데 그렇게 정치인으로 살 자신이 있느냐는 질문에 그는 이렇게 대답했다.

나는 자기 발전도 중요한 사람이고 끊임없이 학습하고, 도와주며 평생을 그렇게 살아왔다. 그런데 이렇게 정치로 들어서면 자기 발전의 기회보다는 내가 가진

• 한윤형 외, 《안철수 밀어서 잠금해제》, 105쪽.

걸 소모하면서 도와줘야 한다. 지금껏 해왔던 것과 전혀 다르다. 정부 조직에 들어가면 조직이 원하는 방향으로 자기를 개조해야 하는데 10년 동안 그런 삶을 견딜 수 있을까, 거기에 대한 고민을 하고 있다.

이처럼 그에게 궁극적으로 중요한 것은 자기 자신이지 조직이 아니었다. 그가 하는 행동은 궁극적으로 자기 개인을 의식하고 자기 개인을 향한다. 하지만 정치인은 자기를 버리고 대중으로 나아가야 한다. 안철수가 정치인으로 성공할 수 있으려면, 자기 정체성 가운데 한 부분을 구성하는 완벽주의의 나르시시즘을 깨야 한다. 이런 점을 본인도 잘 알고 있으며, 따라서 이 부분과 관련된 고민 역시 그가 정치판에 온전하게 몸을 담글지 어떨지를 판단하는 그의 전체 고민 가운데 한 부분으로 자리잡고 있을 것이다.

그에게 놓인 이 작지 않은 과제가 나쁜 소식이라면, 좋은 소식도 있다. 대통령 선거에 후보로 나설지 말지 고민하는 인물이 적어도 엄벙덤벙 실수나 연발할 사람은 아니라는 점이다. 만일 그가 후보로 나선다면 나름대로 최선의 대안을 들고 나올 것이라는 점이다. 물론 그 '최선의 대안'이라는 것이 (그가 이성의 신이 아닌 한) 우리 사회에 '완벽한 최선'이 될 수는 없겠지만…….

그런데 이 완벽주의 안에는 무서운 것이 똬리를 틀고 있다.

신념과 독단, 그 사이의 줄타기

시리아의 독재자 바샤르 알아사드 대통령은 2012년 6월 3일 대국민 TV연설을 하는 자리에서, 2011년 3월 민주화 시위가 시작된 이후 시리아에서 약 13,000명이 희생된 것을 두고 이렇게 말했다.

"외과의사가 수술하는 과정에서 환자의 손이나 발을 절단하고 상처 부위를 씻어내느라 피가 났을 때, 우리는 이 의사에게 '당신의 손이 더러운 피로 얼룩졌다'고 말하는가, 아니면 환자의 목숨을 살려줘서 고맙다고 말하는가?"

지독한 독단이다.

* * *

완벽주의에는 독약이 들어 있다. 적게 쓸 때는 약이 되지만 지나치면 치명적인 독이 되는 그런 성격의 독약이다.

이런 가정을 한번 해보자.

안철수가 고심 끝에 정치인으로 나서기로 결심하고, 그동안 고민하고 다듬어서 어떤 정책적인 대안들을 제시한다고 치자. 본인은 이 정책들이 완벽하다고 생각할 것이다. 완벽하지 않으면 애초에 그는 그 정책들을 제시하지도 않았을 것이다, 완벽주의자답게.

그런데 과연 그 정책들이 본인이 생각하는 만큼 다른 사람들 눈에도, 특히 그를 지지하면서 그를 통해서 사회의 건강한 변화를 꿈꾸는 사람들 눈에도 완벽할까? 그렇다면야 모두가 행복하겠지만, 그렇지 않을 수도 있다. 이 경우, 완벽주의자는 고통스러운 선택을 해야 한다. 자기가 제시한 정책의 완벽함을 믿고 '무지한 사람들'의 의견을 무시할까, 아니면 자기가 완벽주의자가 아님을 스스로 인정하고 다른 사람의 의견을 따를까?

완벽주의자는 최종적인 결정을 혼자서 내린다. 다른 사람들은 조언자일 뿐이다. 완벽주의자는 자기가 가진 이성의 능력을 그 무엇보다도 신뢰한다. 바로 이 지점에서 신념은 독단으로 변질된다. 이런 사례는 가깝게, 4대강 사업을 불도저처럼 밀어붙인 이명박 대통령에게서 찾아볼 수 있다. 이명박뿐만 아니라 한국 현대사의 수많은 지도자들에게서도 이런 사례를 찾아볼 수 있다.

완벽주의자가 99퍼센트의 확신을 가지고 시작한 일에 누군가가 제동을 건다면, 이 완벽주의자는 그 반대 의견을 묵살할 가능성이 높다. 아마도 힘으로 밀어붙일 것이다. 이명박 대통령이 남의 눈에 든 티끌은 보면서도 자기 눈에 든 삽자루는 보지 못하고 그렇게 하지 않았던가. 그리고 또 완벽주의자는 이 과정을 스스로 합리화할 것이다.

그렇다면, 안철수는 어떨까? 선한 얼굴을 한 '착한 이명박'에 지나지 않는다는 안철수 비판은 전적으로 옳을까? 아니면, 안철수 스스로 경계하고 피해야 할, 그리고 얼마든지 피할 수 있는 위험일까?

* * *

1979년, 미국에서 사형제도를 둘러싼 논쟁이 뜨겁게 달아올랐다. 그리고 이때 심리학 연구자들이 장차 유명한 실험으로 기억될 어떤 실험 하나를 진행했다.

연구자들은 사형제도가 범죄를 예방하는 데 효과적인 방법이 될 것인지의 여부에 대해 찬성과 반대의 의견을 이미 확고하게 가지고 있는 사람들을 모았다. 반은 찬성하는 사람들이었고 반은 반대하는 사람들이었다.

연구자들은 사형제도가 범죄를 예방한다고 결론을 내린 논문을 이들에게 제시했다. 그리고 이어서 이 논문을 비판한 글을 읽게 하고, 이런 비판에 대한 반론 글도 읽게 했다. 마지막으로 사람들에게 논문의 질을 어떻게 판단하는지 물었다.

이어서 연구자들은 사형제도가 범죄를 예방하지 못한다고 결론을 내린 논문도 제시하며 먼젓번 과정을 동일하게 반복했다. 피실험자들이 사형제도에 찬성하고 반대하는 두 논문 가운데 어느 것을 먼저 읽느냐에 따라 최종적인 실험 결과가 달라질 수도 있기 때문에, 연구자들은 실험 대상 집단에 따라 순서를 번갈아가면서 실험을 진행함으로써 공정함을 기했다.

마지막 단계에서는, 두 편의 논문을 읽은 뒤에 사형제도에 대한 본인의 의견이 실험 전과 달라졌는지 물었다.

그런데 피실험자들에게 제시한 두 논문은 진짜가 아니었다. 심리학자들이 짜깁기를 한 가짜 논문이었다. 이 두 논문은 결론만 빼고 똑같은 증거를 담고 있었다. 만일 실험에 참가한 사람들이 이성적으로 정보를 처리했다면, 두 논문의 수준이 형편없다는 것을 쉽게 파악했을 테고, 이 논문들에게서 아무런 영향도 받지 않았을 것이다.

하지만 실험 결과는 달랐다. 사람들은 방법론적으로 동일한 그 두 논문이 완전히 다르다고 판단했다. 자기 견해와 일치하는 논문은 문제의 핵심을 파고드는 수준 높은 논문이라고 평가한 반면, 자기 견해와 일치하지 않는 논문은 형편없는 수준이라고 혹평했다. 게다가 또, 피실험자들은 실험에 참가하기 전보다 자기 견해에 더 강한 믿음을 갖게 되었고, 반대 의견에 대해서는 더 강한 불신을 갖게 되었다고 밝혔다.*

이른바 '확증편향', 자신의 신념과 일치하는 정보는 받아들이고 신념

• 댄 가드너, 《앨빈 토플러와 작별하라》(생각연구소, 2011년), 158-160쪽.

과 일치하지 않는 정보는 무시하는 경향이다.

확증편향의 알기 쉬운 사례를 한 가지만 더 들어보자.

일본이 진주만을 공격해 미국에 선전포고를 했을 때다. 미국의 존 드위트 장군은 일본계 미국인이 미국 내에서 파괴 책동을 벌일 것이라고 확신하고, 이들을 격리수용해야 한다고 주장했다. 하지만 시간이 지나도 그런 파괴 책동은 일어나지 않았다. 하지만 드위트 장군은 자기 주장이 잘못되었음을 인정하지 않았다. 오히려 이렇게 말했다.

"지금까지 파괴 책동이 일어나지 않았다는 사실은 장차 그런 행동이 일어날 것이라는 불온하고도 확실한 징후이다."

확증편향은 인지부조화가 작동하는 하나의 방식이다. 어떤 신념을 갖고 있는 사람은 그 신념과 모순되는 증거를 매우 엄격한 기준으로 평가하거나 아예 무시해버린다. 하지만 자기 신념을 지지하는 증거를 살필 때는 기준을 한층 낮춰 근거가 아무리 허약한 증거라 하더라도 강력한 증거로 만들어 버린다.

이런 인지부조화 및 확증편향의 사례들은 특히 자기가 가진 신념에 완벽한 믿음을 가지는 사람들에게서 더욱 두드러지게 나타난다. 즉, 완벽주의자들이 빠지기 쉬운 함정이라는 말이다. 특히, 자기의 행위를 이타적인 행위로 인식하는 경우에는 더욱 그렇다. 그래서 위험하다. 역대의 여러 독재자들이 그랬던 것처럼……

* * *

누군가의 표현처럼 안철수는 지금까지 자신이 원하는 링에만 올라갔고 자신이 원하는 대로 얘기할 수 있을 때만 움직였다. 이런 모습을 좀 더 비판적으로 표현하자면, 완벽주의 나르시시즘에 갇혀 있다.

이랬던 안철수가 정치인이 되어 정치판에 발을 들여놓는다는 것은, '제가 옳다고 믿는 어떤 마음이나 일하는 방법 같은 것을 다른 사람들에게 절대로 강요하지 않습니다'라는 태도를 버린다는 뜻이다. 나르시시즘의 골방에서 벗어나 광장으로 나선다는 뜻이다. 광장이라는 치열한 삶의 현실에서 사람들을 만난다는 뜻이다. 자기를 버린다는 뜻이다. 아주 오래전, 안철수는 지식인으로서 사회에 져야 하는 책임을 다하려고 자기를 버리는 사람들을 보았다. 그리고 그런 모습에서 마음의 빚을 졌다. 하지만 이제는 자기도 그렇게 해야 한다. 몸을 던져 정치라는 대의에 '투신'을 해야 한다.

하지만 오십 년 동안 그를 지켜주었고 또 본인 역시 그 안에서 평온함을 느꼈던 나르시시즘에서 '완벽하게' 자유로울 수는 없을 것이다. 완벽주의의 나르시시즘이라는 감옥은 그의 내면에 있으면서 그의 정체성 가운데 한 부분을 형성하고 있기 때문이다. 정치인 안철수가 해결해야 할 가장 근본적인 과제는 바로 이 지점에 있다. 그렇기 때문에 선한 얼굴의 완벽주의자 안철수는 지독할 뿐만 아니라 위험한 인물이기까지 하다.

신념과 독단, 그 사이의 줄타기가 시작될 때 비로소, 그 줄타기가 얼마나 위험할지 (혹은 짜릿할지) 본인과 그의 영향력 아래에 있을 사람들은 깨달을 것이다.

다행히, 이런 사실을 본인이 잘 알고 있다. 2004년에 출간한 저서 《CEO 안철수, 지금 우리에게 필요한 것은》의 서문에서 그는 다음과 같이 썼다.

……내 의견이 틀릴 수 있다는 생각을 항상 가지고 있다. '자기가 아는 만큼만 볼 수 있다'라는 말이 있듯이 내가 아는 범위 내에서 최선을 다해서 생각한 것일지라도, 나보다 더 넓은 시야를 가진 사람의 지적과 충고에 항상 마음을 열어두고 있다. 나는 다양한 의견이 서로 존중되는 사회가 발전할 수 있다고 믿는 사람이다.

딸깍발이의 고집

오래전에 쓴 글을 다시 읽어보았을 때 그 글에 담긴 생각대로 변함없이 살았다는 것을 확인할 수 있다면 정말 다행스러운 일이다.•

안철수가 2001년에 쓴 책의 "변하지 않을 것"이라는 소제목이 붙은 글에 나오는 한 구절이다. 과연 그럴까? 오래전에 가졌던 생각이 많은 세월이 흐른 뒤에도 변함이 없다면, 과연 그걸 다행스러운 일이라고 할 수 있을까?

아니다. 바뀌어야 한다. 안철수가 이 글을 쓰면서 인생의 보편적인 가치나 목적을 염두에 뒀다 하더라도 그렇다. '오래전'에 가졌던 그 생각이 옳다는 것을 보장할 수 없기 때문이다. 내가 심사숙고해서 내린 결론은 언제나 옳다는 독단, 이 독단이 딱딱하게 굳어졌을 때 할 수 있는 위험한 발상이다. 원칙주의자가 길을 잘못 들어선 경우이다.

원칙주의자는 쉽게 생각을 바꾸지 않는다. 또한 현실의 변화하는 상황에 유연하게 대응하지도 못한다. 안철수는 원칙주의자이고, 본인 스

• 안철수, 《CEO 안철수, 영혼이 있는 승부》, 288쪽.

스로도 청교도적이라는 말을 많이 들을 정도로 원칙을 중시한다고 밝힌 적이 있다. 이런 그의 모습은, 유능하다는 점만 빼놓고 보자면 '딸깍발이'와 비슷하다.

> '딸깍발이'란 것은 '남산골 샌님'의 별명이다. 왜 그런 별호가 생겼느냐 하면, 남산골 샌님은 지나 마르나 나막신을 신고 다녔으며, 마른 날은 나막신 굽이 굳은 땅에 부딪쳐서 딸깍딸깍 소리가 유난하였기 때문이다. (…)
>
> 두 볼이 야윌 대로 야위어서, 담배 모금이나 세차게 빨 때에는, 양 볼의 가죽이 입안에서 서로 맞닿을 지경이요, 콧날은 날카롭게 오뚝 서서 꾀와 이지만이 내발릴 대로 발려 이씨고 사철 없이 말간 콧물이 방울방울 맺혀 떨어진다. 그래도 두 눈은 개가 풀리지 않고, 영채가 돌아서, 무력이라든지 낙심의 빛을 나타내지 않고 있다. 아래 위 입술이 쪼그라질 정도로 굳게 다문 입은 그 의지력을 더욱 두드러지게 나타내고 있다. (…)
>
> 사랑방이 있든지 없든지 방 하나를 따로 차지하고 들어앉아서 폐포파립이나마 의관을 정제하고, 대개는 꿇어 앉아서 사서오경을 비롯한 수많은 유교 전적을 얼음에 박 밀듯이 백 번이고 천 번이고 내리 외는 것이 날마다 그의 과업이다.•

딸깍발이는 세상이 바뀐 걸 모른다. 봉건사회 조선에서 자본주의 사회 한국으로 바뀌었음을 안다 하더라도 인정하지 않는다. 자기가 한번 내린 판단과 원칙을 끝까지 고수한다. 이처럼 변해가는 세상과 환경에 맞춰서 스스로 끊임없이 변화를 모색하지 않는다면, 즉 현실 문제와 끊임없이 씨름을 하면서 스스로를 바꾸지 않는다면, 어느 한순간에 유효

• 이희승, 〈딸깍발이〉.

하던 원칙은 낡은 껍질이 되고 만다. 이 껍질은 세상의 본질에 대응하는 올바른 방식, 혹은 계몽주의자가 추구하는 객관적인 진리를 온전하게 바라보지 못하게 가로막는다.

예를 들어서 안철수는 노동자에 대해서 다음과 같이 쓴 적이 있다.

> 개인적으로 나는 노동자라는 말이 편안하지 않다. 물론 이 단어에 담겨진 역사적·사회적인 의미와 가치를 중요하게 생각한다. 그러나 이 말에는 상하 간의 계층 구분, 분리의식이 느껴진다. 그리고 이러한 고정관념이 생겨난 데에는 많이 가진 사람들의 책임이 더 크다고 생각한다.[*]

2001년에 발간한 책에서이다. 당시 안철수는 안철수연구소라는 기업의 CEO였다. 그리고 이 회사는, 그가 나중에 깨달았다고 고백했듯이, 수익을 창출하는 게 목표가 아닌 일자리 창출이 목표이던 (그리고 아울러 기업 활동으로 사회에 기여하는 것이 목표이던) 일종의 사회적 기업이었다. 이런 회사를 경영하면서 자기 회사 직원들에게 가졌던 생각을 일반적인 한국 사회의 노동자를 바라보는 생각으로 대체해서는 안 된다. 일반적인 기업의 경우 자본가와 노동자의 입장은 충돌할 수밖에 없다. 따라서 '상하 간의 계층 구분'은 이 충돌을 예방하거나 완화하기 위해서라도 필수적인 전제 조건이 되는 개념이다.

이처럼, 신이 아닌 한 누구나 다 그렇듯이, 어떤 시점에 가지고 있었던 생각은 얼마든지 올바르지 않을 수 있다. 또 설령 올바랐다고 하더라도 환경이 바뀌면 얼마든지 올바르지 않은 것으로 바뀔 수 있다. 이런 점

• 안철수, 《CEO 안철수, 영혼이 있는 승부》, 115쪽.

을 인정해야만 안철수는 21세기 '딸깍발이'가 되지 않는다.

또, 안철수는 원칙에 대해서 2003년 4월에 쓴 "리더십의 시대"라는 제목의 칼럼에서 리더십과 관련해서 다음과 같이 썼다.

> 리더십의 핵심은 원칙과 일관성이라는 것이 제 생각입니다. 원칙이라는 것은 매사가 순조롭고 편안할 때에는 누구나 지킬 수 있습니다. 그런데 원칙을 원칙이게 만드는 힘은 어려운 상황, 손해를 볼 것이 뻔한 상황에서도 그것을 지키는 것에서 생겨납니다. 상황이 어렵다고, 나만 바보가 되는 것 같다고 한두 번 자신의 원칙에서 벗어난다면 그것은 진정한 원칙이 아니며, 어떤 문제에 봉착했을 때 그것을 해결하고 돌파해 나가는 현명한 태도도 아닐 것입니다.•

원칙이 달라지는 이런 환경에 맞추어서 본인이 달라지려면, 본인 스스로 현실 문제와 끊임없이 씨름을 해야 한다. 그런데, 그러기에는 개인의 능력만으로는 부족하다. 현대 사회는 워낙 복잡하므로, 전문성의 한계에 곧 부닥칠 수밖에 없기 때문이다. 그러므로 조직이 필요한 것이다.

그런데 안철수의 문제는 지금까지 이런 고민을 함께할 조직이 없었다는 점이다. 10년 동안 안철수연구소라는 기업의 CEO로 있었고, 또 그 다음에는 3년 동안 미국에서 공부를 했고, 그 뒤 2008년에 귀국해서 교수로 있으면서 강의와 강연회 그리고 '청춘콘서트'를 진행한 것이 그의 활동 전부이다.

그런데 그가 이처럼 기댈 수 있고 자기를 지지해 주는 조직에 소속되어 있지 않다는 핸디캡을 안고 있으면서도 사회적인 책임의식을 지속적

• 안랩 홈페이지〉회사 소개〉설립자 소개〉칼럼

으로 실천할 수 있었던 것은, (복잡하지 않은) 단 하나의 원칙을 튼튼하게 붙잡고 있었고, 또 조직이 대신해 줄 수 없는 것을 개인의 부단한 노력으로 채워왔기 때문이다.

그러나 개인의 노력만으로는 한계가 있다. 특히나 대통령 후보로 나서는 사람으로서는 더욱 그렇다. 앞으로야 이런 문제를 해결해 나가려고 노력하겠지만, 문제는 그동안 이렇게 살아왔기 때문에 자연스럽게 형성된 행동 특성, 혼자서 심사숙고해서 판단을 내리는 리더십 스타일이 조직적인 의사결정 과정으로 쉽게 대체되지 못할 것이라는 점이다.

고민하는 양심적인 개인이 아니라 변화를 주도하는 정치인 안철수로 성공하기 위해서 그가 풀어야 할 또 하나의 과제이다.

얼어붙은 아랍의 봄, 그리고 한국

시들어가는 '아랍의 봄'•

무릎 꿇고 살까, 아니면 서서 죽길 각오할까?

2010년과 2011년에 이집트 청년에게 이 질문은 절박한 존재론적 고민이었다. 30년에 걸친 무바라크 독재정권으로 국민의 기본권과 생존권이 극한까지 위협받았기 때문이다. 벌건 대낮에 길거리에서 시민이 아무런 죄도 없이 경찰에 구타당해 살해되어도 그 누구도 이 범죄 행위에 대해서 처벌을 받지 않았다. 이런 일은 일상적으로 일어났다. 사람들은 공포에 떨었으며, 실업과 높은 물가로 인한 경제적인 궁핍은 점점 더 심각하게 전개되었다. 그러나 정권의 비호를 받는 일부 기업 집단들은 점점 더 많은 살을 찌웠다. 부익부 빈익빈의 터널은 끝이 보이지 않았다. 아주 작은 저항에도 체포와 고문이라는 보복이 뒤따랐다. 하지만 탄압-공포-생존의 임계점에 몰린 이집트 국민은 결단을 내려야 했다.

• 이집트 혁명에 관한 다음 내용은, 필자가 번역한 랜덤하우스코리아 출판사의 근간 《레볼루션 2.0(Revolution 2.0)》의 '옮긴이의 말'을 일부 발췌·수정한 것이다.

242

마침내, 이집트 국민, 특히 소셜미디어에 익숙한 청년들이, 이웃나라 튀니지에서 독재자를 쫓아내고 독재정권을 종식시키는 것을 보고 용기를 얻어, 큰 소리로 정의를 외쳤고 또 나중에는 '무바라크 퇴진!'을 외쳤다. 그리고 혁명이 늘 그랬듯이, 유혈이 낭자한 전투가 이어졌다. 이 싸움에서 이집트 국민이 이겼고, 무바라크를 대통령 자리에서 쫓아냈다. 이것이 2011년 벽두에 시작되고 완성된 이집트 혁명이었다.

언제나 그렇듯이 혁명은 일상적으로 벌어지던 사소한 사건에서 출발했다. 칼레드 사이드라는 청년이 경찰에게 구타당해서 참혹하게 숨졌지만, 살인자들이 아무런 처벌도 받지 않는 일이 일어났고, 이에 분개한 와엘 고님이라는 청년이 '쿨레나 칼레드 사이드(우리는 모두 다 칼레드 사이드이다)'라는 페이스북 페이지를 만들어서 정의를 외치자고 목소리를 냈다. 처음 이 페이스북 페이지의 영향력은 미미했지만, 시민의 양심과 국민의 애국심에 호소를 하며 한 단계씩 투쟁의 수위를 높여가자, 어느 사이에 이 페이지의 회원은 수십만 명으로 불어났고, 백만 명을 훌쩍 넘어섰다.

그런데 이집트의 혁명은, 카리스마가 넘치는 지도자가 혁명의 전 과정을 이끌어간 게 아니라 소셜미디어를 매개로 한 집단지성이 혁명을 이끌었다는 점에서 과거의 여러 시민혁명과 기본적으로 달랐다. 그렇게 혁명은, 그리고 이 집단지성의 결집을 매개함으로써 이집트 혁명의 영웅들 가운데 한 사람으로 꼽히는 와엘 고님과 그의 페이스북 페이지는 역진(逆進)이 방지된 톱니바퀴처럼 앞으로 계속 나아갔고, 마침내 2011년 2월 11일 혁명은 목표를 달성했다.

그런데 그게 혁명의 끝이 아니었다. 불확실성이 소용돌이쳤다. 무바라크가 물러나면 독재정권이 끝날 줄 알았지만 그게 아니었다. 무바라크는 한 명의 개인일 뿐이었고, 소수의 독점 대기업이 후원하는 무바라크 독재정권의 실제 주인인 군부가 이집트의 민주화를 가로막고 버티고 있었던 것이다. 이집트 청년들이 고함을 질렀다.

"이집트가 어디로 가고 있나. 우리는 혁명을 도둑맞았다. 혁명을 잃었다. 우린 속았다. 과거의 역사가 되풀이되고 있다."

무바라크에게서 권력을 넘겨받은 군부는 권력의 민정이양에 소극적이었다. 대통령 선거 일정이 제시되었지만, 이집트 혁명의 중심 세력인 청년층은 공정한 선거를 기대할 수 없다면서 '군부 퇴진'을 외치며 카이로와 알렉산드리아 등지에서 대규모로 시위에 나섰다. 민주 진영의 대통령 후보들은 선관위의 판정으로 줄줄이 자격 박탈이 되었다.

그리고, 민주 진영의 후보들은 단일화 실패로 탈락한 가운데, 혁명 과정에서 수상 자격으로 유혈 진압을 지시했던 아흐메드 샤피크와 무슬림형제단의 무함마드 무르시가 2012년 6월 16~17일의 결선투표에 나선 대통령 후보로 확정되었다. 6월 3일에는 이집트 재판부가 호스니 무바라크 전 대통령과 하비브 알 아들리 전 내무부 장관에게 시위대를 유혈 진압한 혐의로 법정 최고형인 25년형을 선고했다. 이 재판을 생중계로 지켜본 이집트인들은 살인자들에게 사형을 선고하지 않은 재판부에 분노했다. 그리고 2011년 혁명의 중심지였던 카이로 타흐리르 광장에 운집해서 대규모 시위를 벌였다. 수천 명의 목숨을 희생으로 해서 이루어졌던 혁명은 다시 원점으로 돌아가고 있었다. 또, 대통령 선거를 코앞에 둔 6월 14일에는 무바라크 독재의 한 축을 구성했던 헌법재판소가 의회 해산을 명령하며 '조용한 쿠데타'를 일으켰다.

이보다 여섯 달쯤 전인 2011년 12월 와엘 고님은 미국의 한 일간지 기고문에 다음과 같이 썼었다.

……낙관주의는 우리의 행동을 통해 현실화될 것이다. 단지 시위에 참여하는 것을 넘어 지금의 분노와 두려움을 진정한 행동으로 승화시킬 때 우리의 혁명은 성공할 것이다. 국민이여, 미래를 긍정하자. 우리는 새 역사를 쓰고 있다.

고님이 이 기고문을 쓰고 며칠이 지난 뒤, 멀리 한국에서는 김근태가 세상을 떠났다.

* * *

SNS의 수평적인 네트워크에 누구보다 친숙하고 또 이것이 상징하는 사회 변화의 '거센 물결'을 누구보다도 잘 알고 있을 안철수는, 어린 시절부터 컴퓨터 및 인터넷 마니아이자 구글의 중동·아프리카 지역 담당 이사이던 와엘 고님이 혁명의 영웅으로 우뚝 섰을 때, 동종업계에 종사했던 사람으로서 누구보다 감격했을 것이다. 이집트 청년들이 혁명에 성공했다는 기쁨에 들떠 있던 2011년 4월, 《부산일보》와 인터뷰를 하면서, 소셜네트워크가 우리 사회를 얼마나 변화시킬까 하는 질문에 그는 이렇게 대답했었다.

"이집트를 보세요. 그게 다 소셜과 모바일의 열풍이죠."

하지만 소셜네트워크만으로는 이집트를 온전하게 바꿀 수 없음은 이미 입증되었다. 그랬던 만큼, '국민이여, 미래를 긍정하자. 우리는 새 역사를 쓰고 있다'고 한 와엘 고님의 꿈이 이루어지길 안철수는 누구보다도 간절하게 빌었을 것이다. 그리고 그런 성공이, 자기가 한국에서 꾸는 꿈에서도 똑같이 이루어지길 빌었을 것이다. 그리고 또 김근태의 죽음을 누구보다도 안타까워했을 것이다.

'김근태의 요즘 생각'

2011년 12월 30일 김근태 전 민주당 고문이 사망했다. 그는 두 달쯤 전에 "2012년을 점령하라"는 글을 자신의 블로그 '김근태의 요즘 생각'에 올렸다. 그가 세상에 남긴 마지막 글이었다.

세계는 격동하고 있다. 튀니지, 이집트, 리비아 등에서 시작된 아랍의 봄, 그리스 구제금융으로 상징되는 잔혹한 유럽의 여름, 월가를 점령하자는 뉴욕의 가을, 그리고 월가점령에 대한 다른 도시들의 공감, 급기야 10월 15일 전 세계 곳곳에서 월가점령시위 동참……

(…) 월가점령운동에 대한 양극단 사이에서 길을 잃지 않기 위해 우리는 차분히 묻고 냉철하게 대답해야 한다. 우선 미국인들은 왜 월가를 점령하자고 외치고 있을까. 그리고 전 세계 곳곳에서 왜 월가점령에 공감하는 것일까.

무엇보다 1%를 향한 99%의 분노 때문이다. 사회적 불평등과 정의롭지 못함이 극에 달했기 때문이다. 1%인지 5%인지는 중요치 않다. 이처럼 전 세계가 공감한다는 것은 미국이 주도한 신자유주의가 전 세계를 제패했다는 증거다. 선진국과 후진국, 강대국과 약소국, 민주국가와 비민주국가의 구분 없이 신자유주의적 자본주의는 세계적 대세였던 것이다. 그리고 2008년의 금융위기로 신자유주의를 지탱하는 보이지 않는 손인 월가의 실체가 드러났음에도 희생도, 반성도, 징벌도 없는 불공평함에 분노한 것이다.

(…) 2008년의 촛불국민들은 2009년엔 조문행렬을 이었고 지금은 희망버스를 타야 한다. 흔한 말로 정치권의 위기, 야당의 위기, 민주당의 위기라고 한다. 그러나 비난은 비난일 뿐 비난이 승리는 아니다. 방법은 두 가지다. 미국 티파티나 한국의 뉴라이트처럼 경선에 뛰어들어 직접 후보를 내거나 특정 후보를 지지해 정당에 영향력을 행사하는 것이다. 아니면 스스로 정치결사체를 만들어야 한다. 물

론 전자가 쉽고 확률도 높다. 비호감일지 모르지만 배울 것은 배워야 한다. 미국의 티파티나 한국의 뉴라이트의 공통점은 적극적 참여와 정당과의 연계다.

우리는 미국보다 사정이 낫다. 미국보다 금융이 정치에 비해 권력이 강하지 않은 우리나라에서 군이 증권사가 많은 동여의도를 점령할 필요는 없다. 국회가 있는 서여의도, 청와대가 있는 종로를 점령하는 것으로 충분하다. 운 좋게 내년 2012년에 두 번의 기회가 있다. 최선을 다해 참여하자. 오로지 참여하는 사람들만이 권력을 만들고, 그렇게 만들어진 권력이 세상의 방향을 정할 것이다.

2011년 10월 김근태.●

그리고 얼마 뒤인 10·26 서울시장 보궐선거 직후에 안철수는 김근태에게 한번 만나고 싶다고 했다. (강력한 소셜네트워크를 기반으로 하는 티파티를 높이 평가한 그의 안목에 특히 동질감을 느꼈을지도 모른다.) 만약 정치를 하게 된다면 그와 상의하고 싶다는 뜻도 함께 전했다. (이런 사실은 다음 해 6월에야 김근태의 부인인 인재근 의원의 입을 통해서 세상에 알려진다.) 그가 제시한 방향이 옳다고 여겼기 때문일 것이며, 아울러 김근태라면 정치적인 파트너가 될 수 있을 것이라고 판단했을 것이다. 하지만 이때는 이미 김근태의 건강 상태가 좋지 않았고, 두 사람의 만남은 성사되지 않았다. 얼마 뒤에 김근태는 세상을 떠났고, 안철수는 서울대학교 병원에 마련된 빈소에서 그의 영정 앞에 섰다. 기자들이 그를 둘러싸고 물었다. 고인과는 어떤 인연이 있는지…….

● "2012년을 점령하라", 김근태 블로그, 〈따뜻한 민주주의자 김근태〉, http://gtcamp.tistory.com/category/김근태의%20요즘생각

07 | 안철수가 꿈꾸는 세상

"지금 우리 사회는 불행하고 미래에 대한 희망이 없는 사회입니다.
제가 바라는 사회는 미래에 대한 희망이 있는
행복한 사회입니다."

미래에 대한 희망이 있는
행복한 세상

'안철수 미스터리'

10·26 보궐선거가 끝난 지 한 달이 다 되어 가는 시점이던 2011년 11월 20일, 한 언론사 여론조사 결과는 '안철수 현상'이 여전히 계속되고 있음을 보여주었다. 대선주자 가상 대결에서 안철수가 47.1퍼센트의 지지를 얻어 39.9퍼센트에 머문 박근혜를 7.2퍼센트포인트 차로 앞섰다. 한 주 전인 14일에 안철수가 1500억 원대의 안철수연구소 자기 주식 지분을 기부하겠다고 밝힘에 따라서 대선주자로서의 기대감이 커지고 있음을 보여주는 여론조사 결과였다. 그리고 안철수가 박원순 시장과 함께 신당을 만들 경우, 응답자의 43퍼센트가 지지하겠다고 밝혔다. 이에 비해서 한나라당의 지지율은 24.9퍼센트, 민주당은 13.7퍼센트밖에 되지 않았다.

그리고 다음 날인 11월 21일에 한 정치평론가가 "안철수 미스터리"라는 제목으로 일간지에 정치시평을 썼다.

안철수 교수만큼 대중적 인지도가 높은 사람도 없지만, 그만큼 알려진 것이 별로 없는 인물도 찾기 힘들다. 우선 안 교수는 자신의 정치적 견해를 밝힌 적이 거의 없다. 단지 한나라당은 응징되어야 할 대상이라고 말한 것이 거의 유일한 것 같은데, 이마저도 한나라당이 도대체 어떤 측면에서 응징되어야 할지에 대한 언급은 없다. 어떤 것이 특히 문제라고 생각하는지 궁금할 따름이다.

그러나 이 시평의 필자가 한나라당이 어떤 측면에서 응징을 받아야 하는지 모를 리가 없을 텐데, 이렇게 말하는 데는 어떤 의도가 담겨 있다.

이것뿐이 아니다. 본인은 '경제는 진보, 안보는 보수'라고 말하는데, 여기서도 자신의 대북관은 어떠하고 지금의 경제 상황에 대한 판단은 어떠하다는 입장 표명을 들을 수는 없다. 이러니 그냥 그런가 보다 하는 수밖에 없다. (…)

여기서 가장 큰 미스터리가 생긴다. 도대체 누구의 도움을 받아 정치구도를 '창출'하고 있는 걸까? (…)

여기서 분명히 할 점이 있다. 신비주의에서 벗어나야 한다는 것이다. 신비주의에 싸여 정치를 하면 순간적인 약발은 있겠지만, 오랜 기간 약발을 유지하기란 불가능하기 때문이다. 모든 것을 투명하게 밝혀 우리 국민도 안 교수가 어떤 생각을 가지고 있으며 어떤 방식의 정치를 펴나갈지 구체적으로 알 수 있게 만들어야 한다. 이것은 기업해 봤으니 국가 운영도 잘할 것이라는 국민들의 막연하고 잘못된 '또 한 번'의 기대를 막을 수 있는 방법이기도 하다.●

• 신율, "정치시평-안철수 미스터리", 《내일신문》, 2011. 11. 21.

이 필자의 주장은 여론조사에서 박근혜까지 누르는 강력한 대권주자인 만큼 어서 정책을 제시하라는 것이다. 혹 '제2의 이명박'일지도 모르는데, 이런 사실을 모르고 유권자들이 그를 대통령으로 뽑아주면 큰일 아니냐는 호들갑인 동시에, 여전히 베일 속에 가려진 채 진짜 모습을 드러내지 않는 안철수를 확실하게 검증하자는 주장이었다.

그러나 사실 안철수로서는 그런 요구가 난감했다. 출마를 할 것인지 말 것인지 결정을 하지도 않았는데, 어떤 정책을 어떤 방식으로 펼쳐서 국가 운영을 할 것인지 구체적인 내용을 내놓으라니…… 그러니 결론을 내릴 때까지 잠행을 할 수밖에 없었다. 이 잠행 속에서 그의 짧은 발언들은 이따금씩 뜨문뜨문 이어졌다.

2011년 12월 1일, "신당 창당이라든지, 강남 출마설 등 여러 가지 설이 많은데 전혀 그럴 생각도 없고 조금도 그럴 가능성이 없다."(안철수연구소 합동 기자간담회 자리에서)

2012년 1월 8일, "정치를 고민하고 있다. 열정을 갖고 계속 어려운 일을 이겨나갈 수 있을지 고민하고 있다."(미국으로 출국하기 전에)

1월 21일, "저 같은 사람까지 정치할 필요가 있을까 생각한다."(빌 게이츠와의 면담 등 미국 일정을 마치고 귀국해서)

2월 6일, "우리 사회의 발전적 변화에 어떤 역할이 좋은 것인지 계속 생각 중이다. 물론 정치도 그중의 하나가 될 수 있다."(안철수재단 설립 계획을 발표하는 자리에서)

3월 21일, "뜻은 고마우나 정치 참여를 유보하겠다."(19대 총선 민주통합당 비례대표 1번 제의를 거절하며)

3월 26일, "만약 정치에 참여한다면 특정한 진영 논리에 휩싸이지 않고 공동체

적 가치관에 따라 행동하겠다."(서울대학교 문화관에서 열린 '제2회 소통과 공감' 강연에서)

3월 29일, "용기 있고 신념을 가진 여성, 인재근과 함께 도봉의 새로운 미래가 열리기를 희망합니다."(총선에 출마한 민주통합당 인재근 후보를 트위터로 응원하며)

4월 4일, "긍정적으로 사회에 도움이 될 수 있을지가 모든 행동의 판단 기준이다. (대선 출마는) 제가 선택하는 것이 아니라 제게 주어지는 것이다."(대학생 강연에서 질문을 받고)

4월 9일, "이번 선거의 의미는 경쟁과 대립의 시대에서 조화와 균형의 시대로 넘어가는 커다란 변곡점이다."(19대 총선 투표 참여를 독려하는 영상에서)

정치권에서는 물론이고 시민들까지 모두 그가 어떤 결정을 내릴지 그리고 또 그가 어떤 정책을 내놓을지 궁금해 했다. 하지만 그는 여전히 심사숙고 중이었다. 완벽한 해답을 찾기 위해서는 아직도 더 시간이 필요했다.

그리고 5월 30일, 안철수는 오랜만에 대중 앞에 나타났고, 사람들은 그가 이번에는 어떤 분명한 입장을 밝힐 것이라고 생각했다.

안철수의 3대 키워드 : 복지, 정의, 평화

애초에 여섯 시 삼십 분부터 청중 입장이 시작된다고 공시했지만, 사람들이 너무 많이 몰리자 주최 측은 여섯 시부터 입장을 시켰다. 강연장인 부산대학교 경암체육관의 좌석은 2,800석이었고 여기에 입석으로 300명만 더 들어갈 수 있었고, 나머지 사람들은 아쉬움 속에 발길을 돌려야 했다.

노타이 차림의 안철수가 연단에 서자 청중들은 환호성을 질렀다. 카메라 플래시가 터지고 청중의 환호성이 이어지는 가운데 안철수가 "여러분 반갑습니다" 하고 인사를 했다. 하지만 청중의 환호성은 그칠 줄 몰랐다. 한참만에야 안철수는 고등학생 시절 야구부 응원 갔던 이야기부터 시작했고, 곧 본론으로 들어갔다. 그것은 안철수가 꿈꾸는 세상에 대한 이야기였다.

* * *

"8년 전에 낸 책이 있다. 《지금 우리에게 필요한 것은》이다. 저는 이 책에서 저 개인의 문제, 회사 문제, 우리 회사가 속했던 산업 문제, 나아가 국가가 당면한 문제 등을 다루었다. 그런데 8년 전에 우리에게 필요했던 것이 지금도 여전히 유효하다. 그래서 그런지 이 책이 지금도 여전히 잘 팔린다. 씁쓸하다.

우리나라는 1960년대 이후 지금까지 50년 동안 산업화와 민주화를 이루었다. 우리는 산업화를 통해서 가난을 해결했다. 그리고 민주화를 통해서 자유를 얻었다. 선진국이 200년이라는 긴 세월을 통해서 해결한 과제를 우리는 50년 만에 해결했다. 우리 스스로 자긍심을 가질 수 있는 일이다.

하지만 지금 우리의 모습은 어떤가?

우리 모습을 가장 잘 나타내는 통계수치 두 가지가 있다. 하나는 자살률이고 또 하나는 출산률이다. 자살률은 OECD 1위이다. 1년에 15,500명이 자살한다. 하루에 40명꼴이다. 미래를 전망하는 지표라고 할 수 있는 출산률은 우리나라가 세계에서 거의 최하위 수준이다.

이 두 개의 통계수치가 가리키는 것은 무엇인가? 그것은, 가장 불행하고 미래에 대한 희망이 없는 사회가 대한민국이라는 뜻이다. 이게 우리 사회의 냉혹한 현실이다. 사회 양극화, 계층 이동이 불가능한 구조, 실업 문제, 비정규직 등의 심각한 사회문제가 산적해 있다. 이런 것에 다들 절망하는 게 우리의 모습이다.

그렇다면 우리 사회는 어떤 사회가 되면 좋을까?

현재의 모습을 거꾸로 생각하면 된다. 행복하고 미래에 대한 희망이 있는 사회이다. 이것이 모든 사람의 바람이다.

이런 사회를 이루려면 구체적으로 어떤 것을 해야 할까? 저는 이 방법을 세 가지 키워드로 제시하겠다. 그것은 바로 복지, 정의, 평화이다. 이것을 이룩하는 것은 우리 세대에게 주어진 과제이다.

첫 번째 키워드, 복지. 제가 말하는 복지는 단순하게 분배만 하고 소비만 하는 좁은 의미의 복지, 시혜적인 복지가 아니라, 일자리와 복지가 긴밀하게 연결되는, 선순환되는 넓은 의미의 복지이다. 복지의 핵심은 미래에 대한 불안을 해소해서 마음 편하게 살도록 하는 것이다. 불안한 요소가 많다. 주거, 건강, 보육, 교육, 일자리, 가계부채, 노후 등……. 이기주의, 집단이기주의가 판을 친다. 이렇게 우리 사회의 공동체적 정신이 사라진 것도 모두 미래에 대한 불안 때문이다. 각자 어떻게든 살아남으려고 하다 보니 이렇게 되어버린 것이다. 실패를 해도 다시 일어설 수 있도록 보장해 주는 사회안전망이 구축되지 않았기 때문이다.

두 번째 키워드, 정의. 정의로운 사회라고 하면, 세 가지가 필수적인 요소라고 생각한다. 모든 사람이 같은 출발선에 서는 것, 어떤 반칙이나 특권이 없을 것, 마지막에 결승선에서 승자와 패자가 갈렸을 때 패자에게 다시 기회를 주는 것. 제도상으로 보면 의무교육·평준화가 있지만,

현실은 그렇지 않다. 마태복음 '무릇 있는 자는 받아 풍족하게 되고 없는 자는 그 있는 것까지 빼앗기리라'라는 말이 있다. 부익부 빈익빈이다. 모든 사람이 개천에서 용이 날 수 있다는 희망을 가질 수 있도록 만들어야 한다.

세 번째 키워드, 평화. 더 이상 설명이 필요없는 것이다. 복지와 정의는 평화 없이는 이루어질 수 없다. 우리는 북한과 정전 상태로 대치하고 있다. 평화 체제 구축이 필수적이다. 통일이 되지 않으면 안 된다. 하지만 이것은 단기간에 이루어지지 않는 문제다. 지금은 평화를 지키며 평화 체제를 구축해 나가야 할 때다.

이 세 가지의 키워드를 놓고 볼 때, 지금 우리에게 필요한 것은 너무도 많다. 하지만 모든 것에 우선해서 가장 중요한 것은, 소통과 합의이다. 어떻게 보면 굉장히 상식적인 수준이다.

여야가 유력 정치인을 두고 한쪽에선 십 년째 어떤 분의 자제라고 공격하고, 한쪽에서는 지난 10년을 싸잡아서 좌파 세력의 세월이라고 공격한다. 구태가 이어지고 있다. 상대를 지지하는 국민을 자기의 적으로 돌린다. 국민을 갈라놓는다. 이것은 낡은 프레임이다. 이런 낡은 체제로는 사회 문제를 해결하지 못한다.

결론으로 말씀드리자면, 우리는 시대적 과제를 해결해야 하는 중대한 기로에 서 있다. 어린아이를 키우면서 희망을 줄 수 있는 그런 시대를 원하지만, 이런 미래가 없는 불행한 시대이다. 우리에게 주어진 시대적인 과제인 복지, 정의, 평화를 통해서 이 일을 해결하자. 이제는 더 이상 옛날 방식의 낡은 방식으로 안 된다. 소통과 합의를 통해서, 공동체의식 즉 우리 사회의 기본적인 신뢰를 확보해야 한다. 이 변화의 중심에 여기 계신 여러분들이 있다. 이런 관점에서 저를 포함해서 정치하시는 분들이 함께 노력해서, 행복하고 미래에 대한 희망을 꿈꿀 수 있는 나라를 만들 수 있으면 좋겠다."

* * *

하지만 안철수는 이 자리에서도 대선에 출마할 것인지 말 것인지 명쾌한 답을 내놓지 않았다. 그의 고민은 계속되고 있었다. 하지만 많은 사람들은 그가 이미 결론을 내렸고, 시기를 조율할 뿐이라고 믿었다.

그리고 5월 30일 강연 직후에 실시된 여론조사에, 그동안 주춤하며 박근혜에 밀리는 양상을 보이던 안철수의 지지율이 다시 반등했다.

손자는 《손자병법》의 제5편 '세(勢)'의 세 번째 부분에서 이렇게 말한다.

> 격한 물살이 빠르게 흘러가 바위를 떠내려가게 하는 것은 '기세[勢]' 때문이고 사나운 새가 먹잇감을 빠르게 낚아채고 목뼈를 부러뜨리는 것은 '절도[節]' 때문이다. 따라서 전쟁을 잘하는 자는 그가 만들어내는 '기세'가 험준하며 그가 장악하는 '절주'가 짧다. '기세'란 쇠뇌를 당긴 것처럼 팽팽하고 '절주'란 활이 쇠뇌에서 발사되는 것처럼 빠르다.•

여기에 비추어보면, 안철수가 기세를 잡은 건 분명했다. 하지만 '단번에 먹잇감을 빠르게 낚아채고 목뼈를 부러뜨리는' 절도는 아직 준비되지 않았다. 그것은 구체적인 정책으로 드러나야 했다.

• 김원중 번역, 《손자병법》(글항아리, 2011년), 138쪽.

안철수가 꿈꾸는 세상

안철수의 역사의식은 단순하고 명쾌하다. 다음은 그가 2004년 4월에 쓴 칼럼 "조폭 영화와 국민 정서"의 한 부분이다.

우리 역사를 살펴보면 백성들은 가진 자, 배운 자, 힘 있는 자들로부터 끊임없이 배신당해 왔다고 해도 과언이 아닌 것 같습니다. 가까운 역사만 살펴보더라도 임진왜란 때 선조는 백성들을 버려두고 피난길에 올랐으며, 6. 25 전쟁에서도 대통령만 빠져나간 다음에 서울시민들은 버려둔 채 한강다리를 폭파해 버리지 않았습니까? 연이은 군사정권하에서의 공권력 남용, 그리고 지금까지도 이어지고 있는 사회지도층 인사들의 비리 소식을 접하면서 국가와 리더에 대한 신뢰는 땅에 떨어지고, 국가의 권위, 제도, 법보다도 우리끼리의 의리가 우선이라는 의식이 싹트게 된 것은 아닐까 생각합니다.•

뒤집어서 말하면, 가진 자와 배운 자 그리고 힘 있는 자가 못 가진 자와 못 배운 자 그리고 힘 없는 자와 더불어 사는 세상을 안철수는 바란다. 안철수가 바라는 세상은 좌파와 우파의 이분법적인 이념을 넘어서는 공동체이다. 이 공동체는 공동체 자체의 목적을 위해서 존재하는 것이 아니라 공동체를 구성하는 개인을 위해서 존재한다. 안철수는 이것을 '상식이 통하는 세상'이라고 표현한다.

안철수는 실제로 본인 스스로 직접 그런 세상을 창조했었다. 안철수연구소가 바로 그 세상이다. 안철수연구소는 그의 사상이 실천 속에서 현실화된 된 구체적인 사례이다. 2010년 10월에 정리된 안철수연구소의

• 안랩 홈페이지〉회사 소개〉설립자 소개〉칼럼

핵심가치를 다시 한 번 더 살펴보자.

첫째, 우리 모두는 자신의 발전을 위하여 끊임없이 노력한다. 모두는 자신의 발전을 위하여 적극적으로 그리고 지속적으로 노력한다. (⋯)

둘째, 우리는 존중과 신뢰로 서로와 회사의 발전을 위하여 노력한다. 우리는 서로를 존중한다. (⋯) 부서간의 관계도 마찬가지이다. (⋯) 모든 부서는 회사에 꼭 필요하고 그러므로 똑같이 소중하며 평등한 관계이다. (⋯) 우리는 한 목표를 향해 합심해서 헤쳐나가는 공동체이기 때문이다.

셋째, 우리는 고객의 소리에 귀를 기울이고 고객과의 약속은 반드시 지킨다. 우리는 고객의 요구로 탄생되었다. 우리는 고객의 관심과 기반으로 설립되었고 현재와 미래 성장의 가장 큰 힘이 고객임을 잊지 않는다. (⋯) 우리의 의사결정의 변하지 않는 기준은 곧 고객이다.•

기업을 개인이 스스로의 발전을 도모하는 현장으로 바라본다는 것, 게다가 이것을 첫 번째 가치로 설정해서 가장 중요하게 의미를 부여한다는 것, 동일한 목표를 향해서 구성원이 공동체의 일원으로 행동한다는 것, 그리고 모든 의사결정의 기준을 고객으로 둔다는 것, 이런 점들이, (안철수 본인도 나중에 인정했듯이) 안철수연구소가 이윤 창출을 목표로 하는 자본주의적 개념의 기업이 아니라 '사회적 기업'임을 분명하게 드러낸다. 안철수는 미래에 대한 희망이 없는 불행한 한국 사회를 바꾸어서 바로 이런 공동체로 만들려고 한다. 그렇기 때문에 2011년 9월 4일 《오마이뉴스》와의 인터뷰에서 다음과 같은 말을 자신있게 할 수 있

• 안랩 홈페이지〉지속경영〉경영이념〉핵심가치

었다.

　　나는 500명 이상을 경영해봤다. (…) 난 무에서 유를 만들었고 여러 난관을 극

복했다. (…) 대학교에만 있던 분이나 정치만 하는 분보다는 내 능력이 뛰어나다.

　　안철수는 자기가 꾸는 꿈을 실현할 자신이 있었다. 그것이 신념인지 독단인지 혹은 나르시시즘인지 본인은 알지 못하겠지만…… 그렇게 그는, 안철수연구소를 만들고 성공적으로 안착시키면서 경험했던 아름다운 공동체를 대한민국 전체 차원으로 건설하려고 한다.

안철수연구소와 삼성의 공통점

　　노동조합은 노사 간의 협력뿐만 아니라 대립·충돌을 전제로 한다. 아무리 노사 간의 화합을 이야기하고 한 배를 탄 동지이며 한 가족이라고 강조를 해도, 노동자와 자본가의 입장은 존재론적으로 다를 수밖에 없다. 그래서 자본주의 경제의 오랜 경험 속에서 노동자의 권익을 대변하는 조직인 노동조합이라는 것이 탄생해서 지금까지 이어져 오고 있다.

　　그런데 안철수연구소에는 노동조합이 없다. 노동조합이 없기는 삼성도 마찬가지이다. (엄밀하게 말하면 삼성에도 노동조합이 있다. 삼성 계열사에 그동안 노동조합이 없었던 것은 아니나 대부분 '유령노조'에 가까워 노동자들의 자율적 활동을 기반으로 한 노동조합은 없는 것이나 다름없다. 그러던 차에 2011년 7월 '삼성일반노동조합'이 출범했다. 이 노동조합은 특정 사업장에만 국한된 것이 아니라 삼성 계열사 노동자라면 정규직과 비정규직, 해고자를 구분하지 않고 모두에게 열려 있다.) 삼성

은 무노조 경영을 원칙으로 삼고 있다. 그래서, 헌법에서 보장하는 노동3권을 인정하지 않겠다는 시대착오적인 반헌법적 발상이라는 비판을 회사 안팎에서 받고 있다. 그렇지만 안철수연구소에 대해서는 시민단체나 노동운동 진영에서 이런 비판을 하지 않는다. 뿐만 아니라 삼성에서처럼 노동자들이 기를 쓰고 노동조합을 만들려고 하지도 않는다.

이유가 뭘까?

해답의 실마리는, 안철수연구소는 이윤 창출보다는 고용 창출과 사회 기여를 목적으로 하는 '사회적 기업'임을 스스로 주장한다는 데서 찾을 수 있다.

> ……지금 생각해보니 제가 생각한 것이 '사회적 기업'인 것 같아요. 사회적 기업이란 공익적인 부분과 이윤을 동시에 추구하는 기업인데요. 그 당시만 하더라도 그런 개념이나 말은 생소했는데, 결국은 그것을 하려고 했던 겁니다.•

이런 맥락에서 안철수는 주주 중심 경영이 자본주의의 정답이 아니라고 주장한다. 전통적인 자본주의 기업관과 다른 견해이다.

> 주주 중심 경영이 자본주의의 정답은 아니다. 주주 중심 경영은 미국식 자본주의일 뿐이고, 유럽은 이해관계자 중심 경영이 대세다. 우리나라에 아무런 비판 없이 미국식 자본주의가 정답인 것처럼 들어왔다. (…) 이제 이 문제에 대해서 논의할 때가 됐다. 기업은 장기 존속을 위해 사회적 책임을 다해야 한다. 주주 중심 경영이 극단적으로 표출되면 불량식품을 만들어 파는 회사가 된다. 많은 수익을

• 안철수, 《안철수 경영의 원칙》, 57쪽.

내고 주주에게는 보탬이 되지만, 사회의 많은 사람들에게는 건강을 해치는 나쁜 존재, 즉 범죄 집단이 되는 것이다. (…) 안철수연구소는 지금까지 기업이 사회적 책임을 다하는 모습을 행동으로 보여줬다. 말은 아무 소용이 없다. 우리가 주주 가치 극대화를 표방했다면 일반인에게 백신을 무료로 배포하지 않았을 것이다.•

안철수는 기업이 공익적인 목적을 전제로 해야 한다고 주장한다. 그래서 사회적 기업이라는 개념을 동원한 것이다. 그리고 이런 기업의 모델을 만들고 싶었고, 이 바람을 안철수연구소에 투영했다.

형식논리적으로 보자면 사회적 기업에는 노동조합이 들어설 여지가 없다. 없는 일자리를 만들기 위해서 이윤 창출을 포기하면서까지 만든 기업이 사회적 기업이기 때문이다. 게다가 안철수연구소는 공익적인 성격을 강하게 띠고 있다. 회사 설립 동기가 그랬으며, 현재 회사가 채택하고 있는 핵심 가치가 그렇다. 회사명에 '연구소(랩)'이라는 문구를 끝까지 고집하는 것도 바로 이런 까닭에서이다. 즉, 안철수연구소의 직원이라면 공익적인 목적을 위해서 봉사하며 스스로를 희생할 마음의 준비가 되어 있는 사람들이라는 뜻이다. 그러므로 안철수연구소에 노동조합이 없는 것은 봉사단체에 노동조합이 있을 수 없는 것과 마찬가지 이치이다. 적어도 논리적으로는 그렇다. 안철수가 "개인적으로 나는 노동자라는 말이 편안하지 않다"고 했던 것도 바로 이런 맥락에서 파악할 수 있다.

하지만 안철수연구소는 형식적으로 보자면 주식회사가 아닌가? 이 회사의 주식을 가지고 있는 사람이라면 자기가 소유한 주식에 따른 배

• "한국 경제 고목 숲, 불나면 타버린다", 《한겨레》, 입력 2011. 4. 30.

당을 받고자 한다. 물론, 될 수 있으면 많이 받고자 한다. 또 회사의 경영 성과가 좋아져서 주식 가치가 올라가기를 바란다. 이렇게 되려면 노동강도나 노동유연성 등을 놓고 경영진과 직원 사이에 갈등이 생길 수밖에 없다. 안철수의 대내외 커뮤니케이션 창구 역할을 하면서 안철수를 누구보다 가까이에서 10년 동안 보필한 박근우도 이렇게 말한다.

> 사람들은 안랩 직원들에 대해 선입견을 가지고 있다. 사장인 안철수 박사가 반듯하니 직원들도 그럴 것이란 생각이다. 그러나 안랩의 직원들이 모두 안철수 박사와 같은 모범적인 삶을 사는 것은 아니다. 실제로 그도 직원들에게 자신과 똑같은 삶을 살 필요는 없다고 얘기하곤 했다.•

회사 경영진과 직원 사이의 이런 근본적인 갈등이 안철수연구소에 내재되어 있을 것임은 쉽게 짐작할 수 있다. 형식적으로는 분명히 주식회사임에도 불구하고 설립자의 공익주의적 철학과 회사가 표방하는 핵심가치 때문에, 이 회사의 직원들이 일반적인 기업의 노동자들처럼 노동조합을 자발적인 의지로 설립하지 않는다는 (혹은 그렇게 하지 못한다는) 사실은 모순이다. 회사의 모든 직원들이 안철수처럼 바른생활 교과서이거나(이런 직원들만 선발하거나, 혹은 바른생활 교과서가 되기를 거부하겠다는 생각을 품는 순간 해고되어도 좋다는 각서를 주고받음으로써 이런 조건을 충족할 수 있다), 아니면 회사의 직원들이 노동조합을 만들어야만 비로소 해소될 모순이다.

이 모순은, 색깔은 다르지만 무노조 경영 원칙을 고수하는 삼성의 경

• 박근우, 《안철수 He, Story》, 40쪽.

우와 비슷하다. 차이가 있다면, 삼성은 직원들에게 '왕국'의 신민이 되기를 요구하고, 안철수연구소는 직원들에게 다 같이 바른생활 교과서가 되어 이 사회를 아름다운 공동체로 만들 모델을 가꾸어 나가자고 한다는 점이다. 안철수연구소의 이런 점은 2005년의 그의 퇴임사에서도 분명하게 드러난다.

> 안랩을 경영하면서 지난 10년간 세 가지를 이루고자 노력해 왔습니다. 첫 번째로 한국에서도 소프트웨어 사업으로 자리를 잡을 수 있는 워킹모델(working model)을 만들어보고 싶었습니다. (…) 두 번째로 현재 한국의 경제구조하에서 정직하게 사업을 하더라도 자리를 잡을 수 있다는 것을 증명해 보고자 노력해 왔습니다. (…) 세 번째로 공익과 이윤추구가 서로 상반된 것이 아니라, 양립할 수 있다는 것을 보여드리고 싶었습니다. 이 세 가지가 안랩 구성원 모두가 이 땅에서 숨 쉬고 살아가면서 스스로 인식하고 노력해 온 '존재 의미'가 아닌가 생각합니다.•

이것을 두고, 안철수에게 흠집을 내고 싶은 사람들은 말이 많다. 정의와 공정함을 외치면서 정작 자기는 안철수연구소에 노동조합이 만들어지지 않도록 했다는 논리로 안철수를 이율배반적인 인간이라고 비난한다. 겉과 속이 다른 이중적인 인격의 소유자, 성인군자의 가면을 쓴 욕심쟁이와 같은 비난과 욕설이 그의 뒤를 따라다닌다.

물론, 이런 비난과 욕설은 사실과 거리가 멀다. 조금만 자세히 들여다보면 알 수 있는 사실이다. 하지만 그렇다고 해서 이런 비난과 욕설의

• 안랩 홈페이지〉설립자소개〉퇴임사

효과가 사라지지는 않는다. 여의도의 투사들이 이것을 모를 리가 없다.

안철수가 저지른 잘못은 '이윤 추구를 포기하는 기업'이라는, 자본주의 시장경제의 규칙에 반하는 괴물을 만들어낸 것이다. 그것도 매우 유능하고 성공적인 괴물을…… 아니, 정확하게 말하면, 괴물 같은 자본주의 시장경제에 반하는 천사를 만들어냈다. 그리고 이 천사가 한국 사회에서 워킹모델이 되길 바랐다. 이 바람은 2008년 5월의 귀국 기자간담회 발언에서도 확인할 수 있다.

> ……한국 사회에서는 워킹모델이 중요합니다. 개인은 똑똑하기 때문에 좋은 모델이 있으면 잘 따라하는데, 이 부분이 없어 자라나는 후배들이 따라해 성공사례를 만들 수 없는 것이 당장의 한계입니다. 때문에 이 부분을 만드는 것이 중요합니다.

안철수연구소 안에 내재되어 있는 주식회사 대 공익연구소라는 모순의 불안정한 상황은 과연 언제까지 지속될 수 있을까? 이 모순이 해소된다면 어느 방향으로 안정화될까? 안철수가 만들어낸 '기업적으로 성공한 사회적 기업'이라는 천사는 과연 2010년대 한국의 자본주의 경제환경에 적응해서 새로운 종으로 자리 잡고, 또 안철수가 그토록 바라던 대로 워킹모델이 되어 자손을 퍼뜨리며 번성할까? 아니면, 생식 능력이 없는 특이한 변종 돌이변으로 경제 생태계 안에서 단 한 세대밖에 존재하지 못하고 도태될까?

이 모든 질문에 대한 답은 안철수의 전쟁 결과가 말해줄 것이다.

그런데 이 문제를 놓고 경제학자들은 이미 싸움을 벌이고 있었다. 이 싸움의 화두는 '경제 민주화'이다.

266

실패하는 장수의 다섯 가지 유형

CEO 시절 안철수는 《손자병법》을 여러 번 읽었고, 다른 사람들에게 읽히고 싶은 구절이 있으면 따로 정리해서 간부들에게 나눠주곤 했다. 그 가운데는 임기응변의 책략을 가르치는 부분인 제8편 '구변(九變)' 가운데서 제3항의 내용도 들어 있었다.

> 장수에게는 다섯 가지의 위험한 일이 있으니, 용맹이 지나쳐 죽기를 불사한다면 죽게 될 수 있고, 반드시 살려고 하면 사로잡히게 되며, 분을 이기지 못하여 성급하게 행동하면 모욕을 당할 수 있고, 성품이 지나치게 깨끗하면 치욕을 당할 수 있으며, 백성들을 지나치게 사랑하면 번민을 하게 된다는 것이다. 무릇 이 다섯 가지는 장수의 허물이고 용병의 재앙이다. 군대를 파멸시키고 장수를 죽게 하는 것은 반드시 다섯 가지 위험이 있기 때문이니 살피지 않을 수 없다.•

이것을 안철수는 '실패하는 장수의 다섯 가지 유형'으로 정리했다. 첫째, 죽기를 각오하고 싸우는 장수라면 죽이기 쉽다. 둘째, 자기만 살려고 애쓰는 장수는 포로로 잡으면 된다. 셋째, 화를 잘 내는 장수는 모욕을 주면 된다. 넷째, 청렴결백한 장수는 욕을 보이면 된다. 다섯째, 백성을 사랑하는 장수라면 백성을 괴롭히면 된다.

이 가운데 장수 안철수가 특히 취약한 부분은 넷째이다. 사람들은 순수함을 안철수의 가장 큰 미덕으로 꼽는다. 그러므로 안철수의 적들은 그의 '비리'나 '도덕적인 결함'을 들춰내려고 애를 쓴다. 이 지점이 바로 안철수가 만들어낸 '괴물' 혹은 '천사'를 거꾸러뜨릴 수 있는 가장 약한

• 김원중 번역, 《손자병법》, 214쪽.

고리이기 때문이다.

그렇게 안철수의 전쟁은 안철수에게 결코 녹녹치 않게 전개된다. 2012년 6월 어느 날의 풍경만 봐도 그렇다.

2012년 6월 4일의 몇 가지 풍경

하나.

새누리당의 정몽준은 기자들과 점심을 먹으면서 간담회를 가졌는데, 이 자리에서 안철수가 출마 여부에 대해서 명확한 입장을 밝히지 않자 무책임하고 가식적이라는 말로 안철수를 비판했다.

둘.

오후 두 시 삼십 분, 서울 태평로 한국프레스센터 19층 매화홀에서 토론회 하나가 열렸다. 전국경제인연합회(전경련) 산하 한국경제연구원 주최로 열린 토론회였고, 토론회 이름은 "경제 민주화 어떻게 볼 것인가, 2012 대한민국에의 시사점"이었다. 경제 민주화의 본질을 제대로 알아야 기업은 물론 국민들도 공감할 수 있는 올바른 정책이 나올 수 있을 것이라는 게 한국경제원 측이 밝힌 토론회의 개최 의의였다.

이념·철학 분야 발제를 맡은 신중섭 교수는, 경제적 자유를 축소하는 것을 '경제 민주화'로 부르는 것은 잘못된 언어 사용이며, 이와 더불어 정치권력에 의한 '연대와 이타심'만 강조한 '경제 민주화'를 국가운영의 원리로 삼는 것은 지속 가능성이 없기 때문에 결국 실패할 것이라고 주장했다. 법 분야 발제를 맡은 신석훈 박사는 헌법 제37조 2항에서 '국민의 모든 자유와 권리는 국가안전보장, 질서유지또는 공공복리를 위하여 필요한 경우에 한하여 법률로써 제한할 수 있으며, 제한하는 경우에

268

도 자유와 권리의 본질적인 내용을 침해할 수 없다'고 규정하고 있으므로, 이와 중복되는 경제 민주화 규정 조항인 헌법 제119조 2항을 철폐해야 한다고 주장했다.

4·11 총선을 앞두고 경제 민주화가 화두로 떠올랐을 때 숨을 죽이고 있던 재계가 총선 결과 새누리당이 다시 다수당이 되자 경제 민주화에 반대하는 움직임을 본격화하고 나선 것이다.

셋.

"유럽의 재정위기가 은행위기로 확산되면 1929년 대공황 이후 가장 큰 충격을 미칠 것이다."

김석동 금융위원장이 간부회의에서 한 발언이다.

이날 코스피지수는 2.80퍼센트(51포인트 이상) 급락한 1,783.13을 기록했다. 코스닥지수(450.84)는 2012년 들어 최대 폭인 4.51퍼센트(21.29포인트) 폭락했고, 원·달러 환율은 4.3원 오른 1,182원에 마감했다.

넷.

여의도 국회의사당 앞. 북한민주화위원회, 탈북자동지회, 자유북한방송, NK지식인연대 등 탈북자단체 소속 100여 명이 임수경 의원이 했다는 탈북자 비하 발언을 성토하며 그의 국회의원 사퇴를 촉구했다. 4·11 총선 직후에 터진 통합진보당 내의 이른바 '당권파 사태'를 계기로 시작된 반공 매카시즘은 임수경의 발언으로 더욱 거세졌다. 이명박 대통령도 한 주 전인 5월 28일 라디오 주례연설에서 "북한도 문제이지만 이들의 주장을 그대로 반복하는 우리 내부의 종북 세력은 더 큰 문제"라고 말을 했었다. 이념 논쟁 혹은 종북 논쟁 중심으로 이슈를 선점해 가면서 범야권을 압박하고 야권 연대에 파열구를 냄으로써 임기 말의 레임 덕과 여권 비판 여론을 묻어버리려는 여권 대선 전략의 큰 그림이 구체 화되고 있었다. 이 파상적인 공격에 안철수 역시 자유롭지 못했다.

* * *

안철수의 아버지 안응모 옹은 2012년 4월 30일에 《국제신문》과 인터 뷰하면서, 한번은 자기가 박원순 시장이 빨갱이 같은 인상을 준다는 평 이 세간에 나온다고 아들 안철수에게 말하자, 안철수는 "대한민국에 빨 갱이가 어디 있습니까? 그런 거 아닙니다"라는 발언을 했다고 소개했다. 범여권에서는 이 발언을 통합진보당 사태 이후 새삼스럽게 거론하면서 안철수를 이념 논쟁의 진흙탕 속으로 끌어들여 그의 깨끗한 이미지에 흙탕물을 뒤집어씌우려고 했다.

안철수는 5월 30일 부산대학교 강연에서 대학생의 질문을 받고는 통 합진보당 사태 및 이념 논쟁에 대해서 다음과 같이 말했다.

"북은 좋든 싫든 대화해야 할 대상이나, 한편으로는 보편적 인권이나 평화문제에 심각한 문제를 가지고 있다는 건 모두가 알고 있다. 그런데 유독 이 부분이 안 보이는 사람이 있다면 국민들이 받아들이기 어렵지 않겠느냐. (…) 진보를 표방하는 정당에서 민주적 절차가 지켜지지 않았 다는 것에 많은 분들이 실망하는 것 같다. 하지만 건강하지 못한 이념 논쟁으로 확대되는 것도 바람직하지 않다."

그보다 두 달쯤 전인 3월 4일에는 탈북자 강제북송 항의 촛불집회에 참석해서 "인권과 사회적 약자 보호는 이념과 체제를 뛰어넘는 가치이 다"라고 말했었다.

그러나 매카시즘적인 광풍은 장차 점점 더 거세져서 안철수에게 '김일성·김정일·김정은 개새끼'라고 말해보라고 윽박지를 것이다. 안철수는 여기에 어떻게 대응할까? 또 다른 한쪽에서는 '박정희는 독재자, 전두환은 살인마, 이명박은 쥐새끼'라고 말해보라고 윽박지를 것이다. 또, 동반성장과 상생을 이야기하며 경제 민주화를 줄곧 주장했던 그가, 결전을 준비하며 칼을 뽑아든 전경련의 반(反)경제 민주화 압박을 어떻게 헤치고 나갈까? 시간이 흘러 대통령 선거가 점점 다가올수록 안철수가 서 있는 정치적인 지형은 점점 거칠어진다.

그렇게 또 하루가 지나간다.

경제 민주화

6월 항쟁과 대한민국 헌법 제119조

의대 본과 4학년 학생 안철수가 구로동에서 의료 봉사 활동을 하던 1987년 6월, 전국적으로 민주화 시위가 확대되었다. 그해 전두환 정권은 4·13 호헌조치를 발표하고, 통일민주당의 창당을 방해하는 등 국민의 민주화 열망을 억압하고 장기집권을 꿈꾸었다. 이에 재야단체와 야당이 '민주헌법쟁취 국민운동본부'를 결성했으며, 6월 10일 국민운동본부는 '박종철 고문살인 은폐조작 규탄 및 민주헌법쟁취 범국민대회'를 개최했고, 이 대회는 6월 항쟁의 기폭제가 되었다. 그리고 그로부터 20여 일간 전국적으로 500여 만 명이 참가하여 4·13 호헌조치 철폐, 직선제 개헌 쟁취, 독재정권 타도 등을 외치며 민주화를 주장했다.

결국 전두환 정권은 국민의 민주화 요구를 받아들이지 않을 수 없게 되었고, 민주정의당 대통령 후보이던 노태우의 입을 통해서 직선제 개헌과 평화적 정부이양, 대통령선거법 개정, 김대중의 사면복권 등을 주요 내용으로 하는 6·29 선언을 발표하였다. 민주 진영의 승리였다. 그 뒤 헌법 개정 논의가 진행되었고, 10월 12일 의결된 개헌안은 27일 국민투

272

표로 확정되었다.

이 헌법 개정 때, 헌법 제119조에서 기존의 제1항 외에 제2항이 추가되었다.

> 대한민국 헌법 제119조.
> ① 대한민국의 경제질서는 개인과 기업의 경제상의 자유와 창의를 존중함을 기본으로 한다.
> ② 국가는 균형 있는 국민경제의 성장 및 안정과 적정한 소득의 분배를 유지하고, 시장의 지배와 경제력의 남용을 방지하며, 경제주체 간의 조화를 통한 경제의 민주화를 위하여 경제에 관한 규제와 조정을 할 수 있다.

제1항은 자유시장경제의 원리를 담고 있으며, 여기에 경제 정의를 실천하기 위한 정부 개입의 명분을 담은 제2항을 추가한 것이다. 이른바 '경제 민주화 조항'이었다.

* * *

2012년 4·11 총선 때 여당과 야당 모두 경제 민주화를 핵심 공약으로 내세웠다. 선언적으로만 명시되어 있던 헌법 조항을 뒷받침할 구체적인 내용을 만들어서 실천하겠다는 것이었다. 이 논의가 시작된 배경은, 특히 이명박 정부 들어서서 저금리 고환율, 금산분리 완화, 출자총액제한 완화, 고용유연화 강화 등의 대기업 친화적인 경제 정책이 집행되어 사회의 양극화가 보다 빠른 속도로 진행되면서 공정한 분배라는 문제가 사회 전체의 과제로 대두되었다는 사실이다.

정부 여당이 경제 민주화를 적극적으로 받아들이게 된 계기는 2010년의 6·2 지방선거였다. 이 선거에서 여당이 참패했다. 사회 양극화 현상에 대한 민심의 역풍이 거셌기 때문이다. 그래서 이명박 대통령은 9월에 '동반성장'이라는 의제를 꺼내들었다. 이전의 이른바 '비즈니스 프렌들리'와는 정반대의 관점으로, 정책기조의 대전환이었다. 대기업과 중소기업의 상생이 핵심 의제로 떠오르면서 대기업 중심의 재계는 긴장했다.

아니, 이명박 정부가 어떻게?

하지만 그렇게 긴장할 필요는 없었다. 2010년 12월에 동반성장위원회가 민간기구로 출범하고, 이 위원회가 구체적인 방안을 냈을 때, 대기업에게 부담되는 내용은 들어 있지 않았기 때문이다. 처음 이 위원회가 제시한 의견을 놓고 이건희 회장이 초과이익공유제라는 말은 들어보지도 못했다고 발끈했었지만, 뚜껑을 열고 보니 그렇게 화를 낼만한 내용이 없었던 것이다. 재계는 그동안 가졌던 불안을 훌훌 털어내고 동반성장을 환영하고 나섰다. 성과공유확인제 시행, 중소기업 적합업종 선정, 동반성장지수 산출 등의 정책이 실행되었지만, 구속력이 없는 이 정책들에, 대기업 독식의 시장 구조에서 중소기업의 이익을 법률적으로 보장해 주는 제도는 전무하다시피 했다.

눈 가리고 아웅 하는 이런 정책에 국민들은 분노했고, 경제 민주화에 대한 요구는 뜨겁게 달아올랐다. 그랬기에 4·11 총선에서는 야당뿐만 아니라 박근혜의 새누리당도 이 분야의 공약을 핵심으로 내세울 수밖에 없었다. 이명박 정부와 자기는 다르다는 점을 부각시킬 필요가 있었기 때문이다. 12월에 있을 대통령 선거를 앞두고도 이 문제를 두고 여당과 야당 사이에 치열한 공방이 벌어질 터였다.

한편, 진보 진영의 학계에서도 이 문제를 둘러싸고 두 갈래의 서로 다른 길을 제시하며 논쟁을 뜨겁게 달구어가고 있었고, 또 이런 상황에서 대기업 중심의 재계는 경제 민주화에 딴지를 걸고 나섰다.

2012년 6월 4일에 전국경제인연합회(전경련) 산하 한국경제연구원 주최로 "경제 민주화 어떻게 볼 것인가, 2012 대한민국에의 시사점"이라는 주제로 토론회를 열고, '경제 민주화'라는 개념 자체가 잘못되었으며, '경제 민주화'를 시장에 대한 국가 개입의 정당성을 부여하는 만능 규범처럼 인식해서는 안 되며 따라서 이를 적시한 헌법 조항인 제119조 2항을 철폐해야 한다고 주장했다. 19대 국회의 개원 시기에 맞춘 이 토론회는 국회에 자기들의 의견을 전하고 압박하기 위한 목적이었다.

> '경제 자유'와 '경제 민주화'를 대비시키는 것은 잘못된 사고에서 나왔다. '민주주의'의 반대말은 '권위주의' 또는 '독재'이기 때문에 경제적 자유를 축소하는 것을 '경제 민주화'라 하고, 경제적 자유를 확대하는 것을 '경제 비민주화'라 부르는 것은 잘못된 언어 사용이다.•

자유는 즉 민주화라는 논리는, 규제를 철폐하고 감시를 줄여서 경제 활동의 자유를 (경제적 강자가 마음껏!) 누리도록 하는 것이 바로 경제 민주화라는, 일종의 말장난이다. (자유의 개념에는 '어떤 것을 할 수 있는 자유'라는 개념과 '어떤 것에서 자유로울 수 있는 자유'라는 개념이 있는데, 이 두 개의 개념은 때로 대립한다.)

이런 말장난, 혹은 본말이 전도된 주장에 2012년 대선에 출마한다고

• 신중섭, "경제 민주화 어떻게 볼 것인가, 2012 대한민국에의 시사점", 이념·철학적 측면, 52쪽.

선언한 새누리당의 예비후보 정몽준도 한마디 거들었다. 그는 2012년 5월 29일에 《오마이뉴스》와의 인터뷰에서 다음과 같이 말했다.

질문 : 새누리당은 강령에 '경제 민주화' 조항을 넣었다. 지금의 '경제 민주화' 논의 흐름에 대해 어떻게 생각하나.

정몽준 : 대기업이 워낙 우리 사회에서 인기가 없어 나오는 현상 아닐까. 어느 정도는 동의한다. 다만 경제 민주화를 어떻게 정의 내릴 것인가. 경제적 결정권이 소수의 관료, 대기업에게 집중되는 것을 막자는 게 경제 민주화라면, 소비자 선택권 침해 방지를 중심에 놓아야 한다. 난 경제 민주화의 방법은 개방과 경쟁이라고 본다. 가령 중국산 가전제품이 국산 가전제품보다 가격이 싼데 대기업의 유통 구조 장악으로 국내로 진입하지 못하는 건 바람직하지 않다. 소비자 선택권을 침해한 것이다. 물론 대기업의 골목빵집 진출도 잘못됐다. 야구와 비교하자면, 메이저리그 소속팀과 마이너리그 소속팀을 뒤섞은 격이다.

신자유주의적 체제를 옹호하는 전형적인 주장에 이른바 '윤리경영'을 뒤섞어 놓은 잡탕이다.

* * *

아나나 다를까, 역사의 수레바퀴는 얼마든지 거꾸로 돌아갈 수도 있음을 다시 한 번 보여주는 일이 일어났다.

6월 항쟁 25주년 기념일 하루 전인 2012년 6월 9일, 새누리당은 막 임기가 시작된 자기 당 소속 제19대 국회의원들을 모아놓고 연찬회를 연 끝에, '경제 민주화' 이야기를 없던 것으로 하겠다고 결론을 내렸다.

총선을 준비 중이던 2012년 1월에 당헌·당규 개정 과정에서 경제 민주화 실현을 구체화하기로 했었지만, 자유시장이 경제 민주화에 우선한다는 해석에 절대다수가 공감한다는 사실을 연찬회를 통해 확인하고는, 경제 민주화의 근거조항인 헌법 119조를 놓고 자유시장이 '원칙'이고 경제 민주화가 '보완'이라는 결론을 내렸다. 요컨대, 자유시장 원칙만이 오로지 유효하며 경제 민주화 조항은 예전처럼 그저 형식적으로만 두겠다는 뜻이었다. 총선에서 야당에게 압승을 거둔 데다가 대기업이 전경련을 중심으로 해서 경제 민주화에 대해서 강력하게 문제를 제기했기 때문이다.

　새누리당의 이런 조치는 경제 민주화 수준을 1987년 6월 항쟁 이전의 전두환 군사독재 시절로 되돌리자는 이야기에 다름 아니었다.

　2011년 서울시장 보궐선거 때 한나라당의 확장성에 반대하며 한나라당을 '응징'해야 한다고 목소리를 높였던 안철수의 심정은 어땠을까? 1987년 당시의 전두환 군사독재 정권의 그림자를 새누리당의 행보에서 목격하지 않았을까? 박종철 고문치사사건을 두고, 책상을 '탁' 치니까 '억'하고 죽더라던 말을 들었을 때의 그 떨리는 분노를 느끼지 않았을까? 지난 50년 동안에, 세계 역사에 유례가 없을 정도로 빠르게 산업화와 민주화를 동시에 이룬 한국이라는 자부심을 이야기해 왔던 안철수는, 6월 항쟁 25주년 기념일 하루 전에 보도된 새누리당 연찬회 소식을 들은 뒤, 다시 또 그 하루 전에는 12·12사태와 광주민주화운동 무력진압 등에 책임이 있고, '내란수괴죄', '내란목적살인죄', '반란수괴죄'로 대법원 상고심에서 사형까지 확정받았던 전두환 전 대통령이 육군사관학교에서 육사생도들을 사열했다는 소식을 들은 뒤, 국민에게 무슨 이야기를 하고 싶었을까?

경제 민주화의 두 갈래 길

경제 민주화의 진정한 의미는 사회적인 약자를 배려한다는 점이다. 바로 이 점에서 경제 민주화에 대한 열망과 논의가 출발했다. 이런 맥락에서 경제 민주화를 바라볼 때, 사람들이 말하는 경제 민주화는 두 갈래의 길로 나뉘었다. 하나는 '사회-재벌 대타협론'이고, 또 하나는 '재벌 개혁론'이다.

전자는 기본적인 목적을 복지국가에 둘 때, 재벌이라는 체제가 효용성이 있으므로 이 체제를 용인해 주는 대신 재벌에게서 받는 세금을 늘려 복지 지출의 재원으로 충당하자는 주장이다. 이런 주장을 하는 측에서는 재벌개혁론자가 펼치는 주주 자본주의 아래에서는, 재벌이 경영권 방어에 급급해서 장기적 투자가 필요한 사업에는 투자하지 않고 주가 상승을 위해 정리해고를 일상화하고 중소기업의 납품단가를 후려치는 등 상생 발전을 저해한다고 주장한다. 그러므로 재벌의 경영권을 보장해 주자고 한다. 국부 유출을 막기 위해서라도 계급 간의 대타협을 이루어내자고 한다. 하지만 동시에, 반드시 여기에 대한 대가를 보장받아야 한다고 주장한다.

> 장하준 : ……(예를 들면) 생산 기지의 해외 이전 제한, 설비 및 R&D 투자 확대, 미래형 신산업 투자, 그리고 복지국가 건설 및 부자 증세 협조 등이 있을 수 있죠. (…) 만일 그 어떤 대가 없이 경영권 방어를 허용하면 재벌에게는 좋겠지만 국민 경제 전체에는 해로운 결과로 이어질 겁니다.
>
> 정승일 : 그렇죠. 그런데 전경련은 경영권은 보호해 달라고 하면서 부자 증세는 절대로 안 된다고 합니다. 국민 경제 같은 건 안중에도 없어요.•

한편 '재벌개혁론'은 재벌기업에 의한 경제력 집중이 공정경쟁을 해치고 경제 양극화를 초래하는 핵심적인 원인이라고 규정하며, 재벌의 기업 지배구조를 개혁해서 특권과 특혜를 청산하고 독점과 과점을 규제하자는 주장이다. 이 주장을 하는 쪽에서는 경제 민주화를 시장경제의 효율성과 역동성을 저해하지 않으면서도 경제적 평등을 지향하는 것으로 규정한다. 경제를 시장에만 맡긴 결과 승자독식주의와 경쟁지상주의가 사회를 지배하고 심각한 양극화 현상이 일어났다는 것이다. 이 같은 양극화를 막기 위해 민주적 절차에 입각해 시장에 개입하고 시장을 규제하자고 주장한다. 재벌의 경영권을 보호해 주기만 하면 그들이 이런 장기 모험 투자를 할 것이라는 건 실로 안이한 생각이라고 지적한다.

제로 리스크로 쉽게 돈 벌 수 있는 일이 널려 있는데 왜 하겠어요? 주식이나 땅 투기, 동네 빵집, 심지어 순대국집…… 재벌 규제, 자산 투기 규제와 산업 정책이 같이 갈 때만 실제로 필요한 장기 투자가 가능해질 겁니다. (…) 재벌과 주주 자본주의(또는 외국인 주주)를 대립 관계로만 보는 건 단편적인 시각입니다. 그들은 경쟁을 하는 동시에 협력해서 주주 집단 바깥의 이해 당사자들을 최대한 수탈하는 동맹군이지요.**

'사회-재벌 대타협론'은 재벌개혁론을 신자유주의가 아닌 자유주의로 돌아가자는 주장에 지나지 않는다면서, '1원 1표'의 주주 자본주의의 민주주의로는 문제가 해결되지 않으니 '1인 1표'의 민주주의를 이루기 위해서 아예 자본주의라는 판 자체를 갈아야 한다고 주장한다.

• 장하준 외, 《무엇을 선택할 것인가》(부키, 2012년), 251~252쪽.
•• 정태인, 「한국경제 성격 논쟁」 장하준 교수에게 보내는 공개편지」, 《프레시안》, 입력 2012. 5. 2.

장하준 : 이명박 정부는 물론 김대중·노무현 정부도 기본적으로 모두 신자유주의 노선을 추진해 온 게 사실이에요. 시민들이 이런 측면을 명확히 인식해야 한다고 생각합니다. 그렇지 못하고 '안티 이명박'이 노무현 시대로 회귀함을 의미한다면 정말 허무한 일 아닐까요? (…)

정승일 : (…) 우파 신자유주의가 마음에 안 든다고 좌파 신자유주의로 가면서 이를 경제 민주화로 포장하는 일은 그만 했으면 좋겠어요. 이젠 정말 불판을 갈아야 합니다.*

그렇다면, 안철수가 그동안 줄곧 주장해 왔던 경제 민주화는 이 두 개의 주장 사이의 스펙트럼에서 어디쯤 위치할까?

벤처·중소기업을 대기업의 동물원에서 해방시켜라

우선, 안철수는 한국의 자본주의가 주주 자본주의가 되어서는 안 된다고 분명하게 못을 박았고, 또 그런 신념의 결정체가 지금의 안철수연구소이다. 이런 사실은 그가 2011년 4월에 한 일간지를 상대로 한 인터뷰에서도 분명하게, 또한 공격적으로 밝혔다.

주주 중심 경영이 자본주의의 정답은 아니다. (…) 주주 중심 경영이 극단적으로 표출되면 불량식품을 만들어 파는 회사가 된다. 많은 수익을 내고 주주에게는 보탬이 되지만, 사회의 많은 사람들에게는 건강을 해치는 나쁜 존재, 즉 범죄 집단이 되는 것이다.**

• 장하준 외, 《무엇을 선택할 것인가》, 28-29쪽.
•• "한국 경제 고목 숲, 불나면 타버린다", 《한겨레》, 입력 2011. 4. 30.

지금의 한국 사회에서는 대기업이 이런 행태를 보인다고 그는 지적한다. 벤처·중소기업들이 '삼성동물원', 'LG동물원', 'SK동물원' 등에 갇혀서 대기업의 착취를 받다가 말라죽어가는 게 지금 한국의 현실이라고 했다. 대기업과 거래하는 중소기업은 불공정 계약을 감수할 수밖에 없고, 결국 몸담았던 동물원에서 죽어나가는 구조라는 것이다. 본인이 IT 벤처업계에서 대기업의 하청을 받으며 안철수연구소를 성장시켰기 때문에 숱한 경험 속에서 목격한 사실에 바탕을 둔 인식이었다.

이렇게 경제구조가 대기업 중심으로 되어 있을 때, 새싹은 자라지 못하고 고목만 있는 환경이 조성되는데, 이 숲에 불이 한번 나면 숲 전체가 다 타고 새싹도 없으므로 그것으로 끝이라고 했다.

> 대기업이 일자리를 200만 개도 창출하지 못하는데, 그 일자리조차 점점 줄어들고 있다. 앞으로 절대로(!) 더 늘리지 못할 것이다. 중소·벤처기업들이 새로운 창업을 통해 일자리를 늘리는 것 외에 대안이 없다. 이는 우리 미래와 직결된 문제다. 청년실업, 중산층 붕괴, 빈부 격차 심화 등 모든 문제의 핵심이 여기에 있다. 사람들이 창업을 활발하게 할 수 있도록 제도와 문화를 바로잡고, 기존 벤처·중소기업의 성공 확률을 높여야 한다. 대기업에 유리하게 환율을 계속 고정하는 정책을 펴는 '대기업 친화적 정책'은 중단해야 한다.

안철수가 2012년 5월 30일에, 자기가 정치를 한다면 어떤 정치를 할 것인가에 방점을 찍어서 제시했던 '복지, 정의 그리고 평화'라는 개념 가운데 복지가 단순한 시혜 차원의 복지가 아니라 선순환 구조의 복지를 의미하는 것이라고 강조한 것도 바로 이런 맥락에서였다.

예를 들어 초과이익공유제에 대해서도 그는, 잘못된 과정을 통해서 형성된 초과이익을 대기업이 중소기업에 시혜적으로 베풀어주는 것은 의미가 없을 뿐 아니라 현재의 문제를 온존시키는 것일 뿐이라면서, 중소기업-대기업 사이의 관계가 과정에서부터 공정하도록 바로잡는 것이 문제의 본질이라고 바라본다.

안철수는 이런 문제의식을 이미 2000년대 초부터 가지고 있었고, 이런 문제를 안철수연구소라는 개별 기업 차원이 아니라 사회적인 차원에서 해결하고자 2005년에 CEO직을 버리고 공부를 하러 떠났던 것이다. 이런 사실은, 3년 뒤 공부를 마치고 귀국했을 때 기자간담회 자리에서 그가 했던 발언에서도 분명하게 확인할 수 있다.

[벤처기업이 망해나가고 기업가정신이 위축되어] 국내에서 거래할 중소기업이 없어지면, 대기업은 외국으로 나간다. 이렇게 사상 최대의 수출을 이루나, 이는 국내 중소기업을 돕는 게 아니라 해외 중소기업을 돕는 꼴이다. 이런 악순환이 계속되면 정말 불행하다.

이런 문제의식에서 안철수는 실패를 용인하는 사회·문화적 제도를 마련해야 한다고 주장한다. 한 번 실패한 사람이라 하더라도 도덕적인 결함이 있지 않는 한 다시 기회가 주어지는 풍토를 만들어서 기업가정신이 사회에 왕성하게 넘쳐나도록 해야만, 대기업으로서는 손을 쓸 수 없는 일자리 문제를 해결할 수 있으며, 이런 벤처·중소기업의 창의성을 지속적으로 공급받을 수 있어야 대기업도 경쟁력을 가질 수 있다고 주장한다.

……이런 여러 재능 있는 사람들이 새롭게 아이디어들을 내게 하고, 그중에서

하나 성공하면, 백 배 성공하면 그동안 열 개 실패한 것들 다 갚고도 남음이 있는 쪽으로 완전히 우리가 바뀌어야 되는데, 실패를 용납하지 않는 문화는 안 바뀌어 있는 상태에서, 새로운 아이디어들을 내라고 했을 때, 처음 몇 사람은 과감하게 아이디어를 냈는데, 실패하지요. 그러면 그 사람들을 밟고 지나갑니다. 그러면 그 다음 사람들은 절대로 새로운 아이디어를 낼 수 없지요.[•]

실패를 했을 때 다시 일어날 수 있도록 보장해 주는 안전망이 없기 때문이다. 이 안전망을 보장하자는 게 안철수가 제시하는 벤처·중소기업 육성 방안의 핵심이다. 실패를 장려할수록 도전이 활성화되어 경제 생태계가 역동적으로 바뀌고, 이 역동적인 경제 생태계는 혁신과 장기적 성장의 발판이 된다. 이럴 때 비로소 한국 사회는 행복해지고 미래에 대한 희망을 품을 수 있게 된다는 것이다.

* * *

안철수의 경제 민주화는, 복지의 핵심을 중소기업에서 찾는다는 점에서 대기업의 역할을 중심으로 생각하는 '사회-재벌 대타협론'과 다르다. 한편 '재벌개혁론'과는 시장 질서를 공정하게 만들고 특혜와 편법을 없애자는 점에서 겹쳐지는 부분이 있지만, '1원 1표'의 주주 자본주의에는 반대한다는 점에서는 '사회-재벌 대타협론' 쪽으로 기울어 있다.

즉, 안철수가 바라고 또 실현하고자 하는 경제 민주화는 박정희의 개발독재와는 말할 것도 없고, IMF 체제가 상징하는 신자유주의 경제 질

• CBS 라디오 "시사자키 정관용입니다", 2011. 5. 9.

서를 전제로 해서 개혁을 추진하려다 실패했던 김대중 정부와 노무현 정부, 또 이 신자유주의 경제 질서를 극한까지 몰고 가려고 하는 이명박 정부와는 근본적으로 다른 패러다임을 제시한다. 그것은 바로 중소기업을 중심으로 놓고 한국의 경제구조를 새롭게 짜는 것이다. 그러고 보면, 사람들은 그에게 정책을 내놓으라고 하지만 사실 안철수는 이미 자기 카드를 내보였다. 그것도 이미 오래전부터……

바로 이런 점에 사람들이 열광하는 이른바 '안철수 현상'의 뿌리가 있다고 어떤 논자는 파악하기도 한다.* 이 평가를 더 확장하면, '안철수 현상'은 이명박 정부 및 여야 정치권에 신물이 난 국민 특히 청년층에 부는 일회적인 바람이 아니라, 한국 경제의 새로운 패러다임을 열렬하게 반기는 변화의 시대적 요구라고도 할 수 있다. 그러나 시장주의자임을 자처하면서도 중소기업을 중심으로 한국 경제를 재편하겠다고 주장하는 모순을 그는 어떤 해법으로 풀 수 있을까? 이런 청사진이 4대강 개발 사업이 친환경 사업이라는 것과 별반 다르지 않은 또 하나의 대형 사기극이 될 수도 있음을 우려하는 사람들의 불안을 어떤 정책으로 잠재울 수 있을지는 그가 풀어야 할 숙제이다.

• 정영무, "안철수 현상의 뿌리는 경제 민주화", 《한겨레》, 입력 2011. 9. 13.

안철수의 꿈

자본 증식의 합리성이 모든 윤리와 생활을 지배하는 신자유주의 체제의 사회에서, 오로지 합리적인 이성에만 의지해서 개인의 행복 나아가 사회공동체의 행복을 추구하는 계몽주의자 안철수. 그렇기 때문에 힘겨운 운명의 소유자가 될 수밖에 없는 안철수. 그의 꿈은 무엇일까?

간단하게 말씀드리면 죽을 때 내 인생에 대해 후회하지 않고 죽었으면 좋겠다. (…) 내가 찾은 답은 삶의 흔적을 남기고 싶다는 거다. 크로마뇽인이 동굴 벽화를 그렸는데 후세에 우리가 그걸 보면서 누군지는 몰라도 어떤 사람이 살았구나를 알 수 있다. (…) 내가 살아 있을 동안에 어떤 사람들에게 좋은 영향을 미쳤다든지 어떤 좋은 제도를 만들었다든지 조직을 통해서 함께 살아가는 사회를 풍요롭게 만들었다든지…… (…) 그 생각이 정리되고 나니, 사람들이 보기에 과감한 나의 선택들이 (…) 모두 의외의 선택의 연속일 수도 있지만, 저 나름대로 삶의 흔적을 남기기 위해 정말로 당연하고 무리가 없었던 선택의 연속이었던 것 같다.•

• KBS 인터넷, 〈차정인 기자의 뉴스풀이〉, 100회 특집 "시대의 지성에게 듣는다", 입력 2010. 10. 1.

그래서 당장 내일 죽는다 하더라도 후회가 없다고 말한다.

* * *

2012년 6월 8일, 안철수는 서울대학교에서 하던 강의 "기업가적 사고 방식"의 마지막 수업을 마쳤다. 이제 곧 진짜 전투가 시작될 터였다.

그는 2001년에 발간한 저서 《CEO 안철수, 영혼이 있는 승부》에서 '기업이 존재하는 것에는 돈 버는 것 이상의 숭고한 의미가 있다. 고용 창출 외에도 개개인의 자아만족과 사회공헌도 중요하다. 그런 것들이 모여서 결국은 잘 사는 세상을 만드는 힘이 된다'고 썼다. 그리고 그로부터 10년이 지난 뒤, 이 신념을 정치적으로 실천하려고 한다.

이것이 안철수가 벌이는 전쟁의 목적이다. 오랜 세월 동안 수없이 많은 사람들을 만나서 설득하고 배우고 스스로를 다듬으며 준비해 온 전쟁이었다. 이 전쟁은, 안철수가 어린 시절 이따금씩 공상 속에서 떠올리곤 하던 전쟁과 어쩌면 본질적으로 같은 것일 수도 있다. 악당을 상대로 해서 정의를 지킨다는 점에서……

> 나는 어렸을 때 만화책을 많이 읽었다. (…) 그러던 어느 날 악당들에게 내가 납치될지도 모른다는 생각이 들었다. 세계를 지배하려는 야욕에 불타는 악당들이 나를 지하실에 감금시켜 놓고 끔찍한 무기를 만들어내라고 협박하는 데까지 생각이 미치면 나는 고민에 빠지지 않을 수 없었다. (…) [그러나] 지구를 지키는 독수리 5형제들이 나타나서 나를 구해줄지도 모를 일이었으므로 목숨을 걸고 나의 신조를 지키리라 다짐하곤 했다.•

안철수는 정말 목숨, 아니 목숨보다 더 중요한 것들을 걸 수밖에 없게 되었다. 하지만 안철수는 걱정하지 않았다. 시간은 자기편이라고 믿었다.

시간은 원칙을 가지고 올바르게 살아가는 사람들에게는 가장 친한 친구이자 든든한 지원자이다. 그와는 반대로 위선적인 사람들에게는 가장 큰 적이 된다. 시간이 지나면 결국 그 사람이 더 이상 참지 못하거나 왜곡된 사실이 드러나면서 숨겨진 의도가 밝혀지기 때문이다. 시간을 내 편으로 만들고 살아가는 사람은 힘은 들지만 소신 있게 살아나갈 수 있을 것이다.••

그렇게 시간이 흘러가고 있었다. 전쟁이 승리로 끝날지 패배로 끝날지 판가름이 날, 삶과 죽음을 가르고 존립과 패망이 갈릴 운명의 2012년 12월을 향해서……

• 안철수, 《행복 바이러스 안철수》, 14-15쪽.
•• 안철수, 《CEO 안철수, 지금 우리에게 필요한 것은》, 26-27쪽.

1970년대 초, 부산 범천동. 산복도로는 경사가 심한 일부 구간만 포장이 되었을 뿐이라 나머지는 비만 오면 군데군데 물웅덩이가 생기고 진흙탕이었다. 장화를 신지 않으면 다니기 어려울 정도였다. 그 길을 초등학생 하나가 기분 좋게 내달린다. 소년의 손에는 병아리 몇 마리가 든 봉지가 들려 있었다.

소년의 집에는 밤만 되면 금방이라도 귀신이 튀어나올 것처럼 무서워지는 화장실이 본채와 멀리 떨어진 곳에 있었다. 그만큼 마당은 넓었고, 그 마당에서 소년은 병아리를 키웠다. 병아리를 사올 때마다 어른들은, 병아리를 파는 아저씨들은 못된 장사꾼이라 금방 죽을 병아리를 학교 앞에서 파는데, 그런 병아리를 왜 사오느냐고 타박을 주곤 했다.

하지만 소년은 그런 말에 아랑곳하지 않았다. 비록 노란 털색이 흰색으로 바뀌기도 전에 죽어버리는 경우가 없지 않았지만, 벌써 몇 마리나 큰 닭으로 키우는 데 성공했기 때문이다. 게다가 소년은 동물을 워낙 좋아했다.

이번에도 소년은 작은 병아리를 큰 닭으로 키웠다. 날마다 조금씩 커가는 닭을 바라보면서 소년은 뿌듯한 성취감을 느꼈다. 내성적인 성격에 운동도 잘하지 못해서 친구들과 어울리지 못하고 외톨이로만 지내던 소년에게 그 닭은 소중한 친구였다.

그런데 어느 날, 소년이 밖에서 놀다가 들어와 저녁 밥상 앞에 앉았는데, 닭백숙으로 살진 닭 한 마리가 상 위에 올라 있었다. 그 순간 소년은 그 닭이 자기가 키운 닭임을 알아보았다. 소년은 목을 놓아 서럽게 울었다. 사랑하는 친구를 잃어버렸다는 상실감, 자기가 친구를 지켜주지 못했다는 자책감 그리고 도무지 무슨 생각을 하는지 알 수 없는 어른들에 대한 배신감으로 소년은 펑펑 울었다. 죽은 닭의 명복을 빌면서 울다가 잠이 들었다. 잠들기 전에 소년은 어른들과는 다시는 말도 하지 않겠다고 몇 번이고 마음속으로 맹세를 했다.

그 뒤 40년이 흘렀고, 물론 그 맹세는 지켜지지 않았다. 소년은 성장해서 의사가 되었고, 얼마 뒤에 의사라는 직업을 버리고 회사를 차려서 CEO가 되었다가, 유학생이었다가, 다시 교수가 되었다. 그리고 어느 사이엔가 유력한 대통령 후보가 되어 있었다.

안철수…….

그동안 그는 우리 사회가 부자와 가난한 사람이 서로 존중하고 위해주는 이상적인 공동체가 되면 좋겠다는 바람을 가지고 살았으며, 또 그렇게 만드는 데 힘을 보태려고 노력하며 사회적인 발언을 해왔다. 대학생 시절 가난한 동네에서 의료 봉사 활동을 하던 때부터 치면 30년 가까운 세월이었다. 그 덕분에 사람들은 그를 새로운 사회의 전령이라 여기며 환호하고 지지했다. 대통령이 되어 새로운 사회를 만들어달라고 목소리를 높였다. 물론 결코 쉬운 일이 아니었다. 거기까지 가려면 몇 개의 산을 넘어야 할지 몰랐다. 그를 반대하는 사람도 많았고, 그를 의심하는 사람도 많았고, 아무런 관심을 주지 않는 사람도 많았다.

과연 안철수는, 철들면서부터 가졌던 바람, 그리고 사람들이 그에게 거는 바람을 온전하게 지켜낼 수 있을까? 40년 전, 애지중지 키우고 감정을 나누던 소중한 친구와도 같았던 닭을 지켜주지 못했던 것과 똑같은 일이 일어나지는 않을까? 그 소중한 바람 역시 허망하게 날아가 버릴 수 있다. 그런 일은 얼마든지 일어날 수 있다. 정치인으로 나서기에는, 게다가 대통령 후보라는 막중한 짐을 지고 나서서, 자기를 반대하거나 의심하거나 또 자기에게 무관심한 사람들을 설득하기에는 많은 약점과 한계를 지니고 있기 때문이다.

하지만 보다 나은 사회, 사람들이 현재를 살면서 행복함을 느낄 수 있고 미래에 대한 희망을 가질 수 있는 사회를 만들려는 노력 그 자체가 자기 자신의 발전이나 사회의 발전에 소중한 밑거름이 된다는 사실을 안철수는 믿는다. 그렇기에 그는 자기가 감당해야 할 전쟁에 기꺼이 장수로 나서려 한다.

그렇게, 전운(戰雲)이 감도는 2012년 6월의 하늘이 흘러간다.